黎珍 ◎著

正义与和谐

——政治哲学视野中的社会资本

ZHENGYI YU HEXIE

人民出版社

目　录

序　言

阎孟伟

20世纪80年代，一个新的理论从异彩纷呈的国外学术论坛中浮升出来，先是在社会学领域，然后迅速地向经济学、政治学、管理学延展，时至今日已成为诸多学科普遍关注的重要理论。这一新的理论就是"社会资本理论"，它以更为宽阔的理论视野研究一个人、一个社会组织乃至一个国家如何能够成功地创造出有利于自身发展的生存环境，如何能够有效快捷地运用各种社会资源以实现自身预定的发展目标，以及如何能够形成健康的社会交往关系和培育、扶植良好的社会风尚。因此，社会资本理论无论是在宏观上，还是在微观上都会引起人们广泛的兴趣。

然而，尽管社会资本理论研究在国外已有近三十年的历史，一批蜚声学术界的学术大师，如布迪厄、普特南、科尔曼、福山等，都为这个理论的产生和发展做出了里程碑式的贡献，但在我国学界，除了社会学领域一些目光敏锐的中青年学者献身于其中外，这个理论至今还鲜为人知，甚至"社会资本"

这个概念对于绝大多数学科来说还是相当陌生的，易于引起误解的。至于说到从哲学的角度来研究社会资本，更是凤毛麟角，几乎无人问津此道。可以有把握地说，本书的作者是国内第一位把社会资本理论纳入政治哲学视野中进行研究的青年学者。仅此而言，作者对学术问题的敏感和理论创新精神的确是可以称道的。

“社会资本”这个概念与我们通常所熟悉的经济学意义上的“资本”概念有很大的不同。“资本”一词，就其最原始的含义而言，大致相当于为做成某件事情而必须进行的“投入”。一个人或者一个组织但凡要做成一件事，就需要为做成这件事进行或大或小的投入。经济学意义上的资本，即货币资本（或有形资本），往往是必不可少的，但这并不是说有了货币资本就一定能达到预期目标，显然在全部“投入”中必定还包含着这样一些有形或无形的投入，如一个企业中劳资之间、员工之间在长期合作的基础上通过彼此间的相互信任而形成的企业合力；企业之间通过长期的合作形成的良好的、互信的交易关系；企业长期以诚信为本在客户和社会公众心目中建立起来的良好信誉；等等。这些投入恐怕在某种意义上是比货币资本更为重要的投入。毫无疑问，一个人或一个组织在为完成某个事业所进行的所有投入中，除了可以折成货币加以计算的资本外，还有许多难以或不能折成货币加以计算的“资本”，特别是那些只能在人的心理的或精神的活动中显现出来的“无形资本”。至于说到一个社会或一个国家的发展，更是如此。国家或社会的发展必然需要大规模的、持续的投入，否则就会陷入停顿状态。这种投入就包含更多种类的社会资源。尤其是社会发展不能仅仅满足于经济增长的目标，而是要实现经济、政治、文化综合的、全面的、协调的发展，实现社会公平、正义、和谐的价值目标。对于这种总体的或整体的发展，以往单纯着眼于经济增长的货币资本理论和人力资本理论显然是不够用的，有必要对全部投入中那些非有形资本的投入进行理论分析，以便厘清它们的生成机制和内在关系。要做到这一点，就需要形成一种富于概括性、综合性的资本概念。“社会资本”概念及其理论正是在此背景下产生的。值得关注的是，“社会资本”这个概念涉及人们之间经济的、政治的、伦理的和心理的多重交往活动和交往关系，因此对它的研究必然具有突破学科局限的特征，并且更关注社会的价值定位，这就决定了社会资本理论理应得到哲学的关注，或者说，社会资本问题本身就是一个哲学问题。本书的作者就是基于上述理解，对社会资本进行了深入、系统的哲学分析，由此形成了考察社会资本的新的理论视角。

首先，作者总结前人研究成果，立足于社会交往关系及其相关因素的分析，对“社会资本何以可能”这个问题进行了严谨的理论追问。这可以说是对社会资本理论的前提批判，亦即从人的生存的本体意义上追问社会资本的可能性、现实性和必要性。作者认为，社会资本的可能性主要体现在三个方面：其一，人的存在的社会性是社会资本产生的现实基础。每个社会个体在社会中所拥有的资源总是有限的，人的需要的绝大部分都要靠社会互动来满足。人的这种社会性决定了人必须在生活中结合成一定的群体与社会关系，而社会资本就是在社会主体间长期的、平等互利的交往中形成的，同时也是社会主体在社会群体中通过长期的、平等的交往、互助而实现对社会资源的占有或分享。其二,人与人之间的交往重复性是社会资本产生的机制。社会交往是人类个体的存在方式,人既是社会关系的创造者又是社会关系的产物。人的交往不是一次性的或一次完成的,而是要反复进行、重复进行。交往的这种反复性和重复性使人们在稳定、持久的交往中创造出一种"重复博弈"的处境,以此增进人们之间的信任与合作,产生出可为人们共享的社会资本。其三,人的道德性是社会资本生成的主体因素。人的道德性可以促使人在社会交往中形成道德自律,人与人的交往在自律的状态下更容易产生信任与合作,结成平等与和谐的关系网络,从而促进社会资本的形成。此外,人的道德性也有助于人去遵守社会交往规范,维护交往关系的稳定性、重复性,有助于增加团体互动的利益和社会信任,由此推动社会资本的持续增长。除上述三个方面外,作者还分析了习俗与社会文化对社会资本产生的影响,以及国家在创造和维护社会资本方面所能起到的作用。

其次,作者把社会资本问题置于政治哲学的视野之中,一方面探讨了政治过程对社会资本形成与发展的作用,认为社会资本的核心要素是信任,这种信任在在以市场经济为基础的现代社会,必然要通过经济活动中的货币和政治活动中的权力与社会资本的互动过程表现出来。货币的产生与发展离不开信任,而政治权力影响着社会资本的生成与积累,社会资本中的信任是民主政治得以产生的重要因素。另一方面,作者也尝试从社会资本的视角对政治哲学中的公共利益、平等、自由等正义问题做初步探讨。作者指出,确保公共利益的实现是正义社会所必需的价值追求,丰富的社会资本,社会成员间的信任、互惠规范能推动人际间的合作,而公民参与网络体现出来的公共精神有助于提高社会成员的集体行动参与意识和奉献精神,促进公共利益的实现。社会资本已逐渐成为实现社会平等中不可忽视的重要力量,社会资本对社会平等的促进主要是通过公民参与网络从各种渠道筹措资金填补政府社会福利方面的资金不足,并能为弱势群体提供就业支持而实现的。社会资本不仅能促进公共利益与个人平等的实现,而且对现代社会中的自由也有着深刻的影响,作为社会资本内在机制的道德自律与消极自由密切关联,而社会资本中的公民参与网络对推进民主政治、实现积极自由有着不可忽视的影响。

以上两个方面的研究及其结论在社会资本理论的发展中是具有独创性的,显示出作者大胆进取、勇于创新的精神以及宽厚的知识基础和良好的学术功力。

本书的作者是我的博士研究生,她的聪敏勤奋在我所有的学生中是相当突出的。这本书是在她博士论文的基础上修订而成的。实事求是地说,当她最初选定社会资本这个研究项目的时候,我本人对何为社会资本还没有清晰的认识,只是听过我的一位曾在香港科技大学任教的同学——这位同学已经是社会资本研究方面的著名专家——的粗略介绍。为了指导她的论文,我参阅了许多有关社会资本的文献资料,从中长了不少见识,因而随着论文指导工作的不断深入,我也逐渐被这个题目所吸引。尽管社会资本问题的研究在我国刚刚起步,但这一研究却有着相当宽阔的学术前景。以信任为核心内容的社会资本能够成为社会科学研究的主题，这本身也是市场经济不断成熟的表征。我国社会主义市场经济虽然还不够完善，但它也必定会朝着信誉经济的方向健康发展。理论工作者应当为推动这个发展进程而奋力。为此，我希望本书的作者沿着自己开拓的学术路径持续不懈地走下去，从而能够在社会资本的研究方面向读者提供更多的、富有创见的理论观念。

2007 年 3 月 15 日于南开大学

导论　资本理论的历程与问题的提出

尽管对于资本主义的认识存在着巨大差异，但是它作为一种社会制度对人类社会所产生的影响是不容低估的，而资本理论与资本主义社会的发展密切关联，在资本主义不同的发展阶段上资本理论的内容也会不断更新。然而，随着历史的发展与认识水平的提升，人们逐渐发现原本仅仅属于资本主义的市场经济制度，也可以为社会主义所利用。于是，各种形式的资本理论便成为我国学术界热衷研究的问题。

一、早期资本理论的知识简史

资本一词源自后期拉丁语“Capitalis”，该词又来自于原型印欧词“Caput”。“Caput”在原型印欧语中的意思是“头”，而在欧洲的远古年代，“头”是计量财富的一种方式。一个人拥有越多“头”牛，那么他也就越富有。到了12—13世纪，随着商品经济的发展，特别是欧洲金融业的发展，资本一词逐渐具有了“资金”、“存款”、“款项”或“生息本金”等含义。据法国经济学家布罗代尔考证，"资本一词于是从意大利出发，接着在德意志和尼德兰广为传播，最后达到法国……总之，Capital（资本）一词已收入让·尼古的《法语宝鉴》（1606 年）"，但在"当时没有立即下一个严格的定义，……资本一词正是在意大利被创造，被驯化和逐渐成熟的。它于 1211 年问世，于 1283 年以商行资本的含义出现。在 14 世纪已普遍使用，见诸乔伐尼·维拉尼、薄伽丘、多纳托·维吕迪的作品之中。1399 年 2 月 20 日，费朗赛斯科·达蒂尼从普拉托写给他的一位客户：'当然，如果您愿买些天鹅绒或呢绒，您得先就资本和利润作出担保，其余则悉听尊便。'资本一词及其确指的含义可在锡耶纳的圣贝纳迪诺（1380—1444）布道词中见到：'这种繁衍不息的赚钱手段，我们通常称之为资本。'""该词含义逐渐发展为某家商号或某个商人的资金，意大利往往还用 Corpo 一词，即是'本钱'。"①从资本一词的起源可以看出，尽管最初人们对资本一词的理解还很模糊且充满歧义，但有一点是共同的，即资本是经济活动中必要的投入，这种投入能够产生利息或利润，也就是说资本是可以增殖的东西，或者通俗地说，资本是用以赚钱的东西。

18 世纪后半叶法国经济学家、重农学派的重要代表人物杜阁最早对资本进行了较系统的阐述。他在《关于财富的形成和分配的考察》一书中认为，资本就是储存的财货，他说："无论是谁，在一年中拥有较他需用为多的财货，他可以把多

① ［法］布罗代尔：《15—18 世纪的物质文明、经济和资本主义》第 2 册，顾良、施康强译，三联书店 1993 年版，第 236—237 页。

余的部分积蓄起来。这些储存的财货，就是人们所谓的资本……无论这些财货，或这笔资本，是以金属的形式，还是以其他物品的形式保存下来，都完全一样。因为货币代表任何一种财货，正像，另一方面，所有其他财货代表货币那样。”①杜阁对资本的理解比较强调资本的积累性，但他并没有说明储存的财货是用于消费，还是用于生产或借贷，这就使他对资本的理解显得模糊。首先，资本作为能够增殖的东西，必须是用于生产或借贷的那些财货，单纯地用于消费的财货不可能是资本。其次，他把货币等同于资本也是不确切的，因为货币虽是财货的代表，可以作为借贷的本金或自我生产的本金，但真正参与生产的却不可能是货币，只有当这些本金转换为具体的生产要素时才能真正转化为资本。正如 19 世纪英国著名经济学家约翰·穆勒所说：“货币不是财富，同样也不是资本。货币本身并不能执行资本的任何职能，因为它不能向生产提供任何帮助。为了向生产提供帮助，必须把货币换成别的东西。”②

从生产要素的角度，明确地把资本定义为物质资本的是英国经济学家约翰·穆勒，他说：“除了劳动和自然力这两种基本的和普遍的生产要素外，还有另一种生产要素，若没有它，工业便只能处于最初的原始而简陋的状态，而不可能进行任何其他生产活动。这就是以前劳动产物的积累。这种劳动

---

① ［奥］庞巴维克：《资本实证论》，陈端译，商务印书馆 1991 年版，第 61 页。

② ［英］约翰·穆勒：《政治经济学原理》上卷，赵荣潜等译，商务印书馆 1991 年版，第 72 页。

产物的积累称为资本。”①约翰·穆勒把工具、材料等生产资料看做是以前劳动的产物，称之为资本，但对于为什么劳动力、土地这两要素不是资本，却并未作出说明。约翰·穆勒关于资本的思想的可取之处在于强调资本只有在生产中才能增殖，只有通过生产才能存在下去，他说：“资本得以一代一代地存在下去，靠的不是保存，而是再生产。资本的每一部分通常在生产出来后很快就被用掉或毁掉。但消费这些东西的人同时也被雇用来生产更多的东西。资本的增长类似于人口的增长。每个人都有生有死，但每年出生的人数却要超过死亡人数。因此，人口总是在增长，虽然构成人口的每一个人都是最近才来到人世的。”②可见，约翰·穆勒认识到资本的积累不是靠保存，而是靠不断再生产得以实现的。

事实上，直到 19 世纪中后期，欧洲经济学界对于资本的理解依然存在着很多分歧。例如，在英国经济学家杰文斯看来，资本“不过是许多日用品的集合体，它们是维持各种各类的工人从事工作所必需的。食品的积蓄是资本的主要部分，不过服装、家具和一般日常使用的一切物品的供应，也是资本的必要部分。”③毫无疑问，生活用品确实是维持、恢复或补偿劳动力必不可少的东西，据此杰文斯将其包含在他的“资本”概念中。比较之下，与杰文斯同时代的法国经济学家瓦尔拉

① [英]约翰·穆勒：《政治经济学原理》上卷，赵荣潜等译，商务印书馆 1991 年版，第 72 页。

② 同上书，第 94—95 页。

③ [奥]庞巴维克：《资本实证论》，陈端译，商务印书馆 1991 年版，第 68 页。

对资本的理解则显得更为宽泛,他将一切经济财货分为“资本”和“收入”两个部分。所有这些种类的财货,不管它们的目的如何,凡可以被多次使用的——就是所谓耐久性的财货——他都称之为资本;反过来,一切非耐久性财货则是收入。具体说来他叫下面这些为资本:土地、人和流动性耐久财货。而食物、工业生产中的原料和燃料等被看做是收入。① 由此可见,在瓦尔拉这里,土地、人(劳动力)都包括进了资本的范畴。

19 世纪末,奥地利著名经济学家、新古典经济学理论的主要代表人物庞巴维克在其《资本实证论》中对资本概念作了较为详尽的讨论,他认为:“资本只是在迂回生产过程中各个阶段里出现的中间产物的集合体罢了。”②所谓迂回生产就是指从生产中间产品到生产最终消费品的链条很长、环节很多。庞巴维克认为迂回生产具有较大的生产力,其根本原因,就是大量的资本在生产中的运用。在庞巴维克看来,资本包括土地、各种生产性建筑物、工具及其他各种生产性器具、生产上用的动物和驮兽、原材料和辅助材料、在生产者和商人手中作为仓库存货的制成的消费品、货币。③ 庞巴维克坚决反对将劳动力算做资本,他说:“资本产生利息或收益,是根据

① [奥]庞巴维克:《资本实证论》,陈端译,商务印书馆 1991 年版,第 69 页。

② 同上书,第 58 页。

③ 同上。

一种完全特殊的理由——这种理由不适用于劳力。”①他还说:“工资的现象是简单和容易了解的。一个人贡献出叫做劳力的有价值的财货,另一个人给他一个代价,再也想不出比这更简单的事了。但是,资本产生利息这个事实并不是很容易理解的。”②可见,庞巴维克不愿将劳动力视为资本,是因为他不承认劳动力在生产中贡献的价值除了工资(即劳动力补偿价值)外,还有一部分剩余价值。

从以上学者对资本的论述中可看到,在19世纪,经济学家们对于资本概念的理解虽然不尽相同,但他们都把资本理解为有形的物品,即有形资本或物质资本,但是,对于有形资本的来源、性质、构成等问题没有作出系统的、令人信服的阐述。这个问题的解决是由马克思的有形资本理论来完成的。

二、马克思:有形资本理论的完成者

与西方经济学各个学派有关资本的种种理解相比,马克思在《资本论》中对资本的研究至今依然是最为系统和最有说服力的。马克思指出:“资本本身总是表现为这种会直接自行增殖的价值”③,而资本增殖是由于在资本流通中加入了剩余价值。

---

① [奥]庞巴维克:《资本实证论》,陈端译,商务印书馆1991年版,第87页。

② 同上。

③ 马克思:《资本论》第3卷,人民出版社2004年版,第440页。

针对当时经济学界普遍把资本的形态归结为货币这一观念,马克思指出:"资本在历史上起初到处是以货币形式,作为货币财产,作为商人资本和高利贷资本,与地产相对立。……现在每一个新资本最初仍然是作为货币出现在舞台上,也就是出现在市场上——商品市场、劳动市场或货币市场上,经过一定的过程,这个货币就转化为资本。"①为了说明资本的价值增殖过程,马克思比较了商品流通的形式(W—G—W)和资本流通的形式(G—W—G′),指出,在资本流通的过程中,"货币转化为商品,商品再转化为货币,为卖而买。在运动中通过这后一种流通的货币转化为资本,成为资本,而且按它的使命来说,已经是资本"②。因为,在完成了这个过程之后,从流通中取出的货币要比原来投入的货币更多。所以,这个过程的完全形式应当是"G—W—G′","原预付价值不仅在流通中保存下来,而且在流通中改变了自己的价值量,加上了一个剩余价值,或者说增殖了。正是这种运动使价值转化为资本"③。

问题在于,资本为什么会在流通中增殖?这是一个困惑当时经济学家的重大问题。有的经济学家甚至认为,资本的增殖就如同母鸡会下蛋一样,是"自行增殖"。对此,马克思指出:"要转化为资本的货币的价值变化,不可能发生在这个货币本身上,因为货币作为购买手段和支付手段,只是实现它

① 马克思:《资本论》第1卷,人民出版社2004年版,第171—172页。

② 同上书,第172页。

③ 同上书,第176页。

所购买或所支付的商品的价格，而它如果停滞在自己原来的形式上，它就凝固为价值量不变的化石了。”①也就是说，促使货币转化为资本的不是货币本身，而是另外一种商品。“要从商品的消费中取得价值，我们的货币占有者就必须幸运地在流通领域内即在市场上发现这样一种商品，它的使用价值本身具有成为价值源泉的独特属性，因此，它的实际消费本身就是劳动的对象化，从而是价值的创造。货币占有者在市场上找到了这样一种独特的商品，这就是劳动能力或劳动力。”②“可见，货币占有者要把货币转化为资本，就必须在商品市场上找到自由的工人。这里所说的自由，具有双重意义：一方面，工人是自由人，能够把自己的劳动力当作自己的商品来支配，另一方面，他没有别的商品可以出卖，自由得一无所有，没有任何实现自己的劳动力所必需的东西。”③所以马克思认为，不是有了货币就有了资本，也不是货币可以自动地转化为资本，货币是以商品交换已经发展到一定水平的事实作为前提，“资本则不然。有了商品流通和货币流通，决不是就具备了资本存在的历史条件。只有当生产资料和生活资料的占有者在市场上找到出卖自己劳动力的自由工人的时候，资本才产生；而单是这一历史条件就包含着一部世界史。因此，资本一出现，就标志着社会生产过程的一个新时代。”④也就是说，资本只有在商品经济充分发达的资本主义生产方式中，

---

① 马克思：《资本论》第1卷，人民出版社2004年版，第194页。

② 同上书，第194—195页。

③ 同上书，第197页。

④ 同上书，第198页。

才能获得完整的发展形态。

马克思为了更为清晰地揭示资本增殖的内在机制，进而从资本主义生产过程的有机构成上把资本区分为不变资本和可变资本。所谓不变资本，是指“转变为生产资料即原料、辅助材料、劳动资料的那部分资本，在生产过程中并不改变自己的价值量。因此，我把它称为不变资本部分，或简称为不变资本。”①所谓可变资本是指“转变为劳动力的那部分资本，在生产过程中改变自己的价值。它再生产自身的等价物和一个超过这个等价物而形成的余额，剩余价值。这个剩余价值本身是可以变化的，是可大可小的。这部分资本从不变量不断转化为可变量。因此，我把它称为可变资本部分，或简称为可变资本。”②也即是说，资本应包括商品生产所需要的土地、物质资料（不变资本）和劳动力（可变资本）。而真正能够使资本增殖的，是转化为劳动力的可变资本部分。在商品生产中，劳动者出卖自己的劳动力，虽然得到了固定的周工资或月工资，但“劳动力维持一天只费半个工作日，而劳动力却能发挥作用或劳动一整天，因此，劳动力使用一天所创造的价值比劳动力自身一天的价值大一倍”③。因此，劳动力是一种特殊的商品，一种能够创造价值的价值。当劳动者所创造的剩余价值被资本家无偿占有，才能使资本得以增殖。这表明，在马克思看来，资本本质上必然包含着资本家与工人之间的剥削与被

---

① 马克思：《资本论》第1卷，人民出版社2004年版，第243页。

② 同上书，第243页。

③ 同上书，第226页。

剥削的关系。

从历史唯物主义的角度看，无论是哪一位学者的理论都离不开他所处的那个时代的特定背景，都不可避免地具有这样或那样的局限性。在马克思那个时代，物质生产的最基本的资源是有形的物质资源，这些物质资源无论是物品还是劳动力都在产品的经济价值中占有绝对重要的比重，因而包括马克思在内的绝大多数经济学家都把注意力放在物质的或有形的资本上。而对于经济过程所依赖的其他社会条件缺乏足够的重视。当然并不是说，马克思没有看到其他社会条件如教育等在资本价值增殖中的作用，但由于在当时支付劳动力的劳动者受教育的程度非常之低，因而他就把教育因素化约为劳动力本身加以计算，如他说："为改变一般人的本性，使它获得一定劳动部门的技能和技巧，成为发达的和专门的劳动力，就要有一定的教育或训练，而这又得花费或多或少的商品等价物。劳动力的教育费用随着劳动力性质的复杂程度而不同。因此，这种教育费用——对于普通劳动力来说是微乎其微的——包括在生产劳动力所耗费的价值总和中。"①现在看来，马克思的这一观点是有一定的历史局限性的。随着后工业社会的来临，现代市场经济的形成，各种非物质因素在经济过程中的作用愈来愈明显、愈来愈重要，既不能忽略不计，也不能简单地化约为物品和劳动力两种形态。随着经济学理论的发展，经济学家们日益注意到知识、信息、教育以及和谐的人际关系显得愈加重要，并成为经济发展的关键，这就不能

① 马克思：《资本论》第1卷，人民出版社2004年版，第200页。

不使传统的资本理论受到挑战，从而导致资本内涵的不断延伸扩展。

三、人力资本理论的优势与不足

20 世纪 60 年代以后，教育与科学技术在西方发达国家和某些新兴工业化国家的经济增长中所起的推动作用日益凸显出来，在有些国家甚至开始发挥着决定性的作用。根据美国经济学家的测算，1900—1957 年美国物质资本投资增加 4. 5 倍，利润增加 3. 55 倍；而人力资源投资增加 3. 5 倍，利润却增加 17. 55 倍。1919—1957 年的 38 年间，美国国民生产总值增长额有 49% 是人力资源投资的结果。经济增长趋势的如此改变，促使西方的一些发展经济学家开始对长期以来处于主导地位的物质资本决定论进行反思，其结果就是人力资本理论的产生，使资本理论突破了只有厂房、机器、存货、食物、衣服、工具、原料等有形物质才是资本的传统观念。

一般认为，人力资本理论研究是由美国经济学家西奥多·W. 舒尔茨（T. W. Shultz）正式开始的。1960 年，舒尔茨在美国经济学年会上发表的题为《人力资本的投资》的演讲中指出，过去人们总是以为，经济增长必须依赖物质资本和劳动力的增加，并把所有的劳动都看做是同质的，根据他的研究，人力资本即凝集在劳动者本身的知识、技能及其所表现出来的劳动能力，在质量上的提高对经济增长的贡献远超过物质资本和劳动力数量的增加，单纯从自然资源、物质资本和劳动力的角度，并不能令人信服地解释生产力提高的全部原因。他认为人力是社会进步的决定性因素，但人力的取得不是无代价的，需要耗费稀缺资源。人力，包括知识和技能的形成，是投资的结果，掌握了知识和技能的人力资源是一切生产资源中最重要的资源。舒尔茨后来在《人力资本投资》一书中，把人力资本投资范围和内容归纳为五个方面：(1)卫生保健设施和服务，概括地说包括影响人的预期寿命、体力和耐力、精力和活动的全部开支；(2)在职培训，包括由商社组织的旧式学徒制；(3)正规的初等、中等和高等教育；(4)不是由商社组织的成人教育计划，特别是农业方面的校外学习计划；(5)个人和家庭进行迁移以适应不断变化的就业机会。这些人力资本投资形式之间有许多差异。如前四项是增加一个人所掌握的人力资本数量，而后一项则涉及最有效的生产率和最能获利地利用一个人的人力资本。舒尔茨对人力资本理论的贡献在于：他不仅第一次明确地阐述了人力资本投资理论，使其冲破重重歧视与阻挠成为经济学上的一个新的门类；而且进一步研究了人力资本形成的方式与途径，并对教育投资的收益率和教育对经济增长的贡献做了定量的研究。舒尔茨在人力资本理论上的这些贡献，使他荣获了1979年诺贝尔经济学奖。

20世纪美国经济学家加里·S.贝克尔(Gary S. Becker)被认为是现代经济领域中最有创见的学者之一，成为人力资本理论的主要推动者。他对人力资本理论的贡献在于：注重微观分析，弥补了舒尔茨只重视宏观的缺陷，自觉将人力资本投资理论与收入分配结合起来。其理论的不足之处表现在：

他沿用舒尔茨的人力资本概念，缺乏对人力资本本质的分析，也缺乏对人力资本全面的研究等。之后，美国经济学家丹尼森对人力资本理论也作出了贡献，主要在于对人力资本要素作用的计量分析。由于在用传统经济分析方法估算劳动和资本对国民收入增长所起的作用时，会产生大量未被认识的、难以用劳动和资本的投入来解释的"残值"，丹尼森对此作出了最令人信服的解释。继舒尔茨、贝克尔、丹尼森对人力资本理论作出了重大贡献后，卢卡斯、罗默尔、斯宾塞等人都在不同程度上进一步发展了人力资本理论。特别是在20世纪80年代以后，以"知识经济"为背景的、以美国经济学家罗默为代表的"新经济增长理论"在西方国家兴起，明确了从长期来看，物质资本的边际收益率呈现递减而人力资本收益率呈现递增是一种客观规律，而且与60年代的舒尔茨采用新古典统计分析法不同，"新增长理论"采用了数学的方法，建立了以人力资本为核心的经济增长模型，试图克服60年代人力资本理论的一些缺陷。

实际上，关于人力资本的主要思想，在19世纪的经济学家中就已经有比较丰富的资源存在了，如当时的英国经济学家纳骚·威廉·西尼尔就提出了一个非常前卫的命题：知识就是财富，"一切事业中最重要的是教育"①。西尼尔虽然没有明确提出人力资本的概念，但在100年前就已经对人力资本理论的核心内容有了认识。他说："就我们现在的文化形

① ［英］西尼尔：《政治经济学大纲》，蔡受百译，商务印书馆1977年版，第323页。

态说——比较起来这已经算是很高的,但是跟我们可以想象得到的、甚至跟我们自信可以盼望得到的状态比起来,还差得很远——我们的智力和精神的资本,不但在重要意义上,甚至在生产力上,都已经远远超过有形资本。……大部分的国民收入是利润;而利润中单是属于有形资本的利息的那个部分大概不到三分之一,其余是个人资本(也就是教育)的成果。”“决定国家的财富的并不是土壤或气候的偶然性,也不是生产的有形手段的现有积累,而是这种无形资本的量及其普及程度。据说爱尔兰的气候、土壤和环境各方面都胜过我们,至少不比我们差。它的贫困据说是由于缺乏有形资本;但是如果将爱尔兰本地700万居民换成英格兰北部的同胞,他们所缺少的资本很快就可以形成。……爱尔兰物质上的贫乏是由于它精神和智力上的贫乏,是由于它在精神和智力上没有获得充分发展。它还处于缺乏教育的状态,其人民的愚昧和强暴使该地人民的生命和财产得不到安全保障,使资本无法积累,无法运用。……据说知识就是力量;但是我们可以有更强得多的理由说知识就是财富。小亚细亚、叙利亚、埃及和非洲北部沿海一带一度是世界上最富足的地区,如今却要算是最困难的地区,这只是由于掌握着这些地区的各族人民没有足够的无形资源以保持有形资源。”①西尼尔的论述应该说是非常深刻的,后人舒尔茨的观点在某种程度上可以说是对他的观点的重复,而且我们可以更进一步追溯到著名的古典学派

① [英]西尼尔:《政治经济学大纲》,蔡受百译,商务印书馆1977年版,第202—204页。

代表亚当·斯密,他已经注意到人力资本的内容,在其1776年出版的《国富论》中就已经指出,学习是一种才能,须受教育、须进学校、须做学徒,所费不少,这样费去的资本,好像已经实现并且固定在学习者的身上。这些才能,对于他个人自然是财产的一部分,对于他所属的社会,也是财产的一部分。因此,人力资本理论的形成是人类历史进程日积月累的结果。

人力资本理论的产生,确实在社会发展理论的研究领域开拓了一个新的视野,对推进社会发展理论的研究起到了积极的作用,尤其是对各国追求发展的具体操作和规划中发挥了重大作用,致使许多人认为从20世纪60年代开始,长达十多年的全球各国教育经费的猛增,在很大程度上归功于人力资本的研究成果。这是由于人力资本理论发现了教育培训与个人收入水平的关系,进而建立了人力投资的收益率模型,将人力投资划分为教育投资与培训两个变量,并建立了个人收入与这两个变量之间的函数关系;发现了人力资本投资与企业发展及国民经济增长的关系;发现了人力(劳动力)内涵扩大再生产的重要性,从而将人力的扩大再生产划分为内涵扩大再生产(劳动者素质的提高即人力资源的质量提高)和外延扩大再生产(劳动者的数量增加即人力资源的数量增长);发现了人力资源投入的生产性质,即人力资源投入不仅仅是消费,也是投资,从而将劳动者的支出划分为消费性支出和生产性支出(人力资本投资)。换言之,人力资本理论提出了劳动者的质量(人力资源素质)问题,将劳动者这一概念划分为劳动者质量(素质)和劳动者数量,进而建立了劳动者质量

(素质)与个人收入及经济增长的关系。正因为如此,人力资本理论改变了人类对社会发展模式的传统观念,看到了社会的发展和人的智力活动水平及其结果的内在关联性,因而把现代科学技术与教育作为推动社会发展的重要因素,有利于重视人本身的价值,在某种程度上是人的自我意识觉醒的一个重要标志,在社会发展理论中真正自觉地意识到社会的发展不能没有人的发展,脱离了人的发展就没有社会发展,因为无论是科学技术还是教育,都是和人的发展联系在一起的。

不过,由于在不同时期的研究主线和思路各不相同,人力资本理论也存在各种缺陷和不足。

第一,对人力资本的定量分析研究,虽然许多经济学家在测量人力资本方面做了大量的探索,但仍没有令人信服的结果,还需要对此做深入的研究。决定一种因素在社会发展和经济增长中能否成为资本,起决定作用的是否就真正在于能够被量化?那么,人力资本作为一种资本形态,能否进行定量分析,在哪些方面可以进行定量分析,在哪些方面不能进行定量分析,就是一个必须认真对待的问题。

第二,人力资本理论在解释社会发展特别是经济增长时,尽管考虑到了一些重要的社会因素,如教育对整个社会发展的影响,却仍然没有考虑到社会本身的系统性和复杂性,忽略了影响社会发展的教育和科学技术造成的人的能力之外的其他因素,很容易陷入认为教育或者科学技术的发展就自然促进社会发展的误区,把教育和科学技术在社会发展中的作用唯一化。从这个意义上讲,科学技术在人与自然的关系中所伴生的各种负面效应，人力资本理论可以说是难辞其咎。科学技术的发展和应用有着十分复杂的经济社会背景，涉及社会生活的多方面因素，忽略这些因素就不能有效解释引进科学技术仍然不能改进社会、或者同样的科学技术在不同的国家和地区效率高低并不完全相同的事实。

第三，人力资本理论的核心是提高人口的质量，主张教育投资是人力投资的主要部分，教育是提高人力资本最基本的主要途径，也可以把人力投资视为教育投资问题，毕竟知识和技术水平高的人力带来的产出明显高于知识和技术水平低的人力，这有可能在人力资本理论研究中排除了普通劳动者，仅仅将人力资本等同于职业经理人和技术创新者。人力资本精英化实际上是意味着对劳动者的直接伤害，不仅伤害普通劳动者的经济利益，而且伤害了他们的人格尊严；不仅剥夺了普通劳动者接受教育和培训的权利，而且也减少了他们的就业机会、剥夺了他们的发展权和分享经济增长成果的权利；过分强调管理人员和技术人员以身份入股，必然降低普通劳动者的福利，更是对普通劳动者的长远利益的潜在侵犯。

人力资本理论以人作为立足点的社会发展和经济增长模式，本身包含着一个内在的矛盾，对人在社会经济发展中的片面重视导致对人的全面忽视，一方面把人的能力在推动社会发展和经济增长过程中放在非常重要的位置，另一方面却有可能把现实的普通人遗忘了。因此，探索新的社会发展模式的理论径路会逻辑地出现在新的历史时期。

四、问题的提出:社会发展的新趋势需要新的理论解释

社会发展总是和一定的资本相联系的,没有资本或者资本不足,整个社会就会陷入停顿状态。从古典的物质资本理论向现代的人力资本理论过渡,实际上就是这一传统的自然延伸,因为人力资本理论对古典资本理论的超越,主要在于不把人的能力的再生产仅仅作为生产过程的外生变量的局限,而是进一步把人的能力的再生产作为生产过程的内生变量来研究,认为人的生产能力也是可以进行"成本—效益"或者"投入—产出"分析的。由于人力资本存量与经济增长之间具有非常直接的关系,因而人力资本理论具有比古典物质资本理论更强的解释力,可以对近几十年来发生的社会事实作出较为令人信服的说明。第二次世界大战之后,德国和日本的国民经济已经差不多崩溃,和发展中国家几乎处于同一条起跑线上,但是这两个国家都用非常短的时间实现了现代化,和当年的战胜国重新处于同样的水平。按照人力资本理论的理解,尽管两国物质资本在战争中遭到严重破坏,其国民整体素质高于发展中国家的现实并没有因战争的失败而改变,也就是其人力资本的存量依然很高,这便是两国重新成为经济巨人的重要原因。这是一个无法否认的客观事实,正如美国经济学家舒尔茨断言:"改善穷人福利的决定性生产要素不是空间、能源和耕地,决定性要素是人口质量的改善和知识的

增进。"①英国经济学家哈比森也表述了同样的观点，他说："资本和自然资源是被动的生产要素；人是积累资本，开发自然资源，建立社会、经济和政治组织并推动国家向前发展的主动力量。显而易见，一个国家如果不能发展人民的技能和知识，就不能发展任何别的东西。"②

然而，无论是物质资本理论还是人力资本理论，它们对社会发展模式的目标追求都首先是经济增长。特别是在第二次世界大战之后，最引人注目的新兴的"增长经济学"，直接把发展等同于经济增长。其结果是"经济主义成了合理化的意识形态。人类历史上的所有'噪声和狂乱'，所有抵抗化归的独立的东西都被送入经济—效率的原则的碾磨机中，由此产生了根据经济利益来解释一切的倾向。"③在这种以经济的增长为目标的资本理论与社会发展理论的引导下，每一个国家的所有活动，尤其是进行的一系列改革都只不过是为了实现经济增长的手段而已，以为经济发展了，其他所有的问题都可以得到合理的解决，比如社会稳定、政治民主化、分配与贫困等。尤其是那些落后国家，为了不再遭受历史上曾经受到过的长期屈辱和压迫，往往把其原因归咎于经济的落后，于是经济发展观实际上成为第二次世界大战后各国实施发展战略的

---

① [美]舒尔茨：《人的投资：人口质量经济学》，经济科学出版社1991年版，第4页。

② [英]哈比森：《作为国民财富的人力资源》，牛津大学出版社1973年版，第3页。

③ [法]埃德加·莫兰：《复杂思想：自觉的科学》，陈一壮译，北京大学出版社2001年版，第122页。

基本依据，甚至联合国的"第一个发展十年(1960—1970)"也集中体现了这种观念，提出"发展=经济增长+社会变革"的发展模式。

可是，发展中国家并没有能够因此从中受惠，反而出现了"有增长而无发展"或者"无增长的发展"，从20世纪六七十年代开始，第三世界的发展问题受到了国际学术界的广泛重视，而发达国家的发展观和发展模式也引起了越来越深刻的反思。人们注意到，把社会发展等同于经济增长，实际上是依据以下假说：国民收入的增长需要达到一定的程度，最终会推动社会和政治的解决。但事实说明，经济在增长的发展中国家不仅没有解决严重的社会问题，反而使其中的许多问题加剧了，如贫富悬殊更加严重，贫困人数不降反升，这些现象很可能使社会矛盾更加激化，潜在的社会危机对整个社会的发展构成了严重威胁，而且由于片面追求经济增长，过度使用自然资源，导致了日益严重的生态破坏、能源危机，人类的生存环境不断恶化。

针对仅仅以经济增长为目标的社会发展战略及其实际产生的后果，出现了以探索新的发展模式为宗旨的理论活动，其中20世纪60年代末期罗马俱乐部提出的增长极限理论深刻地意识到："当一个社会认识到它不可能为每个人把每样东西都增加到最大限度时，它就必须开始作出选择。是否应该有更多的人或者更多的财富？革命更多的荒地或者更多的汽车？给穷人更多的粮食，或者给富人更多的服务？对这些问题确需社会的回答，并把那些回答转化为政策，这是政治过程的本质。然而，在任何社会里甚至很少人认识到，每天都要做这样的选择，更少有人问他们自己，他们自己的选择是什么？均衡的社会将必须不仅考虑现在人类的价值，而且也考虑未来人类的价值，并对由有限的地球造成的不能同时兼顾的因素，作出权衡。要做这件事，社会就需要有比现有的方法更好的方法，借以阐明实际上适用的可供选择的方案，确立社会目标，并得到同这些目标最一致的可供选择的方案。但是，最重要的是，必须详细说明长期目标，而且要使短期目标同长期目标一致。"①

如果说罗马俱乐部对发展的思考，还更多的是注重避免自然的破坏和资源的过度开发，那么在20世纪70年代末期到80年代初，由法国的弗朗索瓦·佩鲁提出的新发展观，则更进一步朝着综合发展观的方向发展。他在《新发展观》的"前言"中开宗明义地提出，这种新发展是"整体的"、"综合的"和"内生的"。"整体的是指这样一种观点，它在各种具体分析之外，不仅考虑人类整体的各个方面，而且在其内在的关系中考虑必须承认的各方面的不一致。""内生的……这个形容词被用来表示一个国家的内部力量和资源及其合理的开发与利用。""综合的发展可以指一定数量的地域的一体化，也可以指各个部门、地域和社会阶级之间得到加强的内聚力。"②要实现这种新的发展就必须改变不平等和不合理的国际经济秩序，使社会发展的各个子系统有机地联系起来，紧密

---

① 《增长的极限——罗马俱乐部关于人类困境的研究报告》，四川人民出版社1984年版，第210—211页。

② [法]弗朗索瓦·佩鲁：《新发展观》，张宁、丰子义译，华夏出版社1987年版，第2—3页。

协调。这种新的发展观在1981年联合国通过的“经济和社会平衡发展”协议中得到了体现:发展除了实现经济增长的目标之外,还必须注重社会发展的效果,少数人的富裕不等于社会幸福,发展是经济社会综合协调发展的系统。社会发展需要与和平、人权、民主管理以及文化等诸多因素相联系,“发展是文化和物质的发展,这种发展是比买卖交易更为重要的问题”①。

这种新的发展观已经意识到,以经济增长为核心的传统发展模式存在着“见物不见人的缺陷”,并努力寻求新的发展战略。于是,在20世纪80年代出现了系统的“可持续发展观”。1987年联合国大会通过的《我们共同的未来》,标志着作为世界共同行动纲领的可持续发展战略正式提出。1992年,联合国在巴西的里约热内卢举行的世界环境与发展会议上通过了《里约宣言》和《21世纪议程》,1994年9月在开罗召开的世界人口与发展大会、1995年召开的世界社会发展首脑会议,更进一步确认了可持续发展作为人类共同的发展战略。在21世纪初期的中国,可持续发展观被具体化为在全面、协调的层面上追求可持续的发展。

要走出单纯的经济增长,实现综合性的全面协调发展,不是仅仅以足够的物质资本或者人力资本就能够完成的。“资本”是一个最基本的经济学概念,“从历史上看,资本理论一直是产生经济学争论的主要根源。……经济学家对资本这一

① [法]弗朗索瓦·佩鲁:《新发展观》,张宁、丰子义译,华夏出版社1987年版,第122页。

课题感到兴趣并不奇怪。至少从工业革命时期以来，不够仔细的观察就已揭示了物质资本品在生产中的重要作用。而价值资本作为转让利润权的财产形式，在或大或小的程度上似乎从古以来就成为人类社会的特征了。但是，资本理论为什么一直具有这样的争论呢？索洛曾提出，这个领域中的争论产生于两个原因：即这一问题的困难和思想意识的联想。"①由于社会发展不能再停留于传统模式，满足于经济增长，更加增加了传统资本理论的困难程度。既然物质资本或者人力资本都不足以完成社会在政治、经济和文化诸方面的全面协调发展，那么就需要在资本理论上突破已有的资本类型，寻求新的理论解释模式以适应社会发展的新目标。这预示着资本理论将不再是一个仅仅属于经济学领域的问题，因而也不仅仅是经济学家才对它感兴趣的问题，必将跨越经济学领域，引起众多学科的共同关注，如政治学、社会学和哲学等。

当经济学之外的其他学科也开始介入社会发展问题的研究时，经济学的思路及其理论成果，无疑会成为这些学科在研究社会及其发展问题时首先借鉴的理论资源库。实际上，这些学科领域中的相当一部分人同样兼具经济学方面的学养。例如，经济学家哈耶克的哲学、政治学、法学造诣是人所共知的。同样，也有许多哲学家的研究不是和经济学的主题相关，就是把哲学和经济学结合起来，当今德国学者彼德·科斯洛夫斯基在其《伦理经济学原理》一书的"导论"中开始就如是

① ［英］海韦尔·G. 琼斯：《现代经济增长理论导引》，郭家麟等译，商务印书馆 1994 年版，第 157 页。

说："人是经济社会制度的最强大和最好的动力。经济学作为一门独立的科学，自其创立时起，就产生于人类强大的动力，即人类自身的利益。哲学伦理学向来探求的目标是人们所称的那种人的最好的动力：追求美好的东西、履行义务、实现美德。当经济学理论分析和设想建立在自身利益基础上的社会公共机构及行为规则时，当伦理学理论阐述了能发挥人的最好的动力和使之实现的公共机构及行为规范时候，这两种科学所涉及的是同样的对象，即行为人和进行合乎理性的协调的行为。因为经济学和伦理学揭示共同的对象，所以它们不是互不相关的科学。使经济学和伦理学对人类行为的看法及其相互协调性统一起来，是人类行为的必然和社会制度的要求，以便使经济学和伦理学规范的行为发挥良好的作用。正如阿尔弗雷德·马歇尔的经济原则所要求的那样，广泛的经济理论不能仅仅把自身的狭隘利益作为其分析的基础。另一方面，现实的伦理学不能无视伦理行为的经济条件。伦理学和经济学应该更多地了解其他的科学，并与理性行为的广泛理论相结合。"①

既然如此，被经济学家们运用得得心应手的资本理论，自然会进入其他学科研究社会发展问题的视野之中，而且社会发展问题本身的复杂性，也使不同学科之间不可能壁垒森严、互相隔离。于是，借鉴经济学的资本理论，或者从不同学科研究资本理论，就成为当今学术界的一股颇具影响力的潮流。

---

① ［德］彼德·科斯洛夫斯基：《伦理经济学原理》，孙瑜译，中国社会科学出版社1997年版，第1页。

在这样的背景下政治学、社会学和经济学等学科，都不约而同地从各自的领域讨论和提出“社会资本”概念，以探索关于社会发展理论的新解释范式，而且到了20世纪90年代以后，社会资本成为许多学科关注的热门概念和分析的重要起点，其中尤其以社会学最为突出，这一理论思潮的发端和丰富都主要在美国，许多重量级的学者，如詹姆斯·S.科尔曼、罗伯特·D.普特南、埃莉诺·奥斯特罗姆、曼瑟尔·奥尔森等人都在自己的理论活动中，或者涉及了社会资本，或者以社会资本作为核心分析工具。

党的十七大报告指出，深入贯彻落实科学发展观，要求我们积极构建社会主义和谐社会，而社会资本对和谐社会的构建有着不可忽视的作用。为此，本书就以下问题进行探讨：社会资本究竟是什么？社会资本的基本形态有哪些，与其他形态的资本有什么不同？社会资本如何在与经济、政治的互动中、与市民社会的互动中以及与社会正义的关系中推进社会的良性发展？如何在中国背景下研究社会资本问题？诸如此类的问题的研究，都是对中国社会发展理论需要的一种回应，可以作为研究中国的现实问题的一个切入点，“因为哲学研究就是去寻求，就意味着有某些东西等待我们去看，等待我们去谈”①。

① [法]莫里斯·梅洛-庞蒂：《哲学赞词》，杨大春译，商务印书馆2000年版，第26页。

第一章　社会资本:新型的资本形态

社会资本概念最早出现于经济学的研究领域,是从经济学的资本概念中衍生而出的。因此,要系统地、合理地理解和把握社会资本概念的内涵和意义,就有必要对这个概念起源、发展和现状进行系统的梳理。

一、理论背景和社会前提

任何一种理论的产生都决不是无本之木,无源之水,必然有其理论和社会方面的原因。社会资本理论的出现,与20世纪后半期的社会理论、社会环境的变化存在着直接关系。

(一)理性选择范式及其解释限度

理性选择范式最早从哲学领域中开始,在经济学领域中得以成型、发展与完善,最后才在社会科学的各个领域中不断被应用。

理性选择范式中的理性直接源于托马斯·霍布斯的思

想,霍布斯继承了文艺复兴时期人文主义者关于"自保"既是物之本性也是人之本性的观点,认为人的一切行为和活动都是自私和利己本性的表现,人性和道德的本质都可以归结为人们对利益的需求,人们为了追逐私利不惜否认真理,利己本性是人类行为最强大的驱动力,因此他在其名著《利维坦》中指出:"因为人的状况是一种每一个人对每一个人战争的状况;在这种情况下,每一个人都是为他的理性所统治。"①好在人类是有理性的动物,具有运用其理性权衡利弊的能力,意识到通过彼此放弃自己的权力,"把大家的意志转变为一个意志",在人与人之间订立契约,"为的是当他认为适当的时候,可以使用他们大家的力量和工具来谋求他们的和平和公共的防御"②。因此服从具有绝对权力的"利维坦"所施加的各种限制,放弃自由甘愿成为其"臣民",根本上还是自身的权利。霍布斯关于人的利己本性问题的观点,在道德哲学和政治经济学领域内引起了广泛争论。

洛克在《政府论》中一方面继承了霍布斯关于人性自利的观点,另一方面又对霍布斯进行了批判,认为如果社会契约产生的国家是一个使社会成员畏惧的"利维坦","那不啻说,人们愚蠢到如此地步:他们为了避免野猫或狐狸可能给他们带来的困扰,而甘愿被狮子所吞噬,甚至还把这看做安全"③。

---

① 北京大学哲学系:《西方哲学原著选读》上卷,商务印书馆 1981 年版,第 397 页。

② 同上书,第 400、401 页。

③ [英]洛克:《政府论》上篇,叶启芳、瞿菊农译,商务印书馆 1963 年版,第 57—58 页。

洛克指出，霍布斯的理论是不合乎逻辑的，因为自然状态对人的伤害是偶然的，但如果社会契约所建立的政府是专制的，对人的伤害远比保护要大得多，人的理性是不会舍弃大利益而获取小利益的，自由权是人的理性选择不能放弃的重大利益。自然状态里人的自由是没有限制的，如果两个人同时对同一件事物如一块土地采取行动，对同一件事物主张所有权，就会产生财产权的冲突。当冲突发生时，每一个人都同时是法官和原告，还是自我判决的执行人，这种状况会导致混乱和争夺，财产权得不到保障，甚至生命权也会受到威胁，"正是这种情形使他们甘愿各自放弃他们单独行使的惩罚权力，交由他们中间被指定的人来专门加以行使；而且要按照社会所一致同意的或他们为此目的而授权的代表所一致同意的规定来行使。这就是立法和行政权力的原始权利和这两者之间之所以产生的缘由，政府和社会本身的起源也在于此。"①人的理性使人能够权衡利弊得失，为达到最大的幸福提供正确的途径。由此可见，为了消除因财产引起的争端，才是国家权力得以存在的真正原因，"人们联合成为国家和置身于政府之下的重大的、主要的目的，是保护他们的财产"②。

17世纪英国荷兰裔心理分析学家孟德维尔(Bernard Mandeville)提倡人类追求自身利益的正当性，原因在于，虽然社会性是人的本性，但是"人却是非常自私专横而又狡猾的

① [英]洛克：《政府论》下篇，叶启芳、瞿菊农译，商务印书馆1963年版，第78页。

② [英]洛克：《政府论》上篇，叶启芳、瞿菊农译，商务印书馆1963年版，第77页。

动物”①，人类社会就像蜂群的生活一样，每个蜜蜂都极力满足自己卑贱的私欲冲动和虚荣，整个蜂巢充满自私自利的败行恶习，但正是因为它们各自施展本领，为所欲为，才创造了蜂巢的一切，凑合起来就使整个蜂巢繁荣昌盛，成为蜜蜂们的极乐世界。社会的繁荣也同样不能没有个人对个人私欲满足的追求，尤其是当人的需要变得复杂之后，满足自己的私欲必须同时也满足他人的私欲，要为他人服务，主观上为自己，客观上有利于他人和社会，因此在孟德维尔看来，自利行为是社会文明和经济进步的源泉，社会之所以能够存在和发展，完全是由人的本性基于自身利益理性地所激发的各种行为相互作用、相互支撑的结果，国家的繁荣、社会的稳定和人民的富足，都必须顺应人的利己本性才能得以实现。

“经济人”模式的思想产生应当归功于亚当·斯密，他在前人研究成果的基础之上，超越了人性的利己和利他之间伦理道德层面的善恶判断，论证个人对自身利益的追求与社会利益之间的问题，从而把这一问题转化为政治经济学的主题，创造性地确立了政治经济学意义上的“经济人”的基本思想。在《国民财富的性质和原因的研究》一书中，他把个人谋求自身利益的动机和行为系统而清晰地纳入政治经济学的分析之中，认为基于分工而追求自身利益是政治经济学中个人的基本心理动机，也是人类生命和社会进步的主要源泉。斯密认为，为人们提供了那么多好处的劳动分工，并不是由于人类的

① 周辅城:《西方伦理学名著选读》上卷，商务印书馆 1964 年版，第 749 页。

智慧,而是人性中某种倾向的必然结果,这种倾向就是互通有无,进行物物交换,彼此交易,因为劳动分工,“人总是需要其他同胞的帮助,单凭他们的善意,他是得不到这种帮助的。他如果诉诸他们的自利心(self-love),向他们表明,他要求他们所做的事情是于他们自己有好处的,那他就有可能如愿以偿……不是从屠夫、酿酒师和面包师得恩惠,我们期望得到自己的饭食,而是从他们自利的打算。我们不是向他们企求仁慈,而是诉诸他们的自利心,从来不向他们谈自己的需要,而是只谈对他们的好处。”①经过边沁、穆勒等古典经济学家的继承和发展,被逐步抽象为“经济人”模式,成为解释各种形态的个体经济行为的逻辑基石。

理性选择范式(rational choice paradigm)是经济学最基本的思维方式,其理论假设的核心除了亚当·斯密思想中的“经济人”,同时还继承了马克斯·韦伯的“工具理性概念”和关于资本主义起源的某些判断方式,以个人在特定条件下进行选择和行动的动机作为解释的重点。有学者把理性选择范式的基本范式构成要件概括为四个方面:(1)把理性的个人作为分析的基本单位根本出发点,而这里的所谓理性就是个人有判断选择和行为的成本和收益的能力;(2)理性个人的选择和行为是实现成本的最小化、收益最大化,这是社会运行的基本动力;(3)制度和文化是既定的,是解释范式的外生变量,对所有个人的影响是均质的,因此不是解释范式中的自变

① [英]亚当·斯密:《国民财富的性质和原因的研究》上卷,郭大力、王亚南译,商务印书馆1972年版,第18页。

量;(4)由于把个人界定为自我利益的最大化者,所以对整个社会的判断基本是冲突的。① 理性选择作为一种解释范式实际上是一种对人类行为所做的理论抽象,其实质在于有意识地突出研究对象的主要因素,对研究对象的原型加以合理的推演和外延,进而形成模型化的研究客体,然后通过对客体模型的研究,去间接地探讨其原型的规律。

以"经济人"为核心的理性选择模式的演变始终伴随着激烈的论争。19 世纪德国历史学派针对古典经济学中"经济人"抽象的片面性提出了批评。他们认为,英国古典经济学把追求自身利益的理性人作为经济分析的基础,忽略了社会经济状况本身的复杂性和丰富性,所谓的自利决不是人的行为的唯一动机;相反,各种经济理论都应该统一在一个发展的框架中,将其在时空中展开,同历史过程联系起来,赋予其动态感、整体感;只有用历史、文化、法律等的综合观点去探讨问题,才能找到合适的经济学原理。例如,德国历史学派的代表人物李斯特就提出,要重视教育、科技在生产力进步中的作用,突出强调政治、经济和法律制度对生产力进步的作用,认为产业部门间的协调发展可以促进生产力的进步,指出民族精神的进化是发展生产力的基础。对于这类责难,新古典经济学家门格尔等则反驳说,古典经济学派并非没有认识到理性人除了追求自身利益以外还有其他动机,但是为了理解整个经济过程的本质和一般规律,就必须像物理学家对真空的

---

① 杨雪冬:《社会资本:对一种新解释范式的探索》,载于《社会资本和社会发展》,社会科学文献出版社 2000 年版,第 20 页。

抽象和化学家对元素的抽象一样，分析经济活动中最基本的构成要素即人的基本行为，并把与行为最相关的动机抽象出来进行研究。从20世纪40年代开始，以1978年诺贝尔经济学奖得主赫伯特·亚历山大·西蒙(Herbert A. Simon)为首的经济学家也对“经济人”模式进行尖锐的批评，并提出了“有限理性”(Bounded Rationality)的概念。西蒙指出，数理经济学的发展使“经济人”模式转化为一整套完全理性的理论分析框架，在这种框架之下，行为体被抽象为全知全能的形象。但事实上人的理性行为是有限的，它要受到人在心理上和生理上的客观限制，还要受不完全信息和行动后果不确定性的限制，因此在现实生活中，人根本无法求得最优策略。而且，“经济人”在追求自身利益的过程中并不必然坚持利益最大化的目标，而是以“满意的收益”作为其追求的标准。① 正是在这种挑战与回应之中，信奉“经济人”模式的经济学家们不断反思与修正，使“经济人”模式日臻完善。

理性选择范式在完善和发展过程中，其解释优势不断得到突出，同时其内在缺陷也随之显现出来了。由于把具体社会的各种制度排斥在解释框架之外，忽视了人的社会性存在，没有考虑人的需要的社会特性。

(二)市场失灵及其影响

强调市场在社会发展中的作用，其代表人物是亚当·斯

① 杨春学:《经济人与社会秩序分析》，上海三联书店、上海人民出版社1998年版，第29—60页;第175—180页;第190—194页;第207页。

密,他用一个比喻的说法"看不见的手"对此进行了形象的说明。在《道德情操论》中斯密认为是"看不见的手"平衡了富人与穷人之间的利益关系,具有伦理的特性,反映了自然秩序包含道德秩序的思想;在《国富论》中斯密则认为"看不见的手"调节了个人和社会、私利和公利之间的关系,具有经济的职能,描绘了完全性市场的理想状况,"看不见的手"提供了一个由私利追求通达公利最大化的路径。斯密常借人体和社会的类比来说明自然秩序存在于社会历史领域并发挥着作用,他指出,人常有疾病,但人身上似乎有一种莫名其妙的力量,可以使疾病得到疗治,使身体恢复健康。同人的身体一样,社会内部也有一种团聚力量,保证和调节社会的运转,"个人的利害关系与情欲,自然会使他们把资本投在通常最有利于社会的用途。但若由于这种自然的倾向,他们把过多资本投在此等用途,那么这些用途利润的降落,和其他各用途利润的提高,立即使他们改变这错误的分配。用不着法律干涉,个人的利害关系和情欲,自然会引导人们把社会的资本,尽可能按照最适合于全社会利害关系的比例,分配到国内一切不同用途。"①这反映了斯密理论体系中对于自然秩序的信仰。一方面,和同时代人一样,斯密认为自然秩序必然地发挥作用;另一方面,在社会科学领域,在现实经济运行的整体观当中,他对自然秩序的信仰又总是可以找到实证的依据。斯密所谓"看不见的手"所蕴涵的内在逻辑就是,只有而且只要

① [英]亚当·斯密:《国民财富的性质和原因的研究》下卷,郭大力、王亚南译,商务印书馆 1972 年版,第 199 页。

每一个个体都尽可能充分地发挥了它的积极性追求自身财富的最大化,整个自然秩序才能必然随之达到整体最优。

近代市场经济的发展历程,大致经历了从自由竞争的市场经济到有政府进行调节控制的市场经济这样一个过程。一般认为,市场是有效配置资源的手段,其所以如此,是因为价格作为市场信号能够灵敏地反映各种资源的相对稀缺程度。从理论上讲,反映市场供求且价格信号又不被扭曲,这就要求市场本身必须是完全成熟即竞争是充分的,但是完全竞争的市场只能存在于理论形态上,而不可能存在于实际的经济生活中。根据理性选择模式,经济生活的市场本质决定了市场主体的行为必须以终身的利益最大化为宗旨,加之竞争存在着自发倾向于垄断的趋势,使市场常常对经济生活中的某些领域无能为力,甚至引发市场导致的负面效应,这意味着市场本身也不是万能的。实际上,关于"市场失灵"的思想,在早期自由资本主义市场经济制度建立的初期和发展的鼎盛时期即产业革命时期,法国思想家圣西门、傅立叶和英国思想家欧文,就已经对这个制度可能存在的弊端进行了深刻的批判,但是其中道德的谴责始终占据了主要的篇幅,而学理的分析则明显不足。

瑞士经济学家、经济浪漫主义的主要代表人物西斯蒙第于 1819 年在其《政治经济学新原理》一书中,对亚当·斯密的"看不见的手"这个"公认为定论的原理"提出了质疑,他说:"我越往深处钻研,就越相信我对于亚当·斯密的学说所作的修整是必要的和正确的。……我对于最近几年在欧洲遭受的商业危机感到触目惊心;我在意大利、瑞士和法国亲眼见到产业工人所受的极度痛苦，至少说在英国、德国和比利时，社会情况完全相似。我认为这些国家，这些民族都走错了路，他们虽然努力设法补救，但是灾难愈益严重。”①他特别指出，“英国长期以来倡导普遍竞争（或者说是为了不断生产而努力）和不断降低价格的学说，但是，我反对它，觉得它有害无益，因为这种学说虽然使英国工业有了长足的进步，可是它有两次使工业家们陷入了可怕的灾难之中”，“在相距只有几年的期间，就发生了两次可怕的危机，它使一部分银行家垮台，使英国的全部工厂都受到灾难；同时，另一个危机摧毁了农场主，从而打击到零售商身上”②。西斯蒙第对“市场失灵”的分析有三个方面的贡献：(1)认识到自由放任的原则对生产和消费等各种比例关系具有严重的破坏作用，同时注意到政府在调节经济生活避免不良竞争方面应该发挥作用。(2)在古典经济学承认商品的交换价值必须由生产商品时所耗费的劳动量来决定的原理基础上，进一步指出了不是一切劳动耗费都创造交换价值和增加财富，只有为社会所必需的劳动耗费才能产生交换价值和增加财富。因此他把需求和劳动时间的比例看做是基本的比例关系。(3)生产和消费比例的破坏，分配的不平等以及不顾有支付能力的需求而盲目地发展生产，必然造成生产过剩的危机。③

---

① [瑞士]西斯蒙第：《政治经济学新原理》，何钦译，商务印书馆 1977 年版，第一版序第 16 页。

② 同上书，第二版序第 5 页。

③ 刘力臻：《市场经济“现代体制”与东亚模式》，商务印书馆 2000 年版，第 59—60 页。

（三）计划和政府失灵及其影响

1929—1933 年爆发的历史上最严重、最持久、最广泛的经济危机，使传统的经济理论对其中出现的各种经济现象不能提供有效的解释，更是无力为摆脱危机提供有效的对策。因此，在社会主义国家用计划经济体制替代市场经济的同时，这场经济危机也促使西方经济学家不得不反思市场经济制度的缺陷，其中凯恩斯式的政府干预体制是突出代表。英国经济学家凯恩斯为了寻求摆脱经济危机的出路，经过潜心研究，针对亚当·斯密所主张的市场运行具有自足性的主流经济学观点，在前人的基础上进一步提出了质疑，认为市场的运行是非自足性的。经过凯恩斯的努力，市场的非自足性这一事实被多数人认可了，长期以来的市场自足性神话被打破，为政府宏观调控理论确立了必要的逻辑前提。凯恩斯从市场的运行是非自足性的事实出发，认为如果政府不积极干预市场的运行过程，资本主义的大厦就有倒塌的危险，政府不仅是市场运转的保障和补充，而且是市场运转中必不可少的、积极的内在因素。

市场失灵到阻碍经济与社会发展的程度，传统的经济发展模式的变革就必然要发生。为了克服市场失灵，20 世纪下半期出现了全球性的经济体制变革和转化：以苏联为代表的高度集中的社会主义中央计划经济体制的兴起；以西欧福利国家为代表的高度税收调节的具有完善的社会保障体系的福利经济体制的兴起；以美国为代表的政府宏观需求管理的国家干预的经济体制的兴起；等等。这种转变的根本在于，政府运用计划、税收、经济政策等手段，对资源配置、生产过程和收入分配进行直接或者间接的调节，或者对市场经济进行彻底否定，或者对市场经济进行改良。

最能够体现政府干预的是凯恩斯提出来解决危机的三个方面的政策。一是实行膨胀性的财政政策，由政府扩大开支，实行赤字预算以刺激经济扩张，而不是降低开支来达到预算平衡；二是实行膨胀性的货币金融政策，在就业不充分的情况下，通过适度增加货币发行，既扩大投资规模又刺激消费和扩大需求，既推动上涨又使产量（就业量）增加；三是实行扩张性的对外经济政策，主张政府干预对外贸易，通过扩大出口同时又限制进口的狭隘政策，保住贸易顺差。凯恩斯主义在第二次世界大战后的西欧国家得到普遍实行，也一度确实带来了普遍的经济繁荣。凯恩斯主义的成功，致使经济学家们完全陶醉而不能理智地看待国家过度干预经济，进而侵害市场所产生的消极后果。到了 20 世纪 70 年代，西方国家普遍出现经济发展停滞不前与通货膨胀同时并存的“滞胀病”，特别具有特点的是，资本主义的经济衰退一改传统的物价下跌、供给过剩、有效需求不足，而是出现了物价上涨、供应不足的现象。这种现象在美国尤为典型，以至于出现了如下呼声：“美国经济一直苦于商品短缺，生产力增长迟缓，资本投资呆滞和制造工业生产能力不足——现在的主要问题很清楚，已经不是如何刺激需求而是如何刺激供给。”①凯恩斯主义最终也不得不宣告失败。

---

① 刘力臻：《市场经济“现代体制”与东亚模式》，商务印书馆 2000 年版，第 101 页。

传统的主流经济学往往把社会发展等同于经济增长,“市场失灵”实际上阻断了企图仅仅或者主要通过物质资本的扩张来做大市场,从而推动社会发展的思路,而计划和政府的失灵,又使试图通过政府对经济发展进行干预的思路无奈地终止,在这样的历史背景下,资本理论本身也因社会发展的需要,符合逻辑地要寻求一条新的出路,需要跳出单纯地从经济角度看待资本的旧思路,探索资本理论的新内容。

二、社会资本理论的主要代表人物及其思路

“社会资本”这个术语的正式使用,可以在亚当·斯密的《国富论》中看到,也可以在马克思的《资本论》中发现,特别是在 19 世纪 70 年代形成的奥地利学派中享有盛名的庞巴维克,在其《资本实证论》中把“社会资本”与“个人资本”联系起来使用。庞巴维克在梳理了诸多的资本概念后,认为只有对资本的如下理解经受住了所有的考验:“将资本理解为产品的集合体,这种产品不是准备用于直接消费或使用,而是用作获利的手段的。”作为资本的一个分支概念,社会资本只包括生产手段,但是从他所列举的作为促进生产的产品总和所包含的 7 个项目来看,与我们通常所说的经济资本没有什么区别。① 真正从经济学之外的视野、运用社会学的思路提出

① [奥]庞巴维克:《资本实证论》,陈端译,商务印书馆 1964 年版,第 94—99 页。

"社会资本"概念,是20世纪80年代的事情,其中不能不提到四个著名的社会学家,以及反对使用社会资本概念的一些意见。

(一)皮埃尔·布迪厄:社会资本理论的开创者

使社会资本这个概念在学术界引起重要反响的是法国社会学家皮埃尔·布迪厄(P. Bourdieu)。他早年写过一篇讨论莱布尼兹的论文,也出版过《1945年以来法国的社会学与哲学》、《马丁·海德格尔的政治本体论》等哲学专著,以一种晦涩难懂的哲学术语、冗长句子表达其哲学倾向;也可以说他是个人类学家,他的《实践理论大纲》和《实践的逻辑》已经成为人类学的经典;由于他在英语世界获得的最初声誉,与他在《教育、社会和文化的再生产》中对于教育体制保守功能的批判有关,说他是教育家也不为过;他的《语言与符号权力》在语言学界被广泛征引,使其无愧于语言学家的称号;可以说他是个文艺理论家或者美学家,因为他的煌煌巨著《区隔:趣味判断的社会批判》、《艺术的法则》和论文集《文化生产场:论艺术和文学》等著作,在某种程度上摧毁了康德以来的一些我们视为常识的文学、美学观念……当然,无论是学界的学人,还是布迪厄本人,都把他定位为一个社会学家,不过,重要的是布迪厄已经使社会学的含义发生了变化,用他自己的话来说,他是一个社会学的社会学家。换句话说,他已经几乎将社会学等同于普遍性的社会科学,等同于一种元科学。

布迪厄的社会学首先批判了各种继承下来的范畴和已被接受的思想方法,以及被专家政治论者和知识分子以文化与理性的名义使用的微妙的统治形式。其次,布迪厄的社会学还批判了权力、特权和支持它们的政治的既定样式。可以通过以下方面初步地了解布迪厄独特的知识方案及其形式。

第一,在关于社会行动、结构和知识的概念方面坚决地反对二元对立,致力于消解各种对立,因为这些对立确定了社会科学中长期存在的以下这些争论阵线,如在主观主义和客观主义的理论模式之间,在社会生活的物质维度和符号维度之间,以及在阐释和解释之间,在历时和共时之间,在微观分析和宏观的分析之间。

第二,科学思想和实践是综合性的,同时跨越学科的、理论的和方法的界线。在理论渊源上它们是不同知识源流的汇合,而这些学术传统曾被认为是不相容或者不协调的:马克思和毛斯,涂尔干和韦伯,还包括卡西尔、巴什拉和维特根斯坦的多种哲学传统,梅洛-庞蒂和舒茨的现象学,以及索绪尔、乔姆斯基和奥斯汀的语言学。在方法上,布迪厄的研究是把统计学方法、直接观察与对相互作用、话语、档案文件的解释结合在一起的典范。

第三,社会存在(社会生活)在根本上是竞争性的。社会世界是充满无穷无尽的无情竞争的场所,通过这些竞争并且处于竞争之中形成的差异是社会存在的根本精髓。

最后,布迪厄的哲学人类学不是建立在利益观而是在认识和相应的误识的基础上。布迪厄认为行为的最终源头是对尊严的渴望,只有社会可以平息这种渴求。只有在一个群体和制度中,被授予一个名称、一个位置、一项功能,个体才有希望逃避存在的偶然性、有限性和最终的荒诞感。社会存在意味着差异,差异则隐含着等级制,由此交替产生认识和误识、任意性和必然性之间的无穷尽的辩证关系。

接着布迪厄的社会理论提出了习性、场域和社会资本三个主要概念。

习性是指通过我们在世界的感知、判断和行动而形成的长期的、可转换的性情系统,这些性情系统是可塑性的,因为它们将社会环境不断演化的影响铭刻在身体中。习性无时无刻都在过滤着环境的影响,这种铭刻处于最初的(早年的)经验设定的限制中,根植于我们的心智以至身体内部,会超越我们遭遇的一些具体情境而发生惯性作用,因此习性具有稳定性。①

布迪厄所说的场域就是在发达社会中伴随着社会分化出现的形态各异的生活、艺术、科学、宗教、经济、政治等空间,并逐渐形成具备它们自己的法则、规律和权威形式的独特的微观世界。"从分析的角度看,一个场域可以被定义为在各种位置之间存在的客观关系的一个网络,或一个构架,正是在这些位置的存在和它们强加于占据特定位置的行动者或机构之上的决定性因素之中,这些位置得到了客观的界定,其根据是这些位置在不同类型的权力(或资本)——占有这些权力就意味着把持了在这一场域中利害攸关的专门利润的得益权——的分配结构中实际的潜在的处境,以及它们与其他位置之间的客观关系(支配关系、屈从关系、结构上的同源关系

① 可详细参考朱国华:《习性与资本:略论布迪厄的主要概念工具》(上),载于《东南大学学报》2004 年第 1 期。

等等)。"①场域具有三个方面的特征,首先,场域是一个结构化的位置空间,一个将自己的特殊决定性强加在进入其中的所有成员身上的权力场(force field)。如果一个人想成功地当上科学家,他就必须具备由特定时间和地点中的科学环境所要求的最起码的"科学资本",除了遵循它所强加的道德和规则之外别无选择。其次,场域是一个斗争的场所,行动者和机构在其中竭力维护或颠覆现存的资本分配,如在科学场中,对机构、学科、理论、方法、主题和杂志等的依次排序,这是一个战场,其中身份和等级的基础被无休止地争夺。第三个关键特征是它的自治程度,比如说在场域发展的过程中,场域获取的使自身同外部影响隔离开的能力,以及坚持它自己的评价标准高于、对立于那些相邻或入侵场域的标准的能力,例如,科学原创性反对商业利益或政治上的正确性,每个场域都是一个处于冲突中的场所,冲突发生在那些维护该场域特有的自律原则的人和那些力图引进他律标准的人之间,后者需要用外部的力量来改善他们在场域中的被支配地位。

资本是在一个特定的社会领域里有效的资源,它使个体获得因为参与社会领域并在其中竞争而形成的特殊利益。布迪厄有过一段对资本的著名说法,由于社会世界是一部积累的历史,其中的行动者不能被简化为瞬间机械平衡的不连续系列,是不可互换的,因此必须把资本概念引入对社会世界的解释,"资本是积累的劳动(以物化的形式或'具体化的'、'肉

① [法]布迪厄等:《实践与反思》,李猛、李康译,中央编译出版社1998年版,第133—134页。

身化’的形式），当这种劳动在私人性，即排他性的基础上被行动者或行动者小团体占有时，这种劳动就使得他们能够以具体化或活的劳动的形式占有社会资源。资本是一种铭写在客体或主体结构中的力量，它也是一条强调社会世界的内在规律性的原则”，它不像轮盘赌那样具有在短时间内改变人的社会地位的可能性，资本“需要花时间去积累，需要以客观化的形式或具体化的形式去积累，资本是以同一的形式或扩大的形式去获取生产利润的能力，资本也是以这些形式去进行自身再生产的潜在的能力”①。布迪厄的资本概念显然既不是马克思式的也不是正规经济学的，而是一种对某人自己的未来和对他人的未来施加控制的能力，资本在他那里本质上是一种权力形式，个人在社会中的地位、在社会生活中的可能性和机遇，都决定于他们能够积累的资本，也就是说，一个人拥有资本的数量和类型决定了他在社会空间中的位置。现代社会分化成不同的场域，它们又是由资本的不同分配构成的，不同场域中的不同位置都有不同的资本。一个行动者的资本本身是其习性的产物，资本的作用同时又必须依赖于一定的场域。任何个体、群体和机制在社会空间中的位置都可以用他们保留的资本的总量和资本构成这两个坐标来确定。习性、资本和场域这几个概念之间是如此内在地相互联系在一起的，以至于每一概念只有在其他二者相随时，才能获得它的充分的分析潜能。它们一道使我们可以清晰地阐明社会再

① 《文化资本与社会炼金术——布迪厄访谈录》，包亚明译，上海人民出版社 1997 年版，第 189—190 页。

生产的状况——即社会结构和精神结构相互协调和相互巩固，以及转型时期的状况——习性和场域之间产生不协调，从而导致革新、危机和结构变迁。

布迪厄认为资本可以表现为三种基本形态：经济资本是可以直接转化成金钱，以财产权的形式被制度化的；文化资本在某些条件下可以转化为经济资本，是以教育资格的形式被制度化的；社会资本在一定的条件下也可以转化为经济资本，是以某种高贵社会头衔的形式被制度化的。①

社会资本在布迪厄的社会理论中被最早使用，是在一篇《社会资本随笔》的短文中，但是，社会资本的思想则可以追溯到他在20世纪晚期引进"习性"概念，在20世纪70年代他和帕瑟龙(Passeron)合著的《再生产》一书中，对建立一种文化再生产如何培育群体和阶级之间的关系的社会再生产进行专门论述，关于社会资本的思想得到了进一步发展。必须指出的是，在布迪厄的社会理论中，社会资本与其他资本如经济资本和文化资本相比，还只是处于从属地位，不能独立于经济资本和文化资本而存在，也远没有后两者那样的重要性。

关于社会资本的含义基本上是他对资本的一般性分析的延续，体现了资本的权力化倾向。"社会资本是实际的或潜在的资源的集合体，那些资源是同对某种持久性的网络的占有密不可分的，这一网络是大家共同熟悉的、得到公认的，而且是一种体制化关系的网络，或者换句话说，这一网络是同某

① 《文化资本与社会炼金术——布迪厄访谈录》，包亚明译，上海人民出版社1997，第192页。

个团体的会员制相联系的，它从集体性拥有的资本的角度为每个会员提供支持，提供为他们赢得声望的'凭证'，而对于声望则可以有各种各样的理解，这些关系也许只能存在于实际状态之中，只能存在于帮助维持这些关系的物质的和/或象征性的交换之中。这些资本也许会通过运用一个共同的名字（如家族的、班级的、部落的或学校的、党派的名字等等）而在社会中得以体制化并得到保障，在这种情况下，资本在交换中就或多或少地真正地被以决定的形式确定下来了，因而也就被维持和巩固下来了。"①由此我们可以看出，布迪厄的社会资本具有两个比较明显的特征：第一，社会资本是一种与群体成员资格和社会网络联系在一起的社会资源；第二，社会资本是以互相认识和认知为基础的，社会生活中的个人能够有效地加以运用的联系网络规模越大，他能够占有的社会资本数量就越多，也就能够产生更好的增殖效应。布迪厄的社会资本概念是工具性的，他关注的中心是个人通过参与团体活动不断增加收益以及为了创造这种资源而对社会能力的精心建构。在他的理论活动中一直试图通过文化机制将阶级关系的再生产过程理论化，在这种努力的过程中，他不断地将社会资本置于分析的中心地位，但这对他来说始终还是一个未竟之业。

总的来说，布迪厄的资本理论的重点在于不同资本形式之间的相互转化，以及所有资本简化为经济资本。其中，经济

① 《文化资本与社会炼金术——布迪厄访谈录》，包亚明译，上海人民出版社 1997 年版，第 202 页。

资本可以轻易有效地转化为社会资本,而社会资本虽然也可以转化成为文化资本和经济资本,但这种转化却不能是即时性的。如行为者通过网络联系获得各种经济资源,通过与专家或者有知识的个人接触提高自己的文化资本,都必须借助于一定的中介环节,也就是说社会资本本身并不直接等于经济资本。不过"资本不同类型的可转换性,是构成某些策略的基础,这些策略的目的在于通过转换来保证资本的再生产(和在社会空间占据的位置的再生产)。这些转换从工作的角度和(在社会权力关系的特定状态下)转换自身固有的损失的角度来看,是代价最小的"①。布迪厄同时也看到,社会资本的形成不仅需要经济资源和文化资源的精心投入,而且相对于经济交换而言,更少透明更多不确定性,因此会掩盖本来是很清楚的市场交换,即社会资本本身具有负效应。

(二)詹姆斯·S. 科尔曼:社会资本理论的社会学研究视野

由布迪厄开启的从社会网络来研究社会资本的思路,在美国社会学家詹姆斯·S. 科尔曼(James S. Coleman)的社会理论中得到继续并被强调和扩展。

在当代美国著名社会学家波茨(Alejandro Portes)看来,尽管科尔曼对使用社会资本有可能获得教育特许权问题的分析非常类似于布迪厄所开创的观点,但是科尔曼关于社会资

① 《文化资本与社会炼金术——布迪厄访谈录》,包亚明译,上海人民出版社 1997 年版,第 202 页。

本在人力资本创造过程中的作用的最初分析中，并没有提到布迪厄，这是令人感到吃惊的。① 科尔曼本人直接承认自己关于社会资本的理论，受到了经济学家洛瑞(Glenn Loury)、波拉思(Ben Porath)和威廉森(O. Willamson)以及社会学家格兰诺维特(Mark Granovetter)的影响。

洛瑞首先把社会资本概念引入经济学，用以代表存在于社会关系中的个人资源，他认为，以经济人的假设为前提的古典经济学和新制度经济学，没有注意到现实的个人是处于一定的社会网络中的，而不是以独立的方式超然于社会去实现其目标的，个人追求的利益更不是完全以自我为中心的，经济学所描述的利己主义者与现实生活中的人之间存在矛盾，这使经济学家必须要修改经济理论。波拉思提出了涉及交换系统活动的概念"F—连接关系"，即家庭(family)、朋友(friend)和公司(firm)，这些社会组织影响了经济交换方式。威廉森对影响经济活动组织方式的各种条件的新制度经济学探讨，注意到特殊经济制度产生的条件以及这些制度即社会组织对系统活动的影响。社会学家格兰诺维特从经济社会学的立场对新制度经济学进行了批判，认为它不过是一种拙劣的功能主义，用经济制度的功能来解释其存在的原因，在经济理论上存在着严重的失误，这种失误具体表现在忽略了个人关系及其社会关系网络对产生信任、建立期望以及确定和实施规范

① [美]亚历山德罗·波茨：《社会资本：在现代社会学中的缘起和应用》，载李惠斌、杨雪冬主编：《社会资本与社会发展》，社会科学文献出版社2000年版，第123页。

的重要影响。格兰诺维特在分析经济系统时试图引入社会和组织关系,但不是仅仅把这种关系看成行使经济功能的一种结构,而是把它作为对经济系统活动有着独立影响的社会结构。①

科尔曼把上述几位对社会资本理论的研究合并到自己的理论框架中,提出社会资本是个人拥有的以社会结构资源作为特征的资本财产,它与物质资本和人力资本一起构成了资本的三种形态,社会资本既不同于可见的物质资本,也不同于表现为个人掌握的技能和知识的人力资本,它表现为人与人之间的关系,由组成社会结构的各个要素构成,存在于人际关系的结构之中。科尔曼根据社会资本的功能对其给予定义,"它不是某种单独的实体,而是具有不同形式的不同实体。其共同特征有两个:它们由构成社会结构的各个要素所组成;它们为结构内部的个人行动提供便利。和其他形态的资本一样,社会资本是生产性的,是否拥有社会资本,决定了人们是否可以实现某些既定目标。与物质资本和人力资本一样,社会资本并非可以完全替代,只是对某些特殊活动而言,它可以被替代。为某种行动提供便利条件的特定社会资本,对其他行动可能无用,甚至有害。与其他形式的资本不同,社会资本存在于人际关系的结构之中,它既不依附于独立的个人,也不存在于物质生产的过程之中。"②

① [美]詹姆斯·S.科尔曼:《社会理论的基础》(上),邓方译,社会科学文献出版社1999年版,第351—353页。

② [美]詹姆斯·S.科尔曼:《社会理论的基础》(上),邓方译,社会科学文献出版社1999年版,第354页。

从科尔曼的这段话以及其他论述中,我们可以看到,他所理解的社会资本具有这样几个特征:第一,生产性,也就是说社会资本为结构内部的个人行动提供便利,是否拥有社会资本,决定了人们是否可以实现某些既定目标,"社会资本是影响个人行动能力以及生活质量的重要资源"①。第二,不完全替代性,这是针对社会资本的生产性而言,即社会资本的生产性功能必须和具体的社会行动联系起来才能得以实现,它只是对某些特殊活动而言才是可以被替代的,那些能够为某种行动提供便利条件的特定社会资本,对其他行动则可能是无用的,甚至可能还是有害的。第三,公共性,即社会资本具有公共物品的性质,而不像其他形式的资本那样是私人所有的,这是由其存在形态决定的,即社会资本存在于人际关系的结构之中,既不依附于独立的个人,也不存在于物质生产的过程之中。"许多社会资本具有的公共物品特征是社会资本与其他形式资本最本质的差别。"②例如,特定的社会结构使社会规范以及相应的惩罚措施得以存在,这种结构不仅使积极参与建立规范的人受益,而且使处于相应结构中的所有人都受益。第四,不可转让性,社会资本的公共性使其"不同于新古典经济学所研究的可分割、可转让的私人物品。……社会资本实际上具有不可转让性。"③与社会结构具有的特征一样,社会资

---

① [美]詹姆斯·S.科尔曼:《社会理论的基础》(下),邓方译,社会科学文献出版社 1999 年版,第 371 页。

② 同上。

③ [美]詹姆斯·S.科尔曼:《社会理论的基础》(下),邓方译,社会科学文献出版社 1999 年版,第 369 页。

本对其受益者而言,不是一种私有财产,因而是不可转让的。

在关于社会资本的规定中,科尔曼还对社会资本的形式进行了归纳,提出社会资本的五种形式。(1)义务与期望。如果A为B做了某些事情,并且相信B日后会报答自己,那么A对B就有了一种期望,B对A也就承担着一种偿还的义务。如果对A承担义务的不止B而是有很多人,那么A通过这种关系占有大量的社会资本。不过在这种形式的社会资本中,社会环境的可信任程度以及个人担负义务的范围是两个至关重要的因素。社会环境的可信任程度越高,人们履行义务的可能性越大,义务和形式的社会资本也就越普遍;个人在社会结构中承担的义务越多,他拥有的可利用的社会资本就越丰富。(2)信息网络。存在于社会关系内部的信息网络是社会资本的一种主要形式,这提示了利用已经存在的社会关系是获取信息的重要手段。例如不了解最新时髦服装的妇女往往通过女友中的那些最了解时装的人来获取她所需要的信息,从而使她购买服装的行为更加方便。密切注视本领域中最新研究成果的社会科学家,也可以利用与同事的工作接触,掌握必要的信息。(3)规范和有效惩罚。有效规范是一种作用很大的社会资本,通过奖励大公无私的行动,惩罚自私自利的行动,可以促进人们放弃自我利益,依集体利益行事。这种社会资本不仅为某些行动提供方便,而且还可以制约犯罪,限制其他不利于社会正常秩序的行动。当然,这种社会资本也可能导致相应领域中的创新精神受到压抑,因为规范不仅限制伤害他人的越轨行为,而且也压制对众人有利的非凡行为。(4)权威关系。权威就是个人拥有的控制他人行动的权利。

如果行动者A把某些行动的控制权转移给行动者B,那么B就获得了以上述控制权为形式的社会资本。如果有更多的行动者把同样的控制权转让给B,后者的社会资本以权力的形式表现出来而且社会资本的总量增加了。这种把权威授予具有超凡魅力的领导人在特定的条件可以增进公共利益,克服在众多的行动者中间存在的坐享其成的问题。(5)多功能的社会组织和有意创建的组织。所谓多功能的社会组织是指那些为了某一目的而建立同时又可以服务于其他目的的组织,即不仅使创建者受益,也使其他人得到好处,从而形成可以使用的社会资本,这是一种极其普遍的现象。①

科尔曼在理论上研究了人力资本和社会资本之间的关系,特别对当时在政策制定领域以人力资本理论为指导思想的主流观点进行了批判,在其《社会资本在人力资本中的作用》一文中,他认为社会资本对于教育文凭的获得者存在着积极的影响,在此他把社会资本定义为"行动者可以获得的某种资源",包括多种实体。科尔曼把社会资本的研究集中在教育领域,认为社会资本与人力资本是互相补充的,这使其与布迪厄的观点存在类似之处,不过科尔曼主要从社会资本的功能进行定义,认为虽然社会资本的生产性质使人们尽力地创立这种资本,但创立社会资本的活动往往为行动者之外的人带来利益,因而,创立社会资本成为不符合行动者利益的行动,结果许多社会资本原来不过是其他行动的副产品。另

---

① [美]詹姆斯·S.科尔曼:《社会理论的基础》(下),邓方译,社会科学文献出版社1999年版,第357—367页。

外，布迪厄使用社会资本概念表示精英团体运用他们的联系来再生产他们的特权，而科尔曼却把这个概念的范围扩大到包括非精英集团的社会关系。

科尔曼还对可能导致社会资本的出现和消亡的各种因素进行了探讨，他把这些因素归纳为四个方面。第一，社会网络的封闭性。如果信任关系建立在合理基础上，即受托人已被证明是值得信任的，网络封闭与否就显得十分重要，因为社会网络的封闭保证了互相信任、规范、权威和制裁等的建立和维持，增加了系统内部行动者之间的依赖程度，减少了内部行动者对网络外部行动者的依赖程度及资源的可替代性，由此可以保证能够动员网络资源。当然，这种封闭的系统可能导致极端信任或者不信任，除去这种不稳定性，一定程度的封闭为系统内部的个人决定是否给予信任提供了便利条件。第二，社会结构的稳定性。除了以职位为基础建立的正规组织，各种形式的社会资本都依赖于社会结构的稳定性。社会组织或者社会关系的瓦解会使社会资本消亡殆尽。以职位而不是以人为结构元素的社会组织的创立，提供了一种特殊形式的社会资本，这种社会组织在人员变动的情况下，仍然能够保持稳定。其所以如此，是因为在这类组织中，人的地位降到仅仅是职位的占有者，人仅仅履行职务，而不是结构自身，人员流动不会对组织结构造成影响。但是对其他形式的社会资本，个人流动将使社会资本赖以存在的相应结构完全消失。第三，意识形态。意识形态形成社会资本的途径是把某种要求强加给意识形态的信仰者，即要他们按照某种既定的利益或者某些人的利益行动，而不考虑其自身利益，这有利于社会资本的生成。但是意识形态也能够对社会资本的形成产生消极的影响。比如,古希腊伊壁鸠鲁学说的信徒所信奉的享乐原则,以及作为新教基础的、强调个人独立于上帝的意识形态,由于不考虑他人或社会利益,从而抑制了社会资本的形成。第四,官方认可的富裕及需要的满足。这是影响社会资本形成和消亡的重要因素。因为社会资本具有公共物品的性质,需要相互帮助的人越多,所创造的社会资本数量就越大;而富裕、政府资助等因素使人们相互需要的程度越低,所创造的社会资本就越少。总之,社会资本的价值随时间的推移而逐渐下降,因而社会资本和人力资本、物质资本一样需要不断更新,否则将丧失价值。无法保证期望和义务管理历时长久而不衰,没有定期的交流,规范也无法维持。①

学术界对科尔曼的社会资本理论存在的不足之处所做的评价是以美国社会学教授亚历山德罗·波茨为代表的,他认为科尔曼对社会资本的定义是相当模糊的,因此给许多不同的,甚至是矛盾的过程重新贴上社会资本的标签打开了方便之门。在科尔曼的社会资本术语中既包括了生产社会资本的机制,也包括拥有社会资本的后果,还包括为原因和结果具体化提供背景的"可利用的"社会组织。波茨认为,从接受者的角度看,通过社会资本获得的资源具有礼物的特征。因此,在社会资本概念中应该把资源与通过不同社会结构中的成员获得资源的能力区别开来。在社会资本的理解中把这些要求进

① [美]詹姆斯·S.科尔曼:《社会理论的基础》(下),邓方译,社会科学文献出版社1999年版,第372—376页。

行区分是必要的：社会资本的拥有者；社会资本的来源；资源本身。但在科尔曼的影响下，它们却经常被混在一起，造成了社会资本概念用法和使用范围的混乱。更为重要的是，由于他把社会资本等同于它获得的资源，导致了逻辑上的同义反复，就如同说成功地成功一样。① 社会资本在科尔曼的社会理论中被泛化，既用来解释国家与国家、社会与社会的信任程度、社会发展、社会规范、社会团结与社会动员、政治模式等方面的差别，也用来解释组织的运作、发展以及个人的社会化、各种目标取向明确的社会行动。于是，社会资本理论的发展在科尔曼之后呈现出分化的趋势，一是以普特南（Robert D. Putnam）为代表的学者把社会资本用来研究宏观社会现象，对社会资本与公共生活的关系进行分析；二是以伯特（Ronald Burt）为代表的学者把社会资本用来解释个人的地位获得、社会流动的结构空洞（structural hole）理论。

（三）罗伯特·D. 普特南：社会资本理论的政治学研究视野

在普特南之前的诸多学者关于社会资本的研究中，多把社会资本放在个人或者微观的层面上来理解，而普特南可以说是最早尝试从整个社会范围内来使用社会资本概念的学者。普特南是哈佛大学政治学教授，《使民主运转起来：现代意大利的公民传统》（*Making Democracy Work: Civic*

① ［美］亚历山德罗·波茨：《社会资本：在现代社会学中的缘起和应用》，载李惠斌、杨雪冬主编：《社会资本与社会发展》，社会科学文献出版社 2000 年版，第 124—125 页。

Tradition in Modern Italy）给他带来了巨大的声誉，甚至有学者称之为可以与托克维尔、帕累托和韦伯等学者的著作相比肩的杰作。

为什么有些民主政府获得成功而有些却失败了？这是一个古老而且依然还在困扰着我们的问题。普特南的目的就是要研究影响民主制度绩效的因素，试图回答这样一些问题：正规制度怎样影响政治和政府的运行？如果我们改变制度，政治和政府的运行会跟着发生改变吗？一个制度的绩效是否取决于它的社会经济文化背景？如果我们在新环境下引进民主制度，它会像在旧的环境下一样成长吗？或者民主的质量取决于公民的素质，从而每一个群体只能拥有与他们相配的政府？这些问题本身是理论性的，但是普特南及其合作伙伴们的研究方法却是实证的，即对过去20年意大利各地区所做的制度改革实验（开始于1970年）进行总结，从中得到启示。

对现代意大利南北政府的绩效之差异所进行的研究，是普特南的主要工作。他把制度绩效概念建立在一个很简单的治理模型上：社会需求——政治互动——政府——政策选择——实施。理解制度绩效的动态关系，是社会科学长期关注的问题，普特南总结了社会科学领域解释制度绩效的三个学派及三种模式：第一个学派强调制度设计；第二个学派强调社会经济因素；第三个学派则强调社会文化因素。① 在新制

① ［美］罗伯特·D.普特南：《使民主运转起来》，王列、赖海榕译，江西人民出版社2001年版，第9—12页。

度主义看来,“制度影响个人和集团在已有制度内外的行为方式,影响市民与领导人之间的信任关系,影响政治共同体的普遍期望,影响社区的语言、认识和规范,而且还影响各种概念如民主、正义、自由以及平等等的含义”,而这种观点在普特南看来只是一种假说而不是一种公理。①

根据研究,意大利北方的地区政府的制度绩效水平比南方地区要高,是什么原因造成同样的制度在北方能够成功而在南方却是失败的? 很难相信,富裕程度和经济现代性方面的巨大差异不是地区政府绩效的一个重要原因,但是却不能把南北方制度绩效上的差异仅仅归结为由此造成的地方政府可以使用的财经资源的差异。普特南要强调的是地区的治理质量与该地区的“公共精神”之间存在更重要的关系,“换句话说,经济发达地区的地区政府之所以比较成功仅仅是因为它们有更强的公共精神”②。有许多公民社团、很多报纸读者、许多事务取向的选民和很少庇护—附庸网络的地区,可以培育出更有效率的政府。从两个层面可以反映出来:一是在公民性程度较低的地方,地区委员与公民之间会见的时间和人数都多,且大多数是为了找工作和庇护关系,而在公民性程度高的地方,地区委员与公民之间会面的时间和人数都远少于前者,并且他们会面主要不是寻求庇护关系,讨论的主要是政策问题;二是公民性程度高的地区的政治领导人比公民性

① [美]罗伯特·D. 普特南:《使民主运转起来》,王列、赖海榕译,江西人民出版社 2001 年版,第 19 页。

② 同上书,第 113 页。

程度低的地区的政治领导人更热心支持政治平等，也更愿意妥协，这些地区较少发生冲突和争端，且领导人更愿意用谈判解决冲突，人与人之间呈现的是伙伴关系而不是没有伙伴关系，公民性程度高的地区的人们都可以期望他人遵守规则，在公民性程度低的地区则几乎每一个人都认为别人会破坏规则。普特南的结论是："公民共同体与制度绩效和地区富裕程度的关系如此紧密，以致很难在统计的意义上把它们对生活满足感的影响区分开来，不过这三者中，公民性的影响是最大的。"①

普特南通过对意大利公民共同体的历史考察，还进一步认为，当用公民传统和以往的社会经济发展，来预测当前的社会经济发展水平时，发现公共精神实际上远较经济发展本身更为准确。也就是说，经济虽然无法预测公共精神，但是公共精神却能够预测出经济，实际上比经济本身更为准确。特别是在20世纪，一个地区要想取得社会经济发展，更多地要靠其公共精神禀赋。因此，公民传统可能既对制度绩效产生极大的作用，也对经济发展和社会福利产生重大影响。普特南把这个思路推广到对第三世界国家发展的问题上，为什么有这么多的第三世界国家依然如此落后，人们一直百思不得其解，是因为资源匮乏、中心—边缘的依附性、政府决策失误、市场失效，抑或是"文化"因素？意大利个案的研究，可能对这个问题的解答作出重大的贡献。当然，他并没有忘记，如果认

① ［美］罗伯特·D. 普特南：《使民主运转起来》，王列、赖海榕译，江西人民出版社2001年版，第131页。

为这里所说的公民传统是决定经济繁荣与否的唯一或者最重要的因素,那将是荒唐可笑的。"在互相交错的良性和恶性循环中,公民传统一旦确立,富裕会增强公共精神,而贫穷则会遏制它。我们的论据表明,在这些互动中,经济—公共精神的链条不是决定性的,公民规范和网络是经济进步潮流上浮现的浪花。"①

普特南在制度绩效的研究中引入了社会资本概念,认为在一个继承了大量社会资本的共同体内部,解决集体行动悖论的自愿合作行为更容易出现。在科尔曼的社会资本概念基础上,他提出"社会资本就是指社会组织的特征,诸如信任、规范以及网络,它们能够通过促进合作行为来提高社会的效率"②。大多数的社会资本形式,都有一个共同的特征,即使用得越多就会增加它的供给,如果搁置不用则会减少供给;同时,社会资本一般说来都是公共用品(public goods)而不是私人用品(private goods)。

信任是社会资本的必不可少的组成部分。在意大利公共精神发达的地区,社会信任长期以来一直是伦理道德的核心组成部分,它维持了经济发展的动力,确保了政府的绩效。在立法和行政之间,工人和管理者之间,政党之间,政府和私人组织之间,小企业之间都需要进行合作。但是往往明确的协议条款和监督通常都因代价太高而难以做到,而第三方执行

① [美]罗伯特·D.普特南:《使民主运转起来》,王列、赖海榕译,江西人民出版社2001年版,第188页。

② 同上书,第195页。

又不切合实际。在一个共同体中,信任水平越高,合作的可能性就越大。而且合作本身就会产生信任。正是在这个意义上,社会资本的稳步发展构成了意大利公共精神发达地区的良性循环的最关键部分。①

那么,私人的信任如何才能转换为社会的信任呢?普特南认为,在现代的复杂社会中,社会信任能够从这样两个相互联系的方面产生:互惠规范(norms of reciprocity)和公民参与网络。普特南把互惠规范区分为两种,即"均衡的"(或"特殊的")和"普遍化的"(或"扩散的")。所谓均衡的互惠是人们同时交换价值相等的东西,如办公室同事交换节日礼物,或者议员们互相捧场。而普遍化的互惠则是指交换关系持续进行,在特定的时间内是无报酬和不均衡的,但能够产生共同的期望,现在自己给予他人,将来他人给予自己。在这两种互惠规范中,他主要是用后者来界定社会资本,而且认为是一种具有高度生产性的社会资本。遵循了这一规范的社会共同体,可以更有效地约束投机,解决集体行动问题。

要使私人的信任转换为社会的信任,除了普遍化的互惠规范之外,普特南认为还需要公民参与网络。无论现代的还是传统的,专制的还是民主的,封建主义的或者资本主义的社会,都是由一系列的人际沟通和交换网络构成的,这些网络既有正式的,也有非正式的。其中一些以"横向"为主,把具有相同地位和权力的行为者联系在一起;另一些则以"垂直"为

① [美]罗伯特·D.普特南:《使民主运转起来》,王列、赖海榕译,江西人民出版社2001年版,第200页。

主，将不平等的行为者结合到不对称的等级和依附关系之中。在实际生活中，几乎所有的网络都包含二者。普特南倾向于认为，这两种网络中以“横向”为主的公民参与网络越密，越是有利于为了共同利益而进行合作，因为诺思的制度经济学研究证明：公民参与网络减少了人们在任何单独交易中进行欺骗的潜在成本；培养了强大的互惠规范；促进了交往以及有关个人品行的信息的流通；公民参与网络体现的是以往合作的成功，可以把它作为一种具有文化内涵的模板，未来的合作可以在此基础上进行。而以“垂直”为主的网络，则无论其多么密集，也无论对其参与者多么重要，都无法维系社会信任和合作。信息的垂直流动之所以不如水平流动那么可靠，是部分地因为下属为了免受剥削而对信息有所保留。据此可以认为，社会资本——体现在横向公民参与网络之中——提供了政府和经济的绩效。只有强社会才能强经济，强社会才能强国家。①

尽管普特南的工作引起了学术界的注意，也得到了很高的评价，但是也存在不同的看法，最典型的是亚历山德罗·波茨的批评。

波茨认为社会资本并不仅仅如普特南所说的那样是具有积极性的，与事实相反，个人和团体用做社会资本的同样机制可能有其他的、让人更不喜欢的结果。重点强调这些后果出于两个原因：首先，避免把社群网络、社会控制以及集体惩罚

---

① [美]罗伯特·D. 普特南：《使民主运转起来》，王列、赖海榕译，江西人民出版社2001年版，第201—207页。

完全看做是幸事的认识陷阱;其次,要在严肃的社会学分析而不是道德化表态限度内进行分析。最近的研究至少已经指出社会资本的四个消极后果:第一,为团体成员带来利益的强大联系通常也能够禁止他人获得收益;第二,团体或者共同体的封闭在特定条件下,可能会阻碍其他成员进行创新;第三,社群或团体参与必然产生服从的要求,限制个人自由;第四,为了避免个人的成功削弱了团体的一致,最后就不得不用规范来消除那些优秀的人,迫使那些更有雄心的人离开。波茨提醒人们,在赞美社会资本的时候,看到它的两面性尤其重要。

对普特南把社会资本归结为公民传统和公共精神来论证经济发展,波茨认为是一种循环论证。之所以如此,是因为有分析上的两个原因:其一是从结果开始的,而且反过来努力要找到把它们区别开来的原因;其二是试图解释所有可以看到的差别。为了使社会资本的研究能够避免论证上的同义反复,他提出社会资本的分析者必须遵循特定的逻辑原则:在理论上和实证上把概念的定义与它指称的结果分开;在指向上有所控制,这样可以在证明中使社会资本的存在先于它可能产生的结果;控制其他的、可以解释社会资本及其指称的结果的因素;全面认识到社会共同体的社会资本的历史来源。①

① [美]亚历山德罗·波茨:《社会资本:在现代社会学中的缘起和应用》,载李惠斌、杨雪冬主编:《社会资本与社会发展》,社会科学文献出版社2000年版,第137—144页。

（四）弗朗西斯·福山：社会资本理论的文化学研究视野

从文化角度研究社会资本比较有影响的学者是日裔美国社会学家弗朗西斯·福山（F. Fukuyama）。福山的社会资本理论是建立在社会信任基础上的，他认为，“所谓信任，是在一个社团中，成员对彼此常态、诚实、合作行为的期待，基础是社团成员共同拥有的规范以及个体隶属于那个社团的角色。这里所指的规范可能是深层的价值观，也可能包含世俗的规范。”①而“所谓社会资本，则是建立在社会或其特定的群体之中，成员之间的信任普及程度，这样的信任也许根植于最小型、最基础的社会团体里，也就是我们熟知的家庭，也可能存在于规模最大的国家，或是其他居于两者之间的大大小小的群体中。社会资本和其他形态的人力资本不一样，它通常是经由宗教、传统、历史、习惯等文化机制建立起来的。”“虽然契约和自我利益对群体成员的联属非常重要，可是效能最高的组织却是那些享有共同伦理价值观的社团，这类社团并不需要严谨的契约和法律条文来规范成员之间的行为和关系，原因是先天的道德共识已经赋予了社团成员互相信任的基础。”②社会资本是建立在信任基础上的，而信任又以文化为基础，所以经“信任”传递，文化成为了社会资本深层的决定性条件。一般来说，信任主要存在于家庭与社团两种组织中，

---

① ［美］弗朗西斯·福山：《信任——社会道德与繁荣的创造》，李婉容译，远方出版社 1998 年版，第 34 页。

② 同上书，第 35 页。

社会资本也相应地由这两种组织提供:一种是由家庭提供的社会资本,表现为注重家族内部团结协作的家族主义,社会信任程度较低,聚合社会资本的能力弱,中、法、意等国家就属于此类社会;另一种是社团提供的社会资本,表现为社会团体内部成员互助合作的团体主义,有助于促进更广泛的社会信任,提高聚合社会资本的能力,德、日是典型的代表。福山进一步指出社会资本获取方式的特殊性。“创建这类道德性社团所需要的社会资本,没有办法向其他形态的人力资本一样,透过理性的投资决策来获得。……社会资本的获取,所需要的是整个社团具有的道德规范,成员需要具备忠诚、诚信、可靠的美德,更甚者,在团体成员对彼此普遍感兴趣之前,社团就必须先采纳一套规范;个人固然可以自己采取行动去增加人力资本,但是团体却无法单纯依靠个人行动的累积,去增加整体的社会资本。”①福山强调社会资本是由内在于其中的、整体的价值观和道德规范所决定的,单纯的个人的社会资本增加或减少不会影响整体的社会资本状况。

福山还把社会资本同一个国家私营大企业的发展状况联系起来,认为信任可以节约交易成本,“一个社会能够开创什么样的工商经济,和他们的社会资本息息相关,假如同一企业里的员工都因为遵守共同的伦理规范,而对彼此产生高度的信任,那么企业在此社会中经营的成本就比较低廉”②。社会

① [美]弗朗西斯·福山:《信任——社会道德与繁荣的创造》,李婉容译,远方出版社 1998 年版,第 36 页。

② 同上书,第 36—37 页。

资本能以其独特的合作机制，对一定范围内的人际关系加以整合，通过提高有效利用率，激活、放大有限的人力资本；通过提高企业内部无形的社会资本，降低其有形的组织经营成本。福山认为，一个社会的经济繁荣程度，取决于该社会的信任程度（即社会资本），信任程度的高低决定现代私营大企业的发展状况，从而决定了一个国家经济的发展状况。

福山从文化角度出发研究社会资本理论，强调社会信任对于经济发展的重要性，为研究社会资本理论提供了一个崭新的视角。他强调社会资本或社会信任对经济发展的重要性，并用以解释一个国家私营企业组织和经济结构发展的状况，揭示现代市场经济要求市场主体从以互不信任的交往转向以互信为基础的交往。要在市场中取得有利的地位或者说更多、更容易地获取利益不仅需要"理性"，同时更需要社会信任与社会合作。把经济与非经济的因素结合起来分析经济发展的这种见解是十分深刻的，为考察社会历史及人类行为的动因提供了有启发性的见解。同时，福山还为建立或重建社会信任提出了可供参考的途径和方法。福山对自发性社会群体——政府与个人之间的中间社会团体尤其强调，包括企业、宗教团体、俱乐部、民间教育组织等等，指出这些中间团体对于维系和培育一种信任关系至关重要。但是福山的社会资本理论仍然具有很大的局限性，他把社会结构纳入了文化范畴，不仅忽略了经济、政治和其他制度因素对社会结构的影响，也容易陷入文化决定论。其论证方法也缺乏历史研究应该具有的客观性、全面性，造成具体观点的主观性，如认为中国作为儒家文化国家缺乏社会信任，社会资本低下、社会结构松散,家庭主义小规模经济占主导,现代化大型企业很难建立。中国难以产生现代化的私营大企业,是历史和现实中各种因素综合作用的结果,不能片面归结为社会资本的低下。

(五)国内学者的有关研究

社会资本理论研究同样引起了国内学界的关注。作为一种新兴理论的研究,从总体上来看,国内的社会资本理论研究尚处于起步阶段。自改革开放以后,我国社会的结构发生了变迁,进入急剧的转型时期,当代中国正在从计划经济社会转向市场经济社会,中国社会资本理论研究的现实背景——中国市场经济还不完善,因此,中国学者在研究社会资本时更多是以西方学者的理论进行联想,使得中国社会资本理论的研究一时难以充分发展。

中国学者对于社会资本的直接介绍、研究和应用,是从20世纪90年代中期开始,应用的主要领域是乡镇企业、私营企业发展原因和农民工流动的方式。李培林在科尔曼理论的基础上指出:社会结构中的某些要素,如家庭和社会具有特殊的资源配置作用,相对于法律和政策规定的正式制度结构而言,它们构成了一种非制度化社会结构,因此,社会结构转型是一种独特的资源配置方式,它与市场和政府相并列,是进行资源配置的“另一只看不见的手”①。张宛丽指出人们的社会关系网络具有资源特性、资源增值性和不可替代性,可称为决

① 李培林:《另一只看不见的手——社会结构转型》,社会科学文献出版社2005年版。

定个人地位获得的社会资本。[1] 而边燕杰、丘海雄等人则认为社会资本是行动主体与社会的联系以及通过这种联系摄取稀缺资源的能力。边燕杰还以经济活动的主体——企业作为研究对象，着重考查了中国企业通过横向、纵向的联系所积累起来的企业社会资本的情况，并分析了企业社会资本对企业经营能力的影响。[2] 真正在中国提出并具体研究社会资本概念的是中国社会科学院社会学所的张其仔博士。他的研究主要围绕社会资本中的社会网络范畴进行。他把社会资本简单地定义为社会网络，并试图回答社会资本对厂商行为、对经济增长、对劳动力的转移、对技术创新以及对制度创新的影响。另外，他的研究结合了经济学、社会学乃至人类学的有关研究成果，一方面把社会网络视为一种最重要的人与人之间的关系，另一方面又把社会网络视为资源配置的一种重要方式。[3] 张其仔的最大贡献是第一次系统地研究了社会资本理论，并对社会资本与经济效益的关系作了比较成功的量化研究。但是，社会资本的含义不限于社会网络，因此，社会资本不仅与经济发展有关，而且与社会各方面的发展都具有十分重要的意义。他无疑忽视了信任、规范以及社会道德等因素在社会资本概念中的重要地位。卜长莉教授对社会资本问题进行了

---

① 张宛丽：《非制度因素与地位获得——兼论现阶段中国社会分层结构》，载《社会学研究》1996 年第 1 期。

② 边燕杰、丘海雄：《企业的社会资本及其功效》，载《中国社会科学》2000 年第 2 期。

③ 张其仔：《社会资本论——社会资本与经济增长》，社会科学文献出版社 2002 年版。

深入全面系统的研究，剖析了社会资本理论在当代社会产生的原因、基本内涵、运行过程及存在的根据，同时她就社会资本与社会和谐提出了独创性的学术观点。①

（六）放弃或替代：学术界的另类态度

现阶段对于社会资本理论的看法，除了我们看到的来自各个学科的热情之外，还存在着一种与之相左的立场。

由于社会资本概念本身与经济学的核心概念——“资本”——具有家族相似性，引起经济学家们的注意是自然而然的。经济学家们以自己的专业背景对社会资本作为一种理论上的新解释范式，发表了不同的看法。肯尼斯·阿罗，这位美国斯坦福大学的著名经济学家、诺贝尔经济学奖获得者，对待社会资本的基本态度就是应该予以放弃。这主要出于以下理由：

第一，社会资本的主要概念即信任、规则和网络，都不是什么新的思路，其实早就已经是被讨论过的话题。比如“信任能够促进经济进步，这即使是在经济学家当中也是一个早已被讨论的话题，博弈论中的‘声誉效应’（reputation effects）就是其理论基础”②。就网络而言，交互作用的动机并不是经济的，人们可以通过熟人或者朋友网络找到工作，但是在多数情况下，人们并不是为了这个目的才加入这类网络的。即使

① 卜长莉：《社会资本与社会和谐》，社会科学文献出版社2005年版。

② ［美］肯尼斯·阿罗：《放弃“社会资本”》，载曹湘荣选编：《走出囚徒困境——社会资本与制度分析》，上海三联书店2003年版，第225页。

社会网络能够防止由不均衡的信息所导致的市场失灵,使一些有效的补充性活动,能够开创出依赖其他活动开创不了的调节工具,而"这些组织是不是一种社会'资本'的形式,其后果和自我管理的'自发的'社会不是一样的?它们在任何情况下或在任何规模水平上都更有效率这一点,是否得到真正的检验?"①肯尼斯·阿罗表示了怀疑,他把这种怀疑进一步延伸到社会资本理论著名的倡导者普特南,"在'社会资本'的假设中,影响最为深远的部分是和罗伯特·普特南的名字联系在一起的。他的主张是,社团身份(membership in associations)增进了政治和经济效率,即使社团本身既不涉足政治也不涉足经济时也是如此。从结构上说,这种主张乃是马克斯·韦伯有关宗教在经济活动中的重要性命题的回声。在他们两人的命题中,都存在着思维方式从一个领域到另一个领域的转换。过了几乎一个世纪,韦伯的命题还没有个定论。专门的检验不曾成功,但人们还是普遍相信有那么回事。普特南的命题是否也会遇到同样的命运。"②第二,社会资本与经济学意义上的"资本"的含义不能对应,或者说它不具有资本的特性,其含义是模糊不清的。肯尼斯·阿罗把资本的特性概括为:"(1)时间的延续性;(2)为了未来的收益有意地作出当前的牺牲;(3)可让渡性。"他认为,社会资本只是在第一个方面"还可以稍微说得过去",其他方面都是不适用的。第

① [美]肯尼斯·阿罗:《放弃"社会资本"》,载曹湘荣选编:《走出囚徒困境——社会资本与制度分析》,上海三联书店 2003 年版,第 226 页。

② 同上书,第 226—227 页。

三，社会资本具有不可测量性。“测量交互行为的想法也许是一个陷阱，一个妄想。与其考虑多少的问题，倒不如把当前存在的社会关系看做是一个早已存在的、经济的新配件（例如发展计划）必须装配进去的网络。”①后者也是整个学术界诟病社会资本理论的重要依据。

基于以上原因，肯尼斯·阿罗强烈建议放弃资本的这个隐喻，以及“社会资本”这个词，也不应该把它当做资本的另一种形式。当然坚持这种看法的也有其他学科领域的人，如亚历山德罗·波茨就与阿罗有差不多的看法，他说：“这个概念所指的一组过程不是新的，而且已经在过去被用其他的名义研究过。在很大程度上，把它们称为社会资本只是用一种更有吸引力的概念包装来提出它们的手段。”②而另一些学者则批评社会资本存在着理论上的诸多弱点，其中之一就是有试图用太少的理论来解释太多的现象的危险。③

美国著名经济学家、诺贝尔经济学奖获得者罗伯特·索洛则以一种相对比较温和的态度对社会资本的概念及其应用的方式展开了批评。在他看来，社会资本的基本思想对于经

---

① [美]肯尼斯·阿罗：《放弃“社会资本”》，载曹湘荣选编：《走出囚徒困境——社会资本与制度分析》，上海三联书店2003年版，第228页。

② [美]亚历山德罗·波茨：《社会资本：在现代社会学中的缘起和应用》，载李惠斌、杨雪冬主编：《社会资本与社会发展》，社会科学文献出版社2000年版，第145页。

③ [美]迈克尔·武考克：《社会资本与社会经济发展：一种理论综合与政策构架》，载李惠斌、杨雪冬主编：《社会资本与社会发展》，社会科学文献出版社2000年版，第251页。

济效益并非不重要或者没有关系,“相反,我认为,那些谈论和研究社会资本的人试图理解某种难解、复杂且重要的东西:一个社会的制度和共有的态度与其经济运作方式是如何相互作用的。这是一件吃力不讨好的工作,但总得有人去做;而主流经济学家却清高地避开这一任务。我的问题是,我希望有人做好这项工作,希望严肃的研究能找到有根据的答案。但至今只看到模糊的想法和偶然的经验结论。”①

罗伯特·索洛坚持传统的“资本”概念,认为资本代表一批生产出来的或者具有自然属性的产品,人们期望这种产品能在一段时间内提供生产性服务。任何谈论资本的人,从一开始在头脑中就有了一批有形的、实在的,常常是耐久的东西,比如建筑物、机器和存货清单这样的东西。这是非常典型的古典资本理论。“到底社会资本是什么呢?比如信任、合作和协调的意愿和能力、即使无人旁观也为公共事业出力的习惯,所有这种那种的行为模式,都是对生产力的增加有利的。……这些从前没有分析过的对生产的重要影响,可以合在一起称为社会资本,这样,进行整体分析的工具就成为可能了。”②索洛并不认为用社会资本概念指称这些有利于生产力增加的因素是合适的,他的疑问在于,既然任何一批资本都是过去逐渐投资的积累,再扣除过去逐渐贬值的部分,那么“社会资本方面那些过去的投资是什么呢?从原则上说,一个会

---

① [美]罗伯特·索洛:《论经济运行与行为模式》,载曹湘荣选编:《走出囚徒困境——社会资本与制度分析》,上海三联书店2003年版,第229页。

② 同上书,第231页。

计人员如何测度并积累那些投资呢? ……有谁能严肃的谈论,对于社会资本来说,究竟是线性的还是加倍余额递减的贬值更为合适呢?"①这些问题都是社会资本理论不能以符合传统资本理论特有解答方式给予回答的。

可接受的或者可期望的行为模式,是从作为社会规则出发的,或者是由于父辈的压力,或是由于同辈的压力、宗教的教导以及通过其他的方式,这些行为模式得到加强并最终内化。这样的行为模式可以使交易成本更低,经济效益也会更好。但可资利用的行为模式的类型有哪些,其中之一又是如何被确立成为标准的,或者更广泛地说,哪一种制度和习惯使得一种经济和一个社会通过发现和利用合适的行为理念,能够更好地适应变化的环境。资本理论的语言和工具对此却缺乏更多的帮助作用。因此,为了避免造成不必要的混乱,同时又不放弃理解这些复杂且重要的东西,罗伯特·索洛建议用"行为模式"这个概念来代替"社会资本"这个模糊不清、具有类比性质的概念。②

但是我们认为,如果因为某些问题已经被某一学科讨论过,就拒绝其他学科或者其他学科以新的范畴继续研究,这是有悖于人类思想发展的历史的,同样的问题被不同的学科以不同的形式进行研究的事例可以说是数不胜数,而且这恰恰是学术进步最基本也是最重要的途径。比如伦理学就并非专

---

① [美]罗伯特·索洛:《论经济运行与行为模式》,载曹湘荣选编:《走出囚徒困境——社会资本与制度分析》,上海三联书店 2003 年版,第 231 页。

② 同上书,第 229—233 页。

属于哲学家的领域和话题，经济学家、法学家，甚至医学以及其他诸多的自然科学都在不同程度上介入，这正好是伦理学繁荣昌盛的原因。相反，某一话题一旦被垄断，不论是被部分人还是被某一学科垄断，都会严重阻碍人类思想的升华，阻断学术进步的源泉。要是按照肯尼思·阿罗的说法，在数学史上三角理论、生物学史上生物化学、法学史上宪法经济学等的产生根本就是一个错误，因为它们都是在把不同学科联系起来考察的过程中形成并完善的。阿罗的说法确实让人想起今天在学术界颇为流行的一句话——“经济学帝国主义”。所以说，信任之类的问题早就被经济学研究过，进而否认其他学科介入或者纳入新的范畴进行思考是必要的，完全可以说是话语霸权心态淋漓尽致的表现。确实，假如期望社会资本将提供解决主要社会问题的现成方法是不切实际的，但是任何一种理论思考都总是包含着寻求尽可能精练的解释范式的努力。因此，社会资本理论试图用较少的理论来解释多领域的现象并没有什么危险，学术发展的真危险恰恰在于诸多的同类问题被分割为不能统一的领域，那些本来被不同的学科讨论和研究的问题，如果能够由一个或者较少的概念统一起来，可能会具有处于分离状态所不具有的解释力。社会资本可能正是这样一个处于经济学、社会学、伦理学、政治学甚至哲学交汇点上的范畴。

社会资本理论对学科局限性的突破意味着社会资本的内容必然具有丰富性与跨学科性，同时，社会资本理论与社会哲学都以交往关系作为研究的起点，都关注着社会的价值定位，这便决定了社会资本理论理应得到哲学的关注，或者说，社会资本问题本身就是一个哲学问题。然而从以上论述可以看到,虽然社会资本研究者在谈论社会资本时侧重点都不一样,有的从功能的角度讲得多一些,有的从组织和结构的意义上讲得多一些,但是,对于哲学意义的研究则几乎没有。社会资本理论对于解决哲学中的问题,尤其是对哲学中的社会正义、社会和谐问题有着不可忽视的作用,因此,本书对社会资本的研究主要是限定在哲学领域内,力图从马克思主义的观点出发,用社会存在和社会意识关系原理来审视社会资本概念,并力图阐明影响社会资本存在的因素,以为后面的社会资本与社会正义、社会和谐问题的深入探讨奠定必要的基础。

三、社会资本究竟是什么

正如埃莉诺·奥斯特罗姆担忧的那样,把社会资本看做只是一时的狂热是非常不幸的。① 然而,社会资本理论是否真的能够有益于社会的经济、政治、意识形态的发展,有益于克服集体行动问题,实现合作,促进社会正义而和谐地发展呢? 为此,必须首先回答什么是社会资本。

(一)从构成要素看社会资本

社会资本是存在于以拥有平等地位因而也是自由的社会

① [美]埃莉诺·奥斯特罗姆:《流行的狂热抑或基本概念》,载曹湘荣选编:《走出囚徒困境——社会资本与制度分析》,上海三联书店2003年版,第24页。

成员所组成的社会关系中的。人必须处在一定的社会关系中,不能摆脱社会关系的制约,正如马克思所说:"人即使不像亚里士多德所说的那样,天生是政治动物,无论如何也天生是社会动物。"①为了维持自己的生存与发展,人与人之间进行着长期而稳定的交往,并结成一定的社会群体与社会关系网络。这些网络既有正式的,也有非正式的;一些以"横向"为主,把具有平等地位和权力的行为者联系在一起,还有一些则以"垂直"为主,将不平等的行为者结合到等级和依附关系之中。而那些拥有平等观念的人群长期自由交往、相互作用而自觉形成的横向人际网络,即公民参与网络便是社会资本的重要组成部分。如俱乐部、合作社、互助社、文化协会和其他志愿者协会及非营利性团体等。根据普特南的看法,各种形式的横向关系网络越密,其公民就越有可能为了共同利益进行合作,这主要是因为:公民参与网络增加了博弈的重复性和各种博弈之间的联系性,减少了人们在任何单独交易中进行欺骗的潜在成本;公民参与网络培育了强大的互惠规范;公民参与网络促进了交往,加速了有关个人品行的信息流通;公民参与网络体现的是以往合作的成功,可以把它作为一种具有文化内涵的模板,作为未来合作的基础。而那些由不平等的行为者所组成的垂直关系网络无论多么密集,也无论其参与者多么重要,社会合作都难以维系,这是因为垂直的信息流动渠道常常会扭曲信息本身,使信息失真,而且那些用以支撑互惠规范的惩罚手段不可能被真正双向使用,尤其难以对那

---

① 《马克思恩格斯全集》第23卷,人民出版社1979年版,第363页。

些处于上游状态的人实施,即使实施了也不大可能被接受。因此,横向组织的成员数量与良好的政府之间存在正比例关系,而等级组织的数量则与政府的良好状态呈反比例关系。①

公民参与网络产生与发展不仅需要社会成员平等的人际关系,而且还必须以个人能够充分自由与自治为基础。首先,公民参与网络是一种横向的人际关系网络,并不是在强制力下产生的,因此公民自由地加入各种形式的公民参与网络并志愿地参与网络的各种活动。其次,从价值取向的角度看,这种公民参与网络中的价值目标既不是国家权力的效率优化,也不是个人利益的最大化,而是以公共利益为目标实现了对权力和权利的超越。在公民参与网络中,连接人们之间的核心纽带是公共利益,而对公共利益的追求并不是借助于强制力量,而是立足于个人发自内心的自愿。社会成员通过公民参与网络参与公共利益的维护和积累,在主观心理上完全是自由自愿的,他们获得的是一种更高境界上的自我实现。"无论人们会认为某人怎样自私,这个人的天赋中总是明显地存在着这样一些本性,这些本性使他关心别人的命运,把别人的幸福看成是自己的事情,虽然他除了看到别人幸福而感到高兴以外,一无所得。"②当然,仅仅停留于这个层次上理解人们的意义追求,还是非常表面化的。通过公民参与网络参与公共利益更深刻的地方在于,参与者在很大程度上是以奉

① [美]罗伯特·D. 普特南:《使民主运转起来》,王列、赖海榕译,江西人民出版社 2000 年版,第 203—207 页。

② [英]亚当·斯密:《道德情操论》,余涌译,中国社会科学出版社 2003 年版,第 3 页。

献或者无偿转让自身的利益为代价,因此超越自我权利才是这种人际关系网络的实质。因此,自愿而不是强制地以私利增长公共利益的公民参与网络,存在必需的前提是平等的社会关系与个人的自由。

公民参与网络可分为以个人为中心的关系网络和以组织为中心的网络。以个人为中心的关系网络主要指以家庭、朋友、工作等方式联系起来的以个人为中心的关系网络,拥有者可以通过这种关系网络获得包括信息、信任、帮助、机会等各种稀缺资源。与个人网络不同,以组织为中心的网络是从全体成员的角度出发的,其中存在着一个多数人的利益问题。所谓以组织为中心的网络,是指社会资本体现为以共同收益为目的的集体行动的网络,体现为全组织的内在和谐关系。这种和谐关系使得组织内各成员以更合作的态度相处,从而以较低的成本获得较大的收益。这里的组织既包括小到仅有几人的小团体,也包括大到一个国家的组织。两个层次的网络都可以表现为积极的关系,即个人可以通过自己的网络获得所需的资源,包括个人在内的组织网络也呈现出和谐的面貌。当然,也可以表现为消极的关系,如裙带关系,对于一个国家和区域而言,它不仅不是经济和社会发展的动力,而且还会成为社会发展的阻力和障碍。于是,为了避免两个层次的公民参与网络表现为消极的关系网络,促使网络关系向良好的方向发展,网络成员会自觉不自觉地逐渐建立起一系列互惠规范和制度,以确保网络关系在自由、平等观念中延伸,确保网络的稳定与发展。

这里的互惠规范既是自然演化的,也可以是人们自觉设计的非正式规范。允许公民参与网络系统的形成,能为网络成员个体之间的平行联系架起桥梁,而不同组织成员内外平行联系的多次重复性,则为共同体成员之间从非合作到合作提供了前提,并能使互惠规范在整个共同体运作中逐步形成。互惠规范是共同体成员在自组织过程中为了个人利益的有效实现,为了公民参与网络稳定而良好地发展而必然要求制定的。构成社会资本的互惠规范必须能够促进共同体内的合作,因此它们往往跟自由、平等、诚实、遵守诺言、履行义务及互惠之类的传统美德存在联系,包括各个层次的规范:行为规范、道德规范以及习俗习惯等等。这种社会规范不同于由国家机构自上而下指令性发布的法律规则,它会在网络成员多次重复自由组合过程中,逐步发展为保障个人利益最优并最大化实现公共利益的最优纳什均衡,①这种最优纳什均衡可以在信息逐步相对完善的长期博弈中产生,使个人理性最大化与社会理性最大化取得相一致的求解。因此,互惠规范的确立最后能在个人、社会之间创造一种双赢局面:既不以单纯追求个人的利益和需要为目标,也不以单纯追求他人利益和社会进步为目标,而是以追求个人的良好发展和社会的繁荣

---

① 最优纳什均衡由美国经济学家约翰·纳什提出。意指:假设有 n 个局中人参与博弈,在给定其他人策略的条件下,每个局中人选择自己的最优策略(个人最优策略可能依赖于也可能不依赖于他人的策略),从而使自己效用最大化。所有局中人的策略构成一个策略组合。纳什均衡指的是这样一种策略组合,它由所有参与者的最优策略组成,即在给定别人策略的情况下,没有人有足够理由打破这种均衡。"纳什均衡"的经典案例是"囚徒困境",本书在第四章中对其有详细说明。

进步有机统一为目标。

当受到互惠规范约束时，人的行为就具有了可预见性。如果一个人帮助过某人，那么人们便能预见后者会表示感激并且有机会回报一次服务。如果他没有表示感激，也没有回报，人们就把他看成一个忘恩负义的小人，并给予一定的惩罚。如果他作出恰当的报答，那么其他人所得到的社会报酬就会成为进一步扩大帮助的诱因，这种行动形成的互换会逐步在人与人之间建立起普遍的信任。

所谓信任是指“相信而敢于托付”，是一种在后天社会交往活动中所习得的对周围其他人行为表现的预期。事实上，信任往往是与风险联系在一起的。信任是应对风险以获取非一般性利益的行为方式，信任是寓于人们因利益而生的风险之中的。关于这个问题的讨论，我们必须提到20世纪产生了重要影响的德国社会学家卢曼(Niklas Luhmann)的著名论述：“信任……不是取决于天生的危险，而取决于风险。然而，风险只是作为决定和行动的一个组成部分出现的，自己不会单独存在。如果你取消了行动，你就不冒风险。信任是对产生风险的外部条件的一种纯粹的内心估价。虽然，可能显而易见，做一件有风险的事情是值得的，甚或不可避免(例如，去看医生而不是只忍受痛苦)，然而，它依然是个人自己的选择，或者当一个情景被定义为信任的情景时，似乎是这样的。换言之，信任是基于风险和行动之间的循环关系的，两者在需求上是互补的。行动把与某一特定风险有关的自身定义为外部的(未来的)概率性，虽然同时风险是行动中固有的和只有行动者选择惹起不幸后果的机会和选择信任时才存在。

风险同时出没于行动：它是一种行动参照自身的方式，是一种构想行动的矛盾的方式，并且这样说应该是恰当的，正像符号代表了熟悉和不熟悉间的差别再进入到熟悉的领域一样，风险也代表了可控与不可控的事物间的差别再进入到可控的领域。”①不仅信任取决于风险，而且信任还是风险存在与否的条件，我们认为卢曼的这些观点是非常具有建设性的，需要指出的是，他并不仅仅认为信任是一种对产生风险的外部条件的纯粹内心评价，其实在他看来信任本身也是一种行动。

信任是社会资本的核心内容，社会资本中的其他组成部分，无论是互惠规范还是公民参与网络离开了共同体成员间的信任，都难以存在和有效地运行。一定的人际关系的持续需要信任来维持，人类的相互交往包括经济生活中的相互交往，都依赖于某种信任。信任导致了合作，信任是人与人之间联结的纽带和润滑剂，是维持组织效能与维系组织生存的重要影响因素。正因为如此，本书在以后几章的论述中，将对信任对于社会发展的作用着以更多的笔墨。

作为社会资本核心内容的信任既体现为建立在理性的社会制度中的存在物，也体现为基于道德和习俗之上的文化规范；既包括在重复交往中自然发生的个人信任系统，更包括共同体中由于公民自律而产生的社会信任系统。个人信用体系建立在个体人格道德基础之上，成员之间相互信任的心理认

① [德]卢曼：《熟悉、信赖、信任：问题与替代选择》，载郑也夫编：《信任：合作关系的建立与破坏》，中国城市出版社 2003 年版，第 124 页。

同可以看成是在长期重复性横向交往中自觉自愿签订的隐性契约,伴随各种显性规范的逐步发展完善而产生的。而社会信任系统是基于国家法制体系和道德习俗之上,形成一个庞大的社会支持和制约体系,维护和实现着社会普遍有效的责任信用体系。这种社会资本有助于增强国家共同体的凝聚力和人们的价值认同感。福山在其著作《信任——社会道德与繁荣的创造》一书中就提出建立在宗教、传统、历史习惯等文化机制之上的信任程度构成了一个国家的社会资本,一个国家的信任度高低又直接影响企业的规模,进而影响该国在全球经济中的竞争力。在该书中,福山首次从国家的高度提出信任是国家经济增长的重要因素之一,普遍的社会信任系统能促进经济增长。成员间的信任在互惠中产生,而且信任关系的建立又可以使共同体产生大量的互惠规范,形成丰富的社会关系网络,并可在集体行动中节省大量的信息收集时间,降低合作成本,提高合作概率,如此才能产生合作、民主、宽容的民族性格。在任何协作活动的实施中,如果参与者拥有大量社会资本,同意协作行动,并对未来行动的结果承担责任,那么,不论他们运用什么样的物质资本和人力资本,他们都将具有更高的生产力。例如,科尔曼曾拿纽约的犹太钻石商作为例子,这些人因非正式地进行他们的交易而节省了一大笔律师费。几袋价值连城的宝石在没有签署任何文件的情况下被拿去整夜化验。使得这些高效率的交易有可能进行的,就是因为在各成员之间广泛建立了信任。还有,随着东亚经济的崛起,人们开始对其发展成功的原因进行广泛研究。其中有一种看法认为,东亚之所以在短时间内取得了如此惊人的经济成就,重要的原因就在于整个社会在经济发展目标上达成的共识以及国家与社会之间的和谐关系。

综上所述,本书倾向于把社会资本界定为:以人与人之间平等的社会关系为基础,以(个人和)一定组织的共同收益为目的,以社会信任为核心,通过组织成员自由地、长期地横向交往合作而形成的有利于增进(个人和)组织的收益的一系列互惠规范和公民参与网络。因此,社会资本主要反映的是一个社会中人与人之间的宏观和微观层次上的各种关系状态。从数量上讲,说一个社会或者个人拥有更多的社会资本,往往意味着这个社会或个人的各种关系状态良好;从质量上讲,说一个社会或者个人拥有较弱的社会资本,则意味着这个社会或者个人的各种关系状态较差。社会资本的丰厚程度,往往可以显示出一个社会或一个社会组织本身的效率高低与和谐程度。

(二)社会资本的基本特征

马克思的资本概念以及人力资本和文化资本概念的兴起,为理解社会资本的特点提供了理论基础。任何资本都具有能够使价值增值的属性,社会资本作为一种资本,也同样具有使价值增值的属性。与物质资本、人力资本和文化资本有利于经济行为和经济发展一样,社会资本是一种具有社会结构性质的资源,它能够产生相应的社会效益,并降低行动的成本,有利于特定社会结构中的行动者实现其相关目标。社会资本增值的主要原因是由两方面因素引起的:一方面是由于人际的合作带来的效益,也即是由于和谐的人际关系,导致团队的合作行为通过人际的相互配合能够取得超过他们各自单个活动收益的总和,产生合作效益;另一方面是由于信任、互惠等道德规范作为非经济因素带来的社会效益与社会价值。文化道德规范通过强化人们在集体活动中的责任心、荣誉感和团结协作精神,构成人的行为激励机制的重要组成部分,从而创造更高的社会效益。但是,社会资本与物质资本、人力资本相比,又有其自身的特点:

1. 社会资本存在于人与人之间的关系中。物质资本体现在物上,人力资本和社会资本都体现在人身上,但是人力资本存在于人本身,而社会资本却存在于人与人之间,它不离开个人而独立存在,却不完全依附于个人。社会资本不具有具体的独立的性质,物质资本可以存在银行,人力资本可以存在人的脑中,而社会资本只能存在于人际关系结构中。一个人必须与他人发生关系,才能拥有社会资本。

2. 社会资本是一种公共资源,具有公共物品特征。物质资本与文化资本既具有公共物品的性质,也具有私人物品的性质,有的是个人拥有,有的可以供多人使用;人力资本只属于个人私有,不能供多人使用,具有与主体不可分割的特征,如人的知识、技能等。社会资本则纯粹是公共物品,一旦形成就不仅仅是一个人能使用它,这与社会资本的性质有关,它只能存在于两个人以上的人中间。社会资本是关系人共有的一种社会结构资源,社会资本根植于人际关系中。与其他形式的资本不同,社会资本是关系人共有共享,任何个人都无法单独占有。

3. 社会资本的增值具有特殊性。首先,社会资本的增值具有社会性。作为社会资本结果的增值,不仅仅应使个人受益,有利于个人的生存与发展,也应使他人和社会受益,即出现有利于社会发展的结果。其次,就社会资本的实施主体而言,其增值的目标不仅仅包括获得经济效益,而且是一种包括经济效益在内的社会效益或社会资源,包括财富、地位、声望、名誉等各种社会资源。

4. 社会资本的投入和产出是不平衡的。社会资本的投资也需要花费一定的时间、精力、体力,包括物质花费与情感付出等等。这种投入不一定会立即得到回报,但从长远来看,社会资本产生的社会效益往往可以大大超过其投入的成本。而且,一种社会资本一旦形成,包括和谐的人际关系以及较高的文化道德水准,就可以重复地发挥其效用并在使用中不断增值。这与经济交换有两个不同之处:其一,欠债者不一定需要用相同的"货币"来还债,而是可以用无形的物品如效忠、尊敬等等。其二,没有约定的还债期限和还债人。施予者的回报不一定直接来自于受惠者,而可能会来自于整个群体,如地位、荣耀、认可等。

5. 与上一点相关,由于社会资本的投入与产出是不平衡的,因此社会资本的价值难以进行测量。物质资本和人力资本都可以用未来的期望收益和投入成本来衡量其价值,但是社会资本却难以这样处理。因为就投资者而言,常常并非有意地在为未来做什么有形的投资,成本难以度量,同时也难以度量收益。

6. 社会资本分布具有非均衡性。所谓非均衡性,主要是指社会资本在不同时间、空间位置上的存量不同,使得共同体中处于不同位置的人对社会资本的拥有量有着先在的差异性,从而使其行动所受到的制约不同。吉登斯对这种非均衡现象有过这样的论述:“那些占据中心的人已经确立了自身对资源的控制权,使他们得以维持自身与那些处于边缘区域的人的分化。已经确立自身地位的人或者说局内人可以采取各种不同形式的社会封闭,借以维持他们与其他人之间的距离,其他人实际上是被看做低下的人或者说局外人。”①那些长期居于资源中心的人相对于居于边缘的人来说拥有较多的优势,甚至拥有一定的支配权。应该说,这种非均衡分布是客观存在的,但是,如果这种非均衡性超过了一定的界限,或者说局内人与局外人的分化超出人们所能承受的限度,社会的正常流动将会受阻,人们的被剥夺感也会加深,并由此而引发一系列的社会问题,社会秩序陷于紊乱,社会发展脱离常轨,社会正义难以体现。

(三)社会资本何以可能

那么社会资本是如何产生的呢?既然社会资本是存在于各种社会关系中的,我们认为从社会关系及其相关因素进行分析是适当的。

第一,人的社会性是社会资本得以产生的现实基础。人没有社会性,便不可能进行交往,更不可能结成一定的社会关系网络以产生社会资本。马克思说:人的本质“是一切社会

---

① [英]安东尼·吉登斯:《社会的构成——结构化理论大纲》,李康、李猛译,三联书店 1998 年版,第 222 页。

关系的总和"①,人只有在一定的社会关系中,在与他人的社会联系中,才能成其为人。亚当·斯密也把人与人之间的相互依赖和联系看成是人与动物的根本区别,他认为人与人之间的相互依赖是为人类所特有,在其他各种动物中都是找不到的。"没有成千上万的人的帮助和合作,一个文明国家里的卑不足道的人,即使按照他一般适应的舒服简单的方式也不能够取得其日用品的供给的。"②每个社会个体在社会中所拥有的资源总是有限的,人的需要中只有一小部分能靠个体自身得到满足,大部分的需要都要靠社会互动来满足,人只有生活在群体中才能得以生存。不仅如此,人也只有在一定的群体中,才能获得全面发展的手段。正如社群主义者所认为的,社群对于人类生活来说不是可有可无的,而是必不可少的。首先,任何个人必定生活在一定的社群之中。或者说,个人总是生活在一定的社会历史文化关系中,任何人也逃脱不了社会历史文化传统的约束。其次,社群对于个人来说是一种需要。例如,感情的归属和自我认同是个人的一种需要,而只有社群才能满足个人归属和认同的要求。第三,社群能培养个人美德。诸如爱国、奉献、牺牲、利他、团结、互助、友睦、博爱、诚实、正直、宽容、忠信等美德,都是通过社群形成的。甚至连自由主义者竭力倡导的个人权利,如自主和平等,也只有在社群中才能真正实现,或者至少说,在社群之内要比在社

① 《马克思恩格斯选集》第1卷,人民出版社1995年版,第56页。

② [英]亚当·斯密:《国民财富的性质和原因的研究》,郭大力等译,商务印书馆2004年版,第12页。

群之外更容易实现。最后，社群还是个人的自我的构成性要素。现实中的任何个人都拥有一定的目的、理想、价值，而这些构成自我的东西恰恰是由社群决定的。由此可见，个人离不开社群，人的社会性是人得以存在与发展的基础，离开了社会群体，不仅个人的道德、理性和能力无从谈起，就连个人的自主性也无从谈起。

人的社会性决定了人必须在生活中结合成一定的群体与社会关系，而社会资本便深深地根植于社会群体与社会关系中，更进一步地说，社会资本就是社会主体在社会关系与群体中通过长期平等的交往、互助而实现对社会资源的占有或分享。每个主体之所以要积累社会资本，是为了力求通过相互的帮助和依赖克服自身的不足，为了寻找解决人类需求无限性与资源匮乏性的矛盾。人的个体力量无法满足其不断增长的需要，人们必须相互依赖、相互合作，才能解决生活中的各种问题，也才能在社会群体中取得自己所需的利益或价值。所以，社会资本必然是与某一社会关系网联系在一起的。在一个共同体内，成员要形成、建立、维系其社会资本，必须要依托于一定的社会群体与社会关系网络。不过需要强调的是能够形成社会资本的关系网络，只能是那些拥有平等观念的人群自由、自愿地结合的横向关系网络，而不是纵向的制度型关系网络。自愿结社的横向关系网络产生于成员的自愿结合，一般不带有功利性的目的，这种社群常常与我们内心各种真实的情感需求有关：或者是信仰上的一致，或者是兴趣的驱使。社会群体中的成员有着相同习俗、文化、规范，有着共同的利益，成为社会资本的产生与维持的必要条件。

人的社会性决定了人要生存与发展必须结成一定的社会关系和社会群体，而社会关系与社会群体的存在使社会资本的产生成为可能。然而，如果社群成员间的交往仅仅是非重复性的，社会资本仍然难以产生与存在。因为只有在反复的交往中，成员间才会逐渐拥有信任，建立较稳固的社会关系网络。因此，人的交往重复性对于社会资本的产生同样是一个非常关键的因素。

第二，人与人之间的交往重复性是社会资本产生的机制。人的本质贯穿着人的群体性与社会性，交往与人的群体性如影随形。交往是社会关系系统实现的必要条件之一，任何一种社会关系都必须通过个体间的直接交往表现出来。马克思在谈论人的活动包括实践活动的时候总是把它同人的交往与人的社会性联系在一起的，他说："甚至当我从事科学之类的活动，即从事一种我只是在很少情况下才能同别人直接交往的活动的时候，我也是社会的，因为我是作为人活动的。不仅我的活动所需的材料，甚至思想家用来进行活动的语言本身，都是作为社会的产品给予我的，而且我本身的存在就是社会的活动；因此，我从自身所做出的东西，是我从自身为社会做出的，并且意识到我自己是社会的存在物。"①交往个体既是社会关系的创造者又是社会关系的产物。同时，人的交往是具有重复性的。因为人作为个体在时间上和空间上都是非常有限的，这种有限的个体，在其孤立的状态下，都不足以作为人而存在，他们必须支持一次又一次的反复交往、重复合作以

① 《马克思恩格斯全集》第42卷，人民出版社1979年版，第122页。

克服个体的有限性，即必须借助于空间上同代人的结合和时间上不同代人的绵延而超越个体的有限性。因为即便是最为基本的人自身的再生产，也须通过个体之间的反复交往、合作方能进行。所以，人与人之间的重复交往内在于人的活动之中，既是人的一切活动的前提，又是活动的本身，人也只有通过反复的交往才能使自己的本质力量获得现实性意义。

在一个共同体内，社会资本正是在成员间的重复交往中产生的，关于这一点，可以借助于博弈论中囚徒困境模型来说明。囚徒困境博弈模型假设有两名罪犯被捕而分别接受侦讯。每名罪犯可选择与同党合作建立攻守同盟，或者出卖对方换取免于起诉的机会。对他俩来说，最好是两人都坚持攻守同盟，最坏的情况是两人都相互出卖。但对个人来说，最大的利益是出卖对方，其次是攻守同盟，再次之是互相出卖，而最坏的是自己坚持攻守同盟，同伴却将之出卖。如果要达到集团的最大利益（选择攻守同盟），可能会出现个人最坏的情况，因此，罪犯往往会选择出卖同伴，把自己的利益凌驾于集团利益之上。所以一次性囚徒困境博弈不会产生合作，然而，如果博弈是重复的，博弈双方就可能采取一种简单的“一报还一报”战略（以合作求合作、以背信还背信），从而产生合作。从非博弈理论的角度来看，如果个体之间反复地进行互动，他们就会对“诚实可靠”之类的声誉进行投资。在重复博弈的处境中，即使自私、理性的行动者，亦不会在囚犯两难之局中随便出卖对方。因为只顾个人眼前利益，将引发互相出卖的情况，就长远而言对自己没有好处。相反，行动者会学习互相合作，创造双赢局面，一种平等交易的策略最能引导合作的出现。换句话说，如果在一个共同体中提供一种机制，让成员有一种重复的、稳定而持久的交往，则能创造一种“重复博弈”的处境，有助于成员间的信任与合作，更有助于社会资本的产生，从而有助于共同体的稳定。普特南曾提出一种平等交换的规范有助于发展人与人之间的互信。所谓平等交换的规范，指的是交换双方均有清楚的责任和义务。甲施恩于乙，乙便有责任回报甲；反之亦然。如果这种关系形成一种规范，个人便能够不计较眼前的得失而为他人或群体的利益作出贡献。因为在平等交换的规范下，可预期其他人将作出相同的贡献。譬如说一个社区建立了一种互相守望的规范，我便乐于为出了门的邻居留意他的门户，因为我相信当我出门时，邻居亦会为我留意门户，这种守望相助的规范能减少社区为聘任更多保安所带来的成本。要发展这样一种规范，必须透过社区成员间不断的交往，唤起一些有助合作的价值和创造一种群体的身份和意识。事实上，在传统相熟人的社区，上述这些沟通、平等交换的规范和互信都不难建立，因为那种社区就是博弈论中的“重复博弈”情境，社会资本会自然发生。

然而，在现代社会中，人口众多且流动性高，如果人与人视彼此的交往或交易均是短暂的“一次性博弈”，信任与社会规范都难以建立。此时，社会资本的产生便离不开人的道德性。

第三，人的道德性是社会资本生成的主体因素。亚里士多德认为人的道德性是人的美德，是人的一种品性，这种品性就是“一种使人成为善良，并获得其优秀成果的品质”。所谓正义、友爱、节制等等，被理解为道德意义上的品格。德行是道德行为主体自愿自觉地谨守中庸之道的个体品质，即“是人们用理智来控制和调节自己的感情与行为，使之既不过度也无不及，而自始至终保持适中的原则”①。在对道德的追求中，人的价值得到体现，得到尊严的满足和幸福的感受。孔子曰：“好仁者无以尚之。”②也就是认为对人来说道德的价值是至高无上的。孟子说：“仁义忠信，乐善不倦，此天爵也。”③更是把道德当做天赋的、高贵的价值。马克思则指出：“人们只有为同时代人的完美、为他们的幸福而工作，才能使自己也达到完美”，“经常赞美那些为最大多数人带来幸福的人是最幸福的人”④。和先天的禀赋有所不同，道德性本质上并非与生俱来，而是后天获得的品格，但德性一旦形成，便逐渐凝化为较为稳定的精神定式。这种定式内化到人格结构中因而在某种意义上成为人的第二天性，并相应地具有恒常的性质。一个具有道德的人，当其在社会交往中实施各种行为时，会对不同的行为动机、行为后果形成相应的情感反映或体验。当一种不合乎道德规范的动机萌生时，主体在反省之后将因之而自责；若自己的行为导致了某种不良的后果，主体常常会有一种内疚或悔恨感；在完成了善的行为之后，自我往往会感到自歉；对他人的善行或恶行则加以认同或排拒；等等。这种自责、自谴、内疚、自歉、认同等情感，在道德中同样成为稳定的

---

① 周辅城：《西方著名伦理学家评传》，上海人民出版社 1987 年版，第 36 页。

② 《论语 · 里仁》

③ 《孟子 · 告子上》

④ 《马克思恩格斯全集》第 40 卷，人民出版社 1982 年版，第 7 页。

定势。以自我评价的形式实现的道德制裁，构成了道德实践过程重要的一环，它从内在的机制上，抑制了不良的动机（或偏离道德规范的动机）向现实行为的过渡和转换，并为避免因主体失误而再度产生负面行为结果提供了某种担保。

人的道德性可以促使人在社会交往中形成道德自律，人与人的交往在自律的状态下更容易产生信任与合作，结成平等与和谐的关系网络。尤其是在上面所谈到的短暂的"一次性博弈"交往中，要产生社会资本，产生互惠与信任，更多地只能依靠人的道德性。道德性对社会资本的获得和保持起着重要的作用。人的道德性有助于人去遵守社会规范，维护道德，人的道德性能使他去关心别人的命运，并以他人之幸福为自己生活所必需，悲人之所悲，忧人之所忧。像人性的其他所有原始情感一样，这种需要决不只是禀性仁慈之士所独有。"当我们看见有一根棍棒正朝着某个人的腿或手臂快要打下来的时候，我们自然而然会收缩自己的腿或手臂；当这一棒真的落下时，我们也多少会有所感觉，就像被击者一样受到伤害。"①这也正是孟子所讲的人人皆有"恻隐之心"、"辞让之心"、"是非之心"。人的道德与良心使人去信任和帮助自己周围的人，甚至是陌生人，使人能够助人为乐、舍身为公。因此，人的道德性可以增加团体互动的利益，有利于产生互惠，促进社会信任，也即促进了社会资本的产生。

第四，习俗与社会文化也影响着社会资本的产生。习俗

---

① ［英］亚当·斯密：《道德情操论》，余涌译，中国社会科学出版社2003年版，第4页。

与文化对人际关系或对社会资本的影响主要表现为:其一,规范约束作用。习俗作为一种自发的社会秩序,一旦生成,就像一种行为规则那样对人的行为有一种自我强制性的规约。任何一个民族都有自己的风俗习惯与传统文化,而很多风俗与文化又有着从主导价值观上规范人们行为的作用,直接影响着人们的相互交往过程。倘若有人在交往中严重违反了大家所公认的习俗与文化,就会影响到民族成员间的人际互动。习俗与文化来源于人们实际的生活,对人的行为和意识产生约束作用,但这种约束是一种自发的社会秩序,对人行为的约束更多地带有传统的精神观念,这种观念往往在人的潜意识中,通过一代又一代的传承,被模式化为一种带有遗传的特质,渗透到人的衣食住行,表现在日常生活的各个领域。习俗与文化的这种约束力是对法律的重要补充。因此,习俗与文化对人际关系具有潜在的影响作用。人际互动的过程在一定程度上蕴涵着互动者对一定的习俗与文化的要求。要想构建社会关系网络,获得社会资本,了解人际关系后面的习俗与文化是重要的前提和条件。其二,协调保证作用。习俗还在一定程度上有效地协调着人际关系,甚至代替法律发挥功能。特别是在一些农村地区,特殊的地理环境,独特的文化圈,特殊的农民主体,使他们逐渐形成了一些特殊的生活方式和行为模式。社会舆论、乡规习俗、习惯势力的力量是非常强大的,它对维持农村社会的秩序、人际关系的正常运行有重要的保证作用。其三,凝聚作用。一些习俗与文化如春节团聚、拜年,可以加强亲族的联系,调节人际关系,强化社会集体意识,提高群体内聚力。

第五，国家也影响着社会资本的产生，国家不仅能够采取一些积极措施来创造社会资本，而且也能够减少社会资本储备的消耗。首先，国家可以通过制度构建，创建有利于社会资本形成的长期、稳定的社会环境。无政府状态下不可能进行真正的社会资本积累，社会资本的积累与国家的宏观调节是相辅相成的合作关系，不是此消彼长的对立关系。国家关于市场经济运行的法律法规的不断完善、民主制度的建立、信用制度的推进、政府职能的改革、公民的道德建设，无不有益于社会资本的产生与积累。而民众的自组织网络的创立、民主自治规范的建设、社会信任心理和合作竞争心理的形成，又会对国家宏观调控提供坚实的社会基础。同时，国家还可以为社会成员创造横向交流的环境，保障社会成员拥有自发性横向交流中所涉及的外部环境。提倡横向联合，允许社会成员自主创办各种社会中介机构、非营利组织，允许社会成员组成各种行业协会、商会，促进社会资本的产生与发展。其次，国家通过有效提供必需的公共物品，特别是通过保护财产权和公共安全，间接地促进社会资本的创造。迭戈·甘贝塔指出，我们可以把西西里黑手党理解为意大利某个地区内的民间财产权保护者，国家自古以来在这个地区都没有很好地发挥其应有的作用。20 世纪 90 年代，俄罗斯国内也出现了类似的组织。跟国家提供的保护相比，民间财产权保护的效果显然要差许多，因为被保护者无法有效地阻止民间保护者介入其他非法的活动。另外，对财产权的行使进行强制性的调整方面也存在着规模经济效应。如果人们走在街上时都需要为自己的生命担忧，那么他们就不可能会进行交往、参加志愿活动、参与投票或相互照顾。相反,如果在公共互动和财产权方面有一个稳定而安全的环境,那么信任完全可能通过理性个体的重复互动而自然产生。第三,国家还可以用教育手段推行有利于社会资本的观念因素。教育制度不仅传递人力资本,并且还以社会规则和规范的方式传输社会资本,使社会成员具有更高的、更普遍的道德性,促进成员间的相互信任、相互帮助、共同合作,以此促进社会资本的产生与积累。

但是,合作能力是建立在习惯和实践基础上的,如果国家组织参与每一件事情,人们就会因为对它产生依赖性而丧失相互之间的自然合作能力。20 世纪 90 年代,西方一些认识到社会资本和公民社会重要性的非政府组织和基金会,在部分发展中国家进行了培育社会资本和公民社会的尝试。虽然对这些尝试做盖棺定论的研究现在尚为时过早,但从一些趣闻性质的证据看来,外部力量是很难在一个缺乏本土根基的国家里培育公民社会与社会资本的。那些力图建立志愿社团的基金会和政府援助机构,常常只是成功地扶持了一个善于撰写资助建议的本土精英阶层。外来资金来源一旦断绝,他们建立的组织就难以为继。因此,国家更应给社会成员建立自由交往的行为与精神留足够的空间。

第二章 货币、权力与社会资本

信任作为社会资本的核心要素,决定着社会资本中其他要素的存在和有效运行,因此判断社会资本作用的好坏,以及社会资本所影响到的整个社会状态是否组织良好,一个基本的尺度就是看这个社会中人与人之间的信任程度的高低。由于信任既是建立在理性社会制度下的存在物,也是基于道德和习俗上的文化规范,必然会与社会的经济和政治存在着密切的联系,并对其二者产生着重要影响,这种影响又主要通过经济活动中的货币和政治活动中的权力表现出来。于是信任与货币、信任与权力的互动为研究社会资本在社会中的地位和作用提供了一个最基础的视角。

一、社会资本的核心要素——信任

在社会资本的各个构成部分中,信任是最核心的要素,无论是互惠规范还是公民参与网络离开了共同体成员间的信任,都难以存在和有效运行。因此,研究社会资本在社会领域中的地位理应从信任入手，探讨信任之于社会的重要性，以便对信任及社会资本有更深的解读。信任对社会经济、政治的影响是通过与货币和权力的关系表现出来的，要对此问题进行阐述，首先必须了解其自身存在的一般规定性。

无论在西方还是在东方，虽然有关信任的思想不乏积累，可是真正把信任作为一个专门的学术话题，则始于19世纪末20世纪初德国著名社会学家、心理学家齐美尔，他指出：信任是"社会中最重要的综合力量之一"，"没有人们相互间享有的普遍的信任，社会本身将瓦解，几乎没有一种关系是完全建立在对他人的确切了解之上的。如果信任不能像理性证据或亲自观察一样，或更为强有力，几乎一切关系都不能持久。"靠着信任的功能，"个体的、起伏不定的内部生活现实地采取了固定的、牢靠之特征的关系方式"。"现代生活在远比通常了解的更大程度上建立在对他人诚实的信任之上。"①齐美尔的研究产生了深远的隔代影响。自齐美尔去世后，信任的研究几乎被遗忘，半个世纪后这一视角才被多门学科重新发现。心理学家、行为主义的代表人物多依奇是第一个使用囚徒困境方法的学者，也是较早从探讨冲突的解决中开始思考信任问题的人。他执著于心理学的微观实验的方法，可惜未能产生理论上的影响。他说："一个人对某件事的发生具有信任是指，他期待这件事的出现，并且相应地采取一种行为，这种行为的结果与他的预期相反时带来的负面心理影响大于与预

① 转引自郑也夫：《信任：溯源与定义》，载《北京社会科学》1999年第4期。

期相符时所带来的正面心理影响。”此后，一批心理学家开始研究信任。20世纪心理学家赖兹曼说：“信任是个体特有的对他人的诚意、善意及可信任的普遍可靠性的信念。”罗特说：“信任是个体对另一个人的言词、承诺及口头或书面的陈述的可靠性的一般性的期望。”萨波尔说：“信任是交往双方对于两人都不会利用对方的易受攻击性的相互信心。”①20世纪中叶美国数理经济学家阿罗认为，信任是经济交换的有效的润滑剂。他说：“世界上很多经济落后的情况可以通过缺少相互信任来解释。”经济学家赫希认为，信任是很多经济交易所必需的公共品德。这些无疑是以经济学家为主体的理性选择学派的思想。他们努力以这种思想方法解答一切现象，自然也包括信任。社会学家科曼也在充实着理性选择理论。他认为，信任是致力于在风险中追求最大化功利的有目的的行为；信任是社会资本形式，可减少监督与惩罚的成本。甚至哲学家也开始讨论信任。维特根斯坦以他特有的智慧谈论着信任和确定性。“既定同样的证据，一个人完全相信，一个人却不能。我们并不以无力解释和判定而将其中一个排除在社会之外。”“如果我信任他，我的心智能进入他的思想中吗？如果我不信任他，我说，我不知道他的想法。但是如果我信任他，我不能说我知道他的想法。”“我们的问题和我们的怀疑依赖于一些不受怀疑的命题，它们像枢纽一样，其他的东西围绕它们转动。”社会学家们终于捡起了齐美尔的话头。

---

① 转引自彭泗清、杨中芳会议论文：《中国人人际信任的初步探讨》，1995年。

以色列社会学家爱森斯塔德在其《保护人、被保护人与朋友》中说:“社会学创建大师们强烈地感到社会分工组织与权力合法性调节及其与信任结构和意义结构的巨大冲突,对这一冲突的强调或许是古典社会学理论留给我们的最重要的遗产。”谈到现代社会,他说:“扩展信任,将之与更广阔的工具权力以及更广阔的意义结合起来,变得至关重要。”德国社会学家卢曼在《信任与权力》中提出,信任是简化复杂性的机制之一。[①] 这一见解对信任理论的建设具有重要的意义。吉登斯则将信任定义为:“对其他人的连续性的相信以及对客观世界的相信,它产生于儿童的早期经验。”[②]“信任作为基本的‘保护壳’而在自我与日常现实的应对中提供自我保护。”[③]

据此可以认为,信任作为社会资本的核心内容,是人类实际生活过程中的作为主体的人与他人(包括各种形式和不同层次的法人)以及各种制度之间关系的状态,这种状态是以人们不同层次、不同类型与内容的利益追求为基础的,尽管由于时间不对称导致的信息不对称会使这种状态中包含着潜在的风险,但该状态却体现了一种对他人品质、声誉和能力以及对各种制度的公正性毫不置疑的认可。在这种关系状态中,一个人既是信任者也是被信任者,这取决于特定的时间—空间。在实际社会生活过程中,任何人都会因生活之需要而不

① 转引自郑也夫:《信任:溯源与定义》,载《北京社会科学》1999 年第 4 期。

② [英]安东尼·吉登斯:《现代性与自我认同》,赵旭东、方文译,三联书店 1998 年版,第 272 页。

③ 同上书,第 3 页。

断地被赋予信任者或者被信任者的角色。只能在互动中生存和发展这个基本事实,必然使我们在整个社会生活中追求信任关系的普遍建立,而不是仅仅满足于在狭小范围内建立有限的信任关系。对单个人之间或者小集团之间的信任关系进行机械相加,并不能形成社会范围内的信任关系。因此,信任关系在本质上是对社会关系的一种价值描述,表达的是一种对社会秩序的理想追求,是作为互相猜忌的、无序的对立面而存在的,是社会关系处于正常良好状态的标志,而不是一种独立的社会关系。

一般说来,信任关系具有以下性质:[①]第一,时间差与不对称性。言与行、承诺和兑现之间存在着时间差,往往不可能即刻兑现。信任者与被信任者之间存在着某种不对称性,作为信任者,我们无法对被信任者(无论是人、法人还是制度)做到全面彻底的了解。第二,不确定性或者风险性。个体的能力始终是有限的,不可能掌握所有的相关信息或者预知未来,但是实现自己的目标又不能不借助于他人的活动。第三,主观性。因为行动者对被信任者不可能做到完全理性的计算,所以,信任关系往往具有明显的主观性倾向和愿望,带有信任者非常浓重的价值认同,即相信被信任者无论在主观上还是客观上都不可能伤害到自己的利益。因此,信任关系的确立是对风险的自觉意识,在一定程度上可以认为是一种冒险,同时也可以说是一种宽容,没有宽容就不可能生成信任。

① 郑也夫、彭泗清:《中国社会的信任》,中国城市出版社2003年版,第304页。

根据有关研究,可以把信任做如下归类:第一,人品信任和能力信任。其中人品信任主要是对被信任者的私德的信任。这种划分主要是依据人与人之间的亲疏关系进行的。第二,私人信任和公众信任。私人信任是指包含私人利益的纯粹家庭化的联系,公众信任则是出于纯粹社会性的公德。第三,人际信任和制度信任。人际信任是个体对交往对方的合作动机和行为、行为与角色规范之间出现因果连带的可靠性预期。制度信任是在给定的制度下,相信他人不得不按照别人所预期的那样行动,在技术上不得不如此。第四,特殊信任和普遍信任。韦伯进行了这种区分,特殊信任是一种基于血缘性社区,建立在私人关系和家族或者准家族关系上的,其特点是仅仅信任与信任者有私人关系的人。普遍信任则以人与人交往中所受到的规范准则、法纪制度的管束为基础。第五,以认知为基础的信任和以身份为基础的信任。前者是局限于特殊对象的,不鼓励信任者走出自己熟悉的小圈子;后者则以被信任者的社会地位、特殊身份为基础。第六,直接的信任和间接的信任。前者是不需要通过中介建立起来的信任,后者则是需要通过中介才能建立的信任。比如,国家权力的公正性、制度设施的可靠性等。这些划分往往可能是重叠的。究竟应该把信任划分为哪些类型,实际上并不是一个优劣问题,而主要是解释结构的需要问题。

二、货币:社会资本中信任关系的经济表现形式

社会资本与经济存在密切联系,主要表现之一是信任与货币之互动。社会分工加速了社会关系朝着多元化的方向发展,人们交往活动的内容不断丰富,范围日益扩大,商品交换关系随着经济生活的变化,其地位也在不断被突出,及至市场制度成为一种广泛认可的资源配置机制,经济活动成为人类活动领域的中心,此时,整个社会的货币化成为不可避免的主流趋势。因此,为了使对作为社会资本的信任问题进行的讨论,不至于因脱离实际生活过程而流于空泛议论,理应把信任与货币及经济活动联系起来以作为最基本的切入点。

(一)货币的出现是信任的升华

在现代生活中人们无时不与货币发生联系,也都清楚货币本身蕴藏的巨大魔力。但对于货币究竟是什么,却存在着各种不尽相同的观点。

美国货币学派经济学家弗里德曼和新凯恩斯主义经济学家曼昆认为"货币是经济中人们经常用于购买其他人的物品与劳务的一组资产"。而社会学家齐美尔则把货币称为"一切价值的公分母","价值的现金化","货币是人与人之间交换活动的物化,是一种纯粹功能的具体化"。我国经济学者韦森认为,他们的这些观点都存在一个共同的问题,即用一个更难定义的概念去定义另一个本来就难定义的概念。因为在

这些定义中的“资产”、“价值”之类的概念本身就不是很清楚。当代美国哲学家塞尔认为各种“制度事实”和社会实在都取决于人们的一套态度，即“集体意向性”。也就是说当人们都把某种东西相信为、接受为、认做为、用做为某种东西时，它就成为了社会实在。韦森在借助这种制度观的基础上提出，“货币是人类经济活动和交往中一种凝汇着人们集体意向性和‘意见约同性’的制度实在”①。而韦森的界定也同样犯有他批评的错误。

作为充当一般等价物的特殊商品，无论其具体形式存在何种差别，货币都是商品交换需要的必然结果，人类自从启动了商品交换的历史进程，就意味着货币的产生只不过是一时间问题而已。人类历史就是人的需要不断满足以及在满足过程中不断产生新的需要的矛盾过程。在交换过程中，货币在使不同的需要得到满足的同时，也促成了新的需要和进行新的交换的必要。因此，货币本身只不过是表征了人类历史发展过程中包藏的内在矛盾，如果试图一劳永逸地解决这个矛盾，实际上就只有消灭人类本身，但是人类生存的本能，对发展的追求和完善的渴望，使其总是要努力解决这个矛盾。从这个意义上讲，“货币只是通过使直接的物物交换的矛盾以及交换价值的矛盾普遍化，来解决这些矛盾”②。

不仅如此，货币的发生史还标志着人类历史过程中社会

① 韦森：《货币、货币哲学和货币数量论》，载《中国社会科学》2004 年第 4 期，第 62、63 页。

② 《马克思恩格斯全集》第 46 卷（上），人民出版社 1979 年版，第 149 页。

关系的演变史。最初只是偶然发生的交换活动,货币还仅仅处于一种胚胎的状态,没有哪种物品固定充当交换媒介,标志着这个时期是属于原始公有制的生产关系。随着交换范围的扩大,充当交换媒介的物品出于方便和效率之需要,逐渐被固定在某种特殊物品上,商品货币产生了,如贵重金属,原始公有制社会也在其形成过程中走向消亡,“这就包含着随之而来的全部变革的萌芽”①。奴隶社会的奴隶主最先大量拥有的是牲畜和奴隶,交换范围是此前的原始公有制所不能比的,但随着社会的发展,终被更文明的封建社会所取代,奴隶逐渐转化成农民。但是无论是奴隶制还是封建制,都具有封闭的地域性、狭隘的制度特性。社会需要进一步发展,而以市场机制为基础的资本主义便合乎逻辑地产生了。正如恩格斯所说的那样,“随着商品生产,出现了个人单独经营的土地耕作,以后不久又出现了个人的土地所有制。随后就出现了货币,即其余一切商品都可以和它交换的普遍商品。但是当人们发明货币的时候,他们并没有想到,这样一来他们就创造了一种新的社会力量,一种整个社会都要向它屈膝的普遍力量。这种未经它自身创造者的预知并违反其意志而突然崛起的新力量,就以其全部青春时代的粗暴性使雅典人感受到它的支配了。”②货币之所以具有“整个社会都要向它屈膝的普遍力量”,是因为它作为商品交换尺度的价值量,是对人与人之间发生的全部社会性的经济关系的度量,而不仅仅是对商品自

① 《马克思恩格斯选集》第4卷,人民出版社1995年版,第111页。
② 同上。

身或商品具有的满足人类需求的物质属性的度量。

当商品交换过程中贵金属不再直接充当媒介，而是让位于纸币，货币被完全彻底地符号化时，货币在很大程度上确实是人们集体意向性和意见约同性的一种制度实在。当一个人把自己所有的商品卖给另一个需要它的人时，接受对方支付的纸币，是因为确信能够在自己需要的时候可以用所得的这些纸币中的适当数量，从其他人那里买回自己需要的商品，且这些人也会像他一样接受这些纸币是真实可靠的。斐迪南·滕尼斯在其关于社会的理论中有这样一段论述："这种毫无价值的商品就是一种标着符号的纸，它不仅因为社会而具有重要性，而且也只有通过社会才获得它的价值，社会决定它不能采取其他方式利用，只能在这种社会的交换中使用。因此没有任何人为了拥有这种货币而拥有这种货币，任何人拥有这种货币都是为了把它花出去。"①马克思也认为："货币符号本身需要得到客观的社会公认。"②力求将生活中的特殊性转化为普遍性，使社会生活中的基本交往活动被简化，这在纸币出现之后可以说是达到了一个完美的程度。因此，货币能够通过数量化促进社会和个人都更加理性化仅仅是比较表层的作用，在其背后却存在着更深层的原因，这个原因就在于人们的经济活动中作为集体意向性和意见约同性，即作为社会资本的信任。也就是说，货币作为人们在经济活动中进行交换

---

① [德]斐迪南·滕尼斯：《共同体与社会》，林荣远译，商务印书馆1999年版，第102页。

② 《马克思恩格斯全集》第23卷，人民出版社1972年版，第149页。

的媒介，是与人们在交往活动过程形成的信任存在着互动关系的。

（二）社会资本与货币的互动

如前所述，社会资本与货币的互动当然也主要是通过信任与货币的关系得以体现的。

1. 从货币的产生看信任与货币的互动

个人能力的有限性使社会分工成为必要，分工在促进物质财富加速积累的同时，“也产生了单个人的利益或单个家庭的利益与所有互相交往的个人的共同利益之间的矛盾”①。于是如何更有效地进行交换就成为生产满足衣、食、住以及其他需要后必须进行的活动。在开始产生交换需要的初期，不同需求的人与人之间是“以货易货”的方式进行的，随着交换内容的增加以及范围的不断扩大，人们开始意识到这种交换方式不仅带来极大的不便，还往往存在着这样的矛盾：一个人所需要的物品的所有者并不一定正好也需要愿意与之交换的人所有的物品。为了最终获得自己生活所需要的物品，有可能要经过两次以上甚至更多的交换环节才能达到目的，这使得交换的效率极其低下，而且成本也非常高。问题的关键在于要如何才能减少交换环节，随着交换活动的不断频繁，人们逐渐开始摸索到解决问题的有效办法，发现总有某些东西是人们在交换中经常需要的，而拥有这些人们共同需要的物品就可以很容易地以此交换自己所需要的东西。这些东西正是

① 《马克思恩格斯选集》第1卷，人民出版社1995年版，第84页。

货币的胚胎形式。当人们在交换过程中逐渐把人们共同需要的物品最终确定为某一种物品的时候,货币就正式诞生了。在人类历史上,不同的民族在早期确定的这种属于人们共同需要的物品存在巨大的差异。如在古代中国,海贝被认为是最早的货币形态,而有的民族则将其固定为某种动物,如古代俄罗斯用毛皮、牲畜,荷马描述过古希腊早期用牛做货币。货币形式无论被固定在哪一种物品上,都有一个共同的基本前提,就是这种物品固定地充当一般等价物,必须得到人们共同认可,为人们所信任,能够成为集体意向性和意见约同性。这表明货币产生的历史就是人与人之间信任的形成过程,从信任和货币之间的相互关系在发生学的意义上看,没有人与人之间的彼此信任就不可能有货币的产生,而货币在社会中的正常发行与使用,也必会巩固着信任的存在与发展。

随着生产力水平的进一步发展,货币逐渐被自发地固定在不同的金属尤其是金银上,这是因为这些贵金属的自然属性适合于执行货币的作用,比如同质性、易于分割、不腐烂、体积小而价值大、便于携带等,所以马克思说:"金银天然不是货币,但货币天然是金银。"①用贵金属作为货币,实际上从反面证明了货币是和信任联系在一起的,货币之所以天然是金银,是因为它们以本身固有的价值确立了人们彼此间的共同信任。而在金属货币漫长的历史长河中,国家在采用铸造制度时,在用来购买货物的特定金属的一定数量上加盖公章,也同样反映出货币本身必须以信任给予保障。亚当·斯密在他

① 《马克思恩格斯全集》第13卷,人民出版社1962年版,第145页。

著名的《国民财富的性质和原因的研究》中指出，由于世界各国君主的贪婪与不公，他们背弃自己臣民的信任，逐渐减少铸币中原来含有的金属含量，君主和国家通过这种手段可以用比原来要求的较少的白银偿还债务和履行契约。这种有利于债务人而极其不利于债权人的办法，往往要造成私人财产的巨大灾难。① 无论是任何一方，也不论采用任何形式，只要货币与信任的联系被破坏或者被割断，货币本身不仅不能创造财富反而会给货币所有者的财富造成损失，最终直至给整个社会的物质生产力造成破坏，也致使社会资本中的信任不断消殆。在本身没有任何价值的纸币以及甚至连具体实物都没有的电子货币产生之后，货币基于信任这一点以及二者之间的互动就更加突出了。每个人之所以接受货币，是因为人们深信别人也会同样地接受它。作为货币的纸币之所以具有价值，是由于其他人也认为它具有价值。社会资本中的信任对货币在形式上的转变的影响无疑是深刻的，如果从信任的分类来看，与货币处于互动中的信任，本质上是一种制度信任。特别是在现代社会条件下，货币从一种形式向另一种形式转变，包含着国家的干预，国家通过其特有的强制力以及与此相匹配的制度，充当着货币价值担保者的角色。所以，人们在商品交换的过程中接受本身没有价值的纸币和电子货币，反映的是人与人之间的对国家及其制度的信任。任何一个使用符号的人都有这样一种假设：那些他或她从未谋面的人也承认

① ［英］亚当·斯密：《国民财富的性质和原因的研究》上卷，郭大力、王亚南译，商务印书馆1972年版，第24页。

这种货币的价值。

为什么货币和信任之间能够互动？按照吉登斯的看法，现代性的动力机制派生于时间和空间的分离以及它们在形式上的重新组合，也就是说，时—空分离是现代性极其重要的动力机制，因为它是脱域过程的初始条件，所谓脱域是指社会关系从彼此互动的地域性关联中，通过对不确定的时间的无限穿越而脱离出来重构关联。同时，时—空分离为现代社会生活的独特特征及其合理化组织提供了运行的机制，通过这种机制能够以传统社会中人们无法想象的方式把地方性和全球性连接起来，并且直接影响千百万人的生活。货币作为一种延伸的方式，在产品不可能直接交换的情况下足以将债权和债务连接起来，使在时间和空间上分隔开来的商人之间的交易成为现实。正如齐美尔说的那样，"货币跨越时空的威力能够使所有者和他的财产分离得如此之远，以至于两者之间中的任何一方都能够在很大程度上各行其是，其程度大大超过了以往所有者和财产直接粘连在一起的时期"①。信任具有的时间不对称性，即行动和兑现与诺言和约定相比较是滞后的，言与行、承诺和兑现之间存在着时间差，往往不可能即刻兑现，这实际上使得人与人之间的信任关系也呈现出时间和空间的分离。所以，货币与信任之间互动的基础首先取决于它们之间共同具有的这种促使时间和空间相分离的机制。

---

① ［英］安东尼·吉登斯：《现代性的后果》，田禾译，译林出版社2000年版，第21页。

当然，在货币和信任之间互相促进的同时，也存在着另外一种关系，即货币也使人与人之间更加封闭，更加孤独，因为货币作为财富量化的象征标志出现，使人们倾向于数量计算，完全抛弃了早期交易过程的情感因素，因此，通过货币建立起来的信任完全可能改变传统意义上的人与人之间的信任的伦理属性，最终导致了人们对货币的社会功能进行贬责，有人说货币使人失去了人作为人的价值，是一种扼杀人生命的交往手段，而且无论东方还是西方，都有把它视为万恶之源的说法。但是，在经济活动业已成为人类活动的中心的现代社会，欧文式的道德谴责根本就无益于解决我们需要不断面临的问题，只要文明还在发展，我们就必须从现实生活本身来看待货币和信任之间的关系。

2. 从信任关系演进的经济史看货币与信任的互动

人类自己创造了自己的历史，但是为了能够创造历史必须首先能够生活，因此，进行物质资料生产就成为第一个历史活动。物质资料生产对人类的生存来说，其基础性地位永远不可能改变，但是它的存在形态和内涵却伴随着生产技术水平的提高而发生了重大变化，这就是从交换不发达的自然经济向交换极其发达的市场经济过渡，标志性的历史事件就是资本主义社会的产生。

在以农业生产为主的自然经济时代，生产技术水平不高、分工与专业化程度也比较低，特定的血缘关系和地缘关系构成了这个时期人的生存空间。血缘关系为人与人之间提供了保持自然亲密性的共同体所必需的先天同一性，“血缘关系很容易把个人集中起来，它可以自然而然地把彼此不同的意识调和起来"①。同时,农业生产以土地为基本生产资料的事实,决定了在同一块土地上从事耕作的人们容易产生互助的亲密关系,由此形成的共同体虽然不及血缘共同体那般牢固稳定,但在迁徙等原因造成血缘关系不能保持的情况下,其重要性则更加突出,这在历史上主要表现为各种形式的农村公社。在这种情况下,"个人或者自然地或历史地扩大为家庭和氏族(以后是公社)的个人,直接地从自然界再生产自己,或者他的产生活动和他对生产的参与依赖于劳动和产品的一定形式,而他和别人的关系也是这样决定的"②。人与人之间形成的是一种相互依赖关系,使借助于血缘关系建立共同体,即最简便易行、成本也最为低廉的社会组织方式成为可能,而地缘关系则使其成为必要。结果产生的是这样一种社会,即范围有限的面对面共同体,人与人之间的团结通常是由来自同一宗族、等级、种群或具有本地共同体渊源的日常接触中产生的,同质性和封闭性使人与人之间产生的是机械团结的深度信任,这种信任同样是狭隘的、封闭的。由于这种信任仅仅适用于每一个人生活于其中的共同体成员,因此与深度信任同时产生的又是更广范围内的不信任,即对共同体之外陌生的他者的不信任。可以说这是自然经济时代信任关系最本质的特征。

自然经济条件下虽然也出现了以性别和年龄为基础的自

---

① [法]涂尔干:《社会分工论》,渠东译,三联书店2000年版,第28页。

② 《马克思恩格斯全集》第46卷(上),人民出版社1979年版,第103页。

然分工，以及以此为基础的人与人之间的交换关系，但是在血缘共同体和地缘共同体内，金钱的作用是非常有限的，在以血缘并配之以伦理道德为基础的家庭或者氏族范围内，人们互相之间的关系是不能用货币加以衡量的，这种关系延伸到一个地缘共同体的邻里关系、亲戚关系中，这使其间发生的经济关系极少受金钱的玷污。这时金钱往往是通过馈赠在共同体内部表达亲情、乡情，货币已经不是作为价值载体存在，也不是讨价还价的结果，反而是作为人们之间伦理观念或者伦理情感的载体。如长者给晚辈的"压岁钱"，遇到红白喜事时亲朋互送的"礼金"，以及对公益事业的赞助等，其中的货币所表达的不是亲情的"货币化"，更是货币的"亲情化"；货币所标志的劳动价值已经被亲情所取代。① 货币在这里反映的仅仅是人与人之间的小范围内基于亲情或者乡情的田园诗般的温情脉脉的深度信任，货币本身恰恰是被当做腐蚀破坏这种信任的东西看待的，索福克里斯在《安提戈涅》中借剧中人所说的这句话几乎是淋漓尽致地表露出那个时代的心声："人间再也没有像金钱这样坏的东西到处流通，这东西可以使城邦毁灭，把善良的人教坏。"而莎士比亚则把它形容成只能混淆黑白是非，不分邪恶与善良，颠倒卑贱与高贵。

从国家实行货币铸造制度的历史来看，在自然经济时代货币的印制和发行都是朝着由国家垄断的方向发展。但是，在前资本主义社会中的货币所印证的恰恰是这种社会对国家

---

① 鲁品越：《货币化与社会结构的变迁》，载《哲学动态》2003 年第 8 期。

所持有的深度信任，这可以通过历史事实加以说明。在西方历史上，纸币的出现基本上是与资本主义的诞生同时的，1667年英格兰开始大量出现政府支票流通，这是钞票的母型，英格兰银行也逐渐增加了发行货币的功能，由于发行货币成为银行自觉的有组织的业务，能够以钞票形式提供大笔信贷，这给商业和国家带来了不尽的好处，①然而，在前资本主义时代的西方，几乎没有产生过像中国同时代那样强大的国家，商品经济也远不如中国发达。

中国出现纸币的历史要比西方早六百多年，1023 年即宋仁宗天圣元年 11 月朝廷正式批准设立益州（今成都）交子务，次年 2 月开始发行官方交子（货币名称）。到了元代，纸币在中国集历代之大成，第一次在中国乃至世界上真正实现了货币的不可兑换和坚固的稳定性，以至于当时来自西方的马可·波罗评价其为与真正的纯金或者纯银货币一样郑重可信，纸币并没有在中国历史上不间断地延续下来。直到明兴之初，仍沿用前代旧制，发行大明宝钞，铜钱与纸钞并用，本朝制钱与前代旧钱通行，而纸钞的发行并未有发行准备金的储备，没有贵金属的保值兑换体制，纸钞就难免成为无本虚钞，一旦纸币发行量过大，很容易造成流通市场的混乱，使民间对纸币失去信任，新旧钱的一并通用，必然有民间私铸劣钱获利的弊端，而历史的发展证明，这两个现象很快就出现了。在明洪武二十七年（1394 年），明政府为了扭转纸钞贬值使民间重

---

① ［法］费尔南·布罗代尔：《15—18 世纪的物质文明、经济和资本主义》第 1 册，顾良、施康强译，三联书店 1992 年版，第 561、562 页。

铜钱轻纸钞的趋势，下令限民间须在半月内将所有的铜钱换成纸钞，但终因收效甚微，不得不在洪武三十年、永乐六年(1408 年)、宣德元年(1426 年)、正统十三年(1448 年)数次下禁金银钱交易的禁令，不久之后朝廷终于正式开放银钱禁令，承认了白银的货币地位，中国古代的纸币至此终告寿终正寝。明中期以后，中国社会日益趋向保守，政府不再具有开拓精神，海禁的实行，下西洋的停止，都使中国的海外贸易陷入停滞甚至衰退；重本抑末的国策与繁重捐税，对工商业的摧残压榨又限制了国内工商业的发展。虽然明朝政府采取了一些措施，如金花银的折纳和一条鞭法等的出现，在一定程度上起了促进商品经济的作用，使明朝时期的社会生产力和生产关系在某些层面上也的确得到了一定的发展，不过总的趋势却是开始走向衰落，已经不能和宋元时期商品经济的发达活跃程度相提并论了。工商业的萧条必然也会影响到流通领域，反映出来的就是对货币需求量的减少。自然经济本身的封闭性和自给性决定了它不依赖商品交换而存在，而明代这种小农经济的生产方式得到了进一步的固化。政治上对商人地位的贬抑，经济上的重农而轻商，使工商业在明时期的地位远不能和农商并重(甚至在我看来更重商而轻农)的元朝以及仰赖商税以资国用的宋朝相比。民间的工商业不能说没有发展，事实上在明中期也确曾出现过工商业非常繁荣的阶段，但由于基本国策上的定位，整个思想界认知上的偏差，决定了这种发展只能是昙花一现。因此，中国经济的发展没有能够继续维持甚至超越宋元以来蓬勃发展的趋势，尽管新的生产关系的萌芽产生了，也始终停顿在萌芽阶段，正是社会生产力没有对流通交换领域提出新的、更高的要求，作为虚值货币的纸币也就失去了存在、完善和发展的良好而合适的土壤，使其最终未能破土而出并茁壮成长成为参天大树，不得不暂时退出流通领域和历史舞台。这在中国的发展史上是一件令人欷歔、遗憾不已的事件，其中包含的却是一个冷酷无情的道理：没有发达的商品经济和完善的民主制度，纸币的不可兑换和坚固的稳定性就会因不可信任而难以维持。

在以工业生产为主的现代市场经济社会，市场作为一种调节机制不仅促进了社会分工高度的发展，还同时在人与人之间的关系上引起了深刻的革命，即以分工为前提、以交换为中介而建立起来的生产者之间的全面依赖关系。但这种依赖关系不是以前的那种直接的依赖关系，而是为交换所中介了的物的依赖关系。在分工高度发达的条件下，“因为每个人为自己劳动，而他的产品并不是为他自己使用，所以他自然要进行交换，这不仅是为了参加总的生产能力，而且是为了把自己的产品变成自己的生活资料”①。通过交换进而产生了一种新的社会关系形式：“活动和产品的普遍交换已成为每一单个人的生存条件，这种普遍交换，他们的互相联系，表现为对他们本身来说是异己的、无关的东西，表现为一种物。在交换价值上，人的社会关系转化为物的社会关系；人的能力转化为物的能力。”②正是因为人们之间是通过物的交换而构成这

① 《马克思恩格斯全集》第46卷(上)，人民出版社1979年版，第104页。

② 同上书，第103—104页。

种互相的和全面的依赖关系,市场作为中介环节才能够对人们的经济活动进行调节。在这样的社会里呈现出来的是人的独立性,个人互相存在差别,都有自己的活动范围、自己的人格,结果是"一方面,劳动越加分化,个人就越贴近社会;另一方面,个人的活动越专门化,他就越会成为个人"①。与以前的社会相比,人们之间发生的是一种更松散的、不定型的、稀疏的社会接触,借用社会学家格兰诺维特的观点,可以认为在这种社会中人与人之间结成的是弱关系,但正是这种弱关系为现代大规模社会的整合奠定了强大而持久的基础,因此人与人之间产生的是有机团结的浅度信任,被信任者不仅仅限于以血缘关系或者地缘关系为基础的共同体之内,而是所有可能与之发生交往的潜在对象。

当市场成为整个社会范围内调节经济活动的主要手段时,交换将会渗透到社会生活的绝大多数领域,货币就已经不仅仅是固定地充当一般等价物的特殊商品了。特别是纸币的出现,一种新型的信用关系便宣告产生,货币最本质的规定完全地从交换中独立表现出来:得到纸币的一方,并没有真实地得到任何商品或者特殊商品,而是一纸契约,或者说是一张特殊的契纸,它以其背后真实可靠的信用力量,保证持有者在未来某一时间可以借此从他人那里获得价值和使用价值齐全、能够满足需要的商品。而在背后支撑纸币的是什么样的力量?众所周知,在现代社会经济活动中,任何个人或者机构的

① [法]涂尔干:《社会分工论》,渠东译,三联书店 2000 年版,第 91 页。

力量都是有限的,显然只能是国家才具有如此之大的力量,我们经常看到国家政权制度的更替伴之以新纸币的产生正好说明了这个判断。在20世纪70年代初期“布雷顿森林体系”崩溃时,美元对黄金的价格不但不能固定,而且也不能自由地用美元购买黄金,纸币对黄金的依附便转向对发行主体信誉的依赖。尤其是纸币实现“不可兑换”(不可自由地换为黄金等价值实体货币)时,纸币本身的契约性质就更加明显了:只有国家有能力真实承诺和担保契约的兑现,纸币才能在全国范围内流通。相反,如果国家无力承诺和担保,就意味着国家信誉已经降到了低点,这时即使国家强制流通某种货币,社会经济活动中人们也会采取某种变相的形式进行经济交往,避免接受这种货币,如常见的物物交换、以货易货。由于纸币币值的稳定与国家信誉之间的关系起决定作用的是后者,从货币上反映出来的人与人之间的信任关系因此也直接和国家信誉相关,因为其中简单的事实是一旦国家都不值得信任,对人与人之间的信任关系就会造成毁灭性的破坏,人人自危,互相欺诈和极力哄骗就自然会成为社会常态。这实际上也是纸币为什么最终只能在市场经济条件下脱颖而出的真正原因。

最终,国家信誉也只有与繁荣的经济和清明的政治构成三角架才是可靠的、稳定的。市场机制深刻地改变了传统的信任关系,少了人情浓厚的伦理属性,多了冷静理智的法制基础。虽然没有以前的熟人世界中的亲密,却能够在一个即使陌生的环境中感受安全。反过来看,也正是这广泛的、并不仅仅限于特定空间和人与人之间的浅度信任,才使市场经济的交换关系得以持续,并且以最低的成本高效率地进行。在这个意义上讲，社会资本存在于经济活动之中，而信任关系绝非纯粹是一种与经济活动无关的伦理关系，而是受到经济活动的深刻影响，在与经济活动的互动中改变、完善着自己的存在形式，把人们之间的合作关系具体化、现实化。当然，需要指出的是，这并不意味着市场经济制度下的浅度信任与传统的深度信任之间只能是一种替代关系，在现代社会条件下虽然市场活动是非常重要的活动领域，但并不能代表人们活动的全部范围。因此，两种信任是可以在生活世界中和谐共存的。

可见，通过货币表现出来的信任与人类经济活动之间的关系，表明信任作为社会资本发挥着其他形式的资本不可替代的作用。

三、权力：社会资本中信任关系的政治表现形式

在社会资本的研究者看来，社会资本与政治有着密切关联，政治影响着社会资本的生成与积累，社会资本是使民主政治得以产生的重要因素。从根本上说，社会与政治的关系可追溯到信任与权力的互动上。人类从野蛮向文明过渡的历史，某种程度上可以说是围绕权力进行的，有人认为权力作为一种社会现象，在历史起源的时间上仅次于性和爱，但关于权力本身的哲学反思却一向比较缺乏，也没有为人们普遍接受的权力理论。本书试图从社会资本中的信任这个特殊角度来分析权力以及信任与权力的相互影响。

(一)权力的本质

当人类社会还处在原始社会的母系氏族时期的对偶婚制阶段,就已经存在着权力的萌芽状态了,女性在家庭中处于支配一切的地位。根据在塞纳卡部落的易洛魁人中做过多年传教士的阿瑟·莱特的记载,如果一个男人过于懒惰或过于笨拙,不能增加公共贮藏品,"不管他在家里有多少子女或占有多少财产,仍然要随时听候命令,收拾行李,准备滚蛋"。女性甚至可以毫不犹豫地撤换酋长,将其贬为普通战士。[①] 不过,随着财富逐渐转归各个家庭私有并且迅速增加起来,对以对偶婚和母权制氏族为基础的社会产生了致命的打击,因为按照分工,丈夫的责任是获得食物和为此所必需的劳动工具,他能够支配和所有的财产增加了,男子自然希望他的财产能够为他的子女所继承。然而,在群婚制的情况下,男子并不知道哪个子女真正属于自己,于是就在客观上推进群婚制向一夫一妻制家庭的转移。这种情况促成了丈夫在家庭中占据着比妻子更重要的地位,以及利用这种地位来改变传统继承制度的意图。母权制和父权制之间实现更替,在文化民族的历史中究竟是怎样发生以及在何时发生,我们今天都已经无从得知了,但我们知道一个基本的事实,这就是更替的核心是在家庭中居于支配地位和起决定作用的角色,已经由原来的妇女换成了男人。社会生活是权力得以产生的逻辑起点。

利益的产生和分化不仅仅引起了上述制度性变迁,而且

① 《马克思恩格斯选集》第4卷,人民出版社1995年版,第45页。

深刻地揭露出人类活动过程永远也不可能改变的一个真实内幕:人们总有不能穷尽的需要,存在着不断追求的利益,只要生产活动没有停止,全体人类就始终会存在着一个基本倾向,即对利益的无休无止的渴望,只有死亡才能使其终止。如果个人以此为目标的活动是没有界限的,整个社会将因利益冲突而陷入分裂状态,不仅所有人的需要都不能得到满足,也不能顺利实现其渴望不止的利益,而且还有可能使人类社会内部的结构不能保持稳定,直至社会秩序被破坏。这使人类本身成为一个非常矛盾的存在物,自从利益分化以及利益意识产生之后,一方面为了利益难免发生冲突,甚至对社会的内部稳定结构形成威胁,另一方面他们又知道自己的利益是与他人密切相关的,不与他人发生联系就不能实现自己的利益,于是人类自然是趋向于城邦生活的动物(人类在本性上,也正是一个政治动物)。因此,生成和维持社会秩序是人类生活的基本条件,这就需要一种能够把人们的行动限制在秩序所必需的范围之内的力量。我们可以说这是权力产生的人性基础。

从以上简要分析中,我们可以做一个初步的判断:权力是一种与人类的社会生活相关的力量,无论从任何一个角度看,不体现为一种力量就不足以被认为是一种权力。正是在这个意义上,以往人们在对权力进行思考时,总是把权力和这样一些概念联系起来:强制、影响力、权威。也正因为如此,综合中外学者对权力的观点,不外三种:①一是能力说。这种观点认

① 汪闻生:《权力的界限》,载《学术月刊》1997 年第 8 期。关于强制、影响力、权威、权力等概念之间的界限也在此文有具体分析。

为权力是一个人不顾反对把自己的意志强加于他人的一种能力或力量。这种观点在学术界甚至日常经验中几乎差不多是最为普遍的看法,把自己的意志和目的强加在他人(包括愿意者或者敌对者)身上的能力越强,权力也就越大。二是影响力说。这种观点认为,权力就是通过不同手段尤其是强制对他人产生的一种影响力。三是关系说。这种观点认为,权力是一个关系范畴,表示一方与另一方之间的强制和服从关系。这三种观点虽然是从不同的角度对权力的本质进行探索,但如果就权力的结构而言它们之间并无根本的差别,因为无论哪种观点都包含了这样几个共同的因素:主体、客体、意志和效果。只有当一定的主体(个人或者组织)采取具体行动在一定客体上体现其意志,并足以实现预期的效果的情况下,权力才是真实存在的。主体作用于客体不是为了实现特殊意志,或者不能实现其特殊意志,就意味着没有权力。以此作为对权力进行理论研究其实也是学界的主流取向。马克斯·韦伯在谈到权力时所下的定义也包含了这四个因素,他说:"权力意味着在一种社会关系里哪怕是遇到反对也能贯彻自己意志的任何机会,不管这种机会是建立在什么基础之上。"而且在社会生活中占据重要地位的"任何一种真正的统治关系都包含着一种特定的最低限度的服从愿望,即从服从中获取(外在的和内在的)利益"①。美国著名经济学家约翰·肯尼思·加尔布雷思在其《权力的分析》一书中,把权力

① [德]马克斯·韦伯:《经济与社会》,林荣远译,商务印书馆1997年版,第81、238页。

分为三种——应得权力(condign power)、报偿权力(compensatory power)和制约权力(conditioned power),并认为三种权力的背后存在着三种来源:人格、财产和组织。这种分析仍然是以这四个因素为基础的。因此从这个意义上讲,权力就是各种主体在一定的社会关系中运用各种手段(强制、影响和权威等)实现意志的能力。

根据不同的标准,可以对权力做不同的划分。以权力主体为标准,可以分为个体权力、组织权力和国家权力;以社会生活的领域为标准,可以分为经济权力、政治权力和文化权力;以权力是否合法为标准,可以分为合法权力和非法权力;等等。但从社会秩序的生产和维护的角度看,不是任何权力都能够当此重任的,有的权力不仅无助于此,反而会对秩序起腐蚀作用,由于社会秩序不是属于私人所有,而是共有的公共利益,不能完全借助于以个体为主体的权力互动来生成和维护,“社会秩序是建造物,而不是长成物”①。因此,占据着核心地位的是以国家为主体的权力。没有国家权力的正常存在和运行,社会还是不能缓和各种可能的冲突,把冲突保持在秩序的范围以内。而它正常存在和运行的标志就是它能够在社会生活中使公平正义的价值成为可能,这一点亚里士多德早就看到了:“城邦以正义为原则。有正义衍生的礼法,可凭以判断[人间的]是非曲直,正义恰正是树立社会秩序的基

① [美]罗斯:《社会控制》,秦志勇、毛永政译,华夏出版社1989年版,第10页。

础。”①这意味着国家权力如果不能避免沦落为私人所有物，成为一种公共权力，仍然不能指望权力能够生产和维护社会生活需要的秩序，国家权力具备了私人属性就是它背离正义的开始。在历史上记载的战乱不已的时代，权力的私人化，尤其是当其达到足以对抗公共权力的程度是一个重要原因，结果是社会陷入严重混乱，更严重就是国家不能统一，四分五裂。于是，所有关于权力的社会理论思考，最终都会集中在如何使以国家为主体的渗透于社会生活领域中的各种权力避免仅仅为部分人的利益工具，无论是政治权力、经济权力还是文化权力都概莫能外。虽然这种目标因利益多元化特别是在阶级对抗的背景下更多地具有浓厚的理想成分，但也唯因利益多元化并出于诸多利益的均衡，更使人类为追求实现这个目标而不懈努力。以人格为基础的个人权力是不能继承的，它将会随着个人的死亡而消亡，而国家权力的基础是各种复杂的社会结构，主要是政治结构、经济结构和文化结构，这些都是不会随着个人在社会生活时空中的隐退而消失的，因此国家权力被人们如何运用和它本身如何运行，比个人权力能够产生的影响要深远得多。而且国家权力“总有着一种超出它自己的范围而发展的本能倾向……和一种特殊诱惑。权力总倾向于增加权力……它喜欢自己是一个目的而不是一个手段。”②这又使人们对国家权力的关注，不论在理论思考还是

① [古希腊]亚里士多德:《政治学》，吴寿彭译，商务印书馆 1965 年版，第 9 页。

② [法]马里旦:《人和国家》，霍宗彦译，商务印书馆 1964 年版，第 10 页。

在制度设计上，即使远在国家权力仅仅具有雏形的时期的亚里士多德那里，都主要集中在如何保障其合法性以及由传统的无限权力向现代的有限权力转化这两个问题上。而我们认为，这两个问题是与作为社会资本形式的信任和不信任存在着直接的逻辑关联的。

（二）专制权力对信任的腐蚀

把权力与信任联系在一起的是它们都必须通过社会关系表现出来。人与人之间进行交往并不像经济学家阿罗认为的那样只是在经济交往关系中才需要信任作为润滑剂，其实只要存在交往的地方信任作为润滑剂都是必要的。但是只要深入思考就会发现，社会生活中人与人之间进行各种交往活动时信任之所以可能，是和权力尤其是作为公共权力的国家权力存在着内在联系的，这种联系就是假设国家权力能够对在交往过程中产生的违反规范的现象进行调整，也就是具有能够伸张正义、主持公道的品格。一旦这个假设不为人们所接受，或者国家权力在运行过程中改变了它本身固有的这种应然职能，交往活动就不能以最低的成本和最佳的效率展开，社会资本中的信任作为人与人之间交往关系中的润滑剂就会干涸。

从历史的角度看，不同形态的专制国家的共同本质都是把国家权力私有化，或者是个人独自享有，或者是家族传承，公平正义的政治价值被完全剥离，能够期待的至多是如果碰巧遇到贤明之君主，普通民众的生存状况可望有所改善，大唐盛世的产生决不是封建国家权力的性质发生了改变，而是偶然降生了两个圣明之君。政治法律制度是国家权力的核心，可是中国历史上统治者以此运用国家权力追求的是“必也使无讼”。其实这和思想界的先贤们有直接关系，老子主张就“不尚贤，使民不争”，孔子推崇“君子无所争”，这种思想对统治者以及国家权力的目标设定都产生了深远的影响，使其不是以伸张正义为终极目标。普通民众则以尽可能不与国家权力发生关系为原则，尤其是不愿意惹官司而全身自保，追求的是一种被老子描述过的孤立封闭的理想生活世界：“甘其食，美其服，安其居，乐其俗。邻国相望，鸡犬之声相闻。民至老死不相往来。”这反映了人与人之间如果突破了血缘和地缘关系就不能够相互信任的社会状况。国家权力不是作为公共权力存在并发挥作用，其私人属性必然导致要采取各种形式的高压手段，其中甚至包括离间人与人之间的信任关系，让普通民众互相钩心斗角，检举揭发以邀功请赏，最终使这个社会人人自危直接成为专制统治者维系自身统治的基本手法，从而使“民至老死不相往来”的状况被不断强化。所以，不能像福山那样认为是文化决定了一个国家或者民族缺乏社会资本，而是专制制度使人与人之间不能建立信任关系，最终不能积累社会资本。法国著名社会学家托克维尔在其著名的《旧制度与大革命》一书中对旧制度下的法国有这样一段描述：“谁注意考察旧制度下的法国，谁就会碰到两种截然相反的景象。表面上，在旧制度下生活的所有的人，特别是那些置身社会中上层的、唯一引人注目的人们，他们彼此之间简直完全相同。然而，在这彼此一致的人群中，还竖立着无数小障碍物，将人群分割成许许多多部分，而每个部分的小围墙内,又似乎出现了一个特殊社会,它只顾自身利益,不参与全体生活。"①这种情况使得在大革命开始的时候,在法国大部分地区,如果没有中央政府的协助就能够团结一致捍卫自身权益的人,哪怕10个也难以找到,"正是独夫体制,天长日久,使人们彼此相似,却对彼此的命运互不关心,这是独夫政体的必然后果"②。

专制制度对人与人之间的信任关系构成如此严重的腐蚀,其原因不在这种制度之外而在这种制度本身。所有形态的专制制度不把人作为人来看待的特点,是使其不具备产生、形成、巩固和扩展信任关系的客观基础。大部分人沦落为奴隶曾经是人类所经历的一个漫长的历史时期,奴隶因其不享有人之为人的基本权利实际上不被当做人看待。权力对这些社会生活的大多数人而言,无疑仅仅意味着剥夺而不是维护他们作为人的权利。没有独立人格而数量众多的奴隶,甚至他们之间互相的交往在法律上也是禁止的,或者即使允许以某种需要进行交往也仅仅限于非常有限的范围,例如为了保证能够进行维持社会需要的物质资料的生产,需要通过奴隶之间的两性结合延续后代而不得不进行的交往。等级制度阻断了人与人之间的互相交往,统治者又通过拉开人与人之间的距离来消弭矛盾,而这种形成政治秩序的办法甚至还获得了某种程度的成功,在春秋战国时代,郑国的一位商人营救了

① [法]托克维尔:《旧制度与大革命》,冯棠译,商务印书馆1992年版,第116页。

② 同上书,第120页。

被楚国俘虏的一名晋国贵族将领,后来那位贵族想报答他,但是这个商人却说:“吾小人,不可以厚诬君子。”于是就避开了。可以说,等级制度不论是东方还是西方,也不论是古代还是现代的专制制度,都以不同的形式存在并被自觉维护着,而且其共同本质都是把相当一部分人排除在作为人的范围之外的。例如产生于公元前2世纪至公元3世纪的印度《摩奴法典》中的种姓制度规定,首陀罗是社会地位最低下的,在人格上是不被允许参加宗教活动的,因而不能得到第二次生命,只是“非再生人”,前三个种姓由于可以拜神,能够得到第二次生命,是“再生人”,首陀罗这个等级的人实际上也不是人。从奴隶到农奴,虽然地位有所改善,但人身依附关系依然严重制约着他们的活动范围。等级制度不仅从制度上加以维护,而且从思想上加以论证,孟子虽然提出“民为贵,社稷次之,君为轻”,但是当有人要求“贤者与民耕而食”的时候,他却能够从分工的高度来论证“有大人之事,有小人之事”是“天下之通义”。在这样的历史背景下,人与人之间的信任关系因缺乏必需的土壤是不能生成的。

国家权力的私有化和人与人之间的互不信任,是构成专制制度存在的两个互相依赖的基本条件。我们已经在前面指出,国家权力的私有化是一切形式的专制制度共同的本质,当然也可以说是专制制度的表征。历史上的所有独裁者为了占有国家权力,无不对在全社会范围内人与人之间进行的各种交往活动心怀疑虑甚至恐惧,因为广泛的交往活动促进信息的自由流通必将产生的两个后果,对专制制度的危害是极其严重的:对独裁者的权力基础的合法性产生怀疑和对共同利益的自觉在民众之间产生彼此信任。这就是独裁者们总是千方百计、处心积虑地遏制广泛交往的真正秘密。老子主张圣人治理国家的要诀在于“虚其心，实其腹，弱其智，强其骨，常使民无知无欲”。在《论语》中“信”字出现达38次之多，但是孔子的基本思路实际上决定了其不可能成为人际交往的核心内容，当然更不可能被专制统治者所认同。恰恰是那些不利于人与人之间形成信任关系的思想，对中国几千年的专制制度所产生的影响几乎可以说是透肤彻骨的，以至于愚民政策无一例外地都成为历代专制统治者的基本选择。即使在某些时候能够成为统治者的选项，也往往不过是出于一种虚伪的需要，仅仅停留于口头上却决不打算真正落实。信任的社会关系本质使其在多数情况下需要通过国家权力以及相关制度设施才能建立起来，因此信任往往是一种被中介过的，其实更多的是浅度而且又是间接的信任，也只有这种信任才能够在整个社会范围内成为普遍的而不是特殊的信任。但是属于私人或者家族的国家权力则永远不可能成为这种信任关系得以建立的中介、桥梁和纽带，因为国家权力的私有化意味着它在精神上已经完全没有了公平正义的诉求，而只有在以下这些条件下才能使专制制度的国家权力得到符合公平正义的程序行使，这些条件是：君主或者独裁者不仅是“善良的”，而且是“无所不知”的，后面的这种超常能力包括能够掌握所有权能部门的行为和运行在任何时刻的信息，并且能够对所有问题给予关注，而且有能力“敏锐地选择”所有行使权力的人员。前一个条件在非常偶然的情况下可能会出现，但后一个条件则仅仅属于上帝。正如

19世纪英国历史学家阿克顿勋爵所说:“权力导致腐败,绝对的权力导致绝对的腐败。”①国家权力的私人性质是绝对权力的极端表现形式,在这种情况下,即使国家权力的所有者或者行使者不打算阻断各种信任关系的建立也是不可能的,社会资本难以出现,即便存在也是充斥着负面的成分。由此我们更容易理解孟德斯鸠为什么要说“在君主国里人民要有品德是很困难的”②。连国家权力都不能信任,更谈不上信任现实生活中利益存在直接或间接冲突的个人。

(三)从信任看权力的合法性基础

上述分析已经表明权力特别是国家权力的变异,将对信任关系的生成、维持和发展构成消极影响,我们还可以从另外一个角度来审视权力和信任的关系:权力的合法性基础是什么?它与我们在此讨论的社会资本中的信任之间存在着一种什么样的关系?为了深入探讨这些问题,首先需要就“合法性”这个问题的有关研究思路做必要的梳理。

合法性的问题是自从国家权力和统治产生以来就存在的一个最古老也是最基本的问题。古代为政权提供合法性提供系统论证的是“君权神授论”,这种理论在东西方都曾经普遍流行过。我国古代典籍中最早关于君权神授的记载是《尚书·召诰》:“有夏服(受)天命。”殷商奴隶主贵族创造了“至

---

① [英]阿克顿:《自由与权力》,侯健、范亚峰译,商务印书馆2001年版,第342页

② [法]孟德斯鸠:《论法的精神》上册,张雁深译,商务印书馆2004年版,第27页。

上神”的观念,称为“帝”或“上帝”,认为它是上天和人间的最高主宰,又是商王朝的宗祖神,因此老百姓应该服从商王的统治。西周时用“天”代替了“帝”或“上帝”,周王并被赋予了“天子”的称呼。周代的铜器“毛公鼎”铭文记载:“丕显文武,皇天宏厌厥德,配我有周,膺受天命”,明确地宣传“君权神授”的思想。《左传》则明确了“国之大事,在祀与戎”。把“祀”与“戎”并列为国家大事,所谓“祀”即祭祀天神,“戎”即武力或军队。可见古人很早就已经懂得欲使政权得以存在、统治得以施行,不仅要掌握有组织的暴力,抵御外来侵略,维持国内治安,而且还需要通过祀天拜祖、神道设教来为政权提供合法性基础。君权神授的理论在汉代有了系统的发展,董仲舒提出了“天意”、“天志”的概念,并且提出了“天人相与”的理论,认为天和人间是相通的,天是有意志的,是最高的人格神,是自然界和人类社会的最高主宰,天按照自己的面目创造了人,人应按天的意志来行动。从“天人相与”的神学目的论出发,董仲舒提出“君权神授”的命题,认为皇帝是天的儿子,是奉天之命来统治人世的,人民应该绝对服从他们,凡是君主喜欢的事,老百姓应该无条件地去做。“君权神授论”在中国历代王朝的更替过程中不仅为既有王朝的存在提供了合法性基础,而且也为推翻旧王朝建立新王朝的各种活动提供了合法性依据。君主往往以“授命于天”而自居正统,所谓“乱党”、“暴民”则以“替天行道”、“受命改制”把谋求改朝换代的活动合法化。在中世纪的西方,“君权神授论”为罗马天主教会在欧洲的统治提供了合法性基础。由于“君权神授”学说也为不同的解释和利用留下了空间,因此不仅为不同教派争夺权力提供了可能，而且为各国君主反对罗马教会（即王权与教权的斗争）以及各国君主之间的权力斗争留下了余地。从某种意义上说，正是“君权神授”理论的模糊性和随意解释性，是欧洲中世纪成为野蛮的“黑暗时代”的部分原因。尽管在英国资产阶级革命时期出现了罗伯特·菲尔麦为君主专制制度辩护的君权神授，但毕竟已经不符合时代潮流，在洛克等人的批判下退出历史视野。随着人本主义观念的兴起，在西方取代“君权神授论”的是“社会契约论”①。从理论上系统探讨合法性问题的应该说是从此才正式开始。近代社会契约论者如霍布斯、洛克和卢梭等，在考察公民是否尊重国家并服从国家法律的时候，他们探讨的就是合法性问题：什么时候和在什么基础上，国家权力才可以对社会合法地实施其权威？而他们解决这个问题的思路都是达成不同形式的契约来奠定国家权力的合法性基础，不是在人的活动之外而是在人的活动之中寻找答案，尽管他们对契约的当事人以及具体内容有不同的理解。因此他们比起“君权神授论”的维护者们来说，无论在任何意义上都是一个巨大的进步。

马克斯·韦伯是第一个把合法性作为一种社会学现象来加以研究的学者。贯穿于韦伯全部政治社会学中的主导思想，就是统治构成了社会行为最重要的因素之一，社会与其组

① 社会契约论的思想可追溯到伊壁鸠鲁，“自然的公正，乃是引导人们避免彼此伤害和受害的互利的约定”。“公正没有独立的存在，而是由相互约定而来，在任何地点，任何时间，只要有一个防范彼此伤害的互相约定，公正就成立了。”参见北京大学哲学系编：《古希腊罗马哲学》，商务印书馆1982年版，第347页。

成部分之间不是通过契约关系或道德一致，而是通过权力的行使被聚集在一起，在他看来统治不过是权力的一种特殊情况或者具体表现。韦伯把统治分为两种：一是产生于对市场上经济资源的垄断和控制的统治，二是建立在官方权威之上的统治。在这两种统治中他只关心第二种，即把统治与命令的权威力量等而视之。他指出："任何一种真正的统治关系都包含着一种特定的最低限度的服从愿望，即从服从中获取（外在的和内在的）利益。"为此就需要有可靠的机会让被统治者采取旨在执行统治的一般法令和具体命令的行为，但"一切经验表明，没有任何一种统治自愿地满足于仅仅以物质的动机或者仅仅以情绪的动机，或者仅仅以价值合乎理性的动机，作为其继续存在的机会。毋宁说，任何统治都企图唤起并维持对它的'合法性'的信仰。"①这就是说，统治本身面临的首要问题是合法性问题，也就是说，权力是统治的基础，权力的行使必须得到被统治者的基本认可才是有效的。一般说来，国家权力的行使或者统治都是通过制度的适用并对被统治者的行为产生影响来实现的，为此，马克斯·韦伯通过"制度"的"适用"来回答这个问题。"行为，尤其是社会行为，而且特别是一种社会关系，可能以参加者的一种合法制度存在的观念为取向。这种事情真正发生的机会应该称之为有关制度的'适用'。""一种制度的合法性可以通过下述情况得到保证：一、纯粹内在的，即①纯粹情绪的：通过感情的奉献；

① ［德］马克斯·韦伯：《经济与社会》，林荣远译，商务印书馆 1997 年版，第 238、239 页。

②价值合理性的:通过信仰的绝对适用作为最后的、负有义务的价值(习俗的、美学的或其他价值)的表现;③宗教的:通过信仰对救赎物的占有取决于对制度的遵守。二、也(或者仅仅)通过期望出现别的外在结果,即通过利害关系;然而也通过特别形式的期望。”“合法的适用可能由于行为者归功于一种制度:a)基于传统:过去一直存在着的事物的适用;b)基于情绪的(尤其是感情的)信仰:新的启示或榜样的适用;c)基于价值合理性的信仰:被认为是绝对有效的推断的适用;d)基于现行的章程,对其合法性的信仰。这种合法性[(d)]可能[被参加者们]感到是合法适用的:甲)基于有关人员对这种合法性达成的协议;乙)基于强令(根据一种被认为合法适用的人对人的统治)和服从。”①他据此认为,历史上的合法统治主要存在着有三种纯粹的类型,一是法理型(legal-rational),这是建立在相信统治者的章程所规定的制度和指令权利的合法性之上,他们是合法授命进行统治的;这种情况下,服从的是有合法章程、非个人的制度,其合法性在于制度合法。二是传统型(traditional,实质合理性),建立在一般的相信历来适用的传统的神圣性和由传统授命实施权威的统治者的合法性之上;在这种情况下,是由于尊敬而服从传统所授命进行统治并受传统约束的统治者个人,其合法性在于尊敬传统。三是个人魅力型(charismatic),建立在非凡的献身于一个人以及由他所默示和创立的制度的神圣性,或英雄气概或楷模

---

① [德]马克斯·韦伯:《经济与社会》,林荣远译,商务印书馆1997年版,第61—62、64、66—67页。

样板之上;在这种情况下,服从的是具有魅力素质的领袖本人,即由于个人信赖默示、英雄主义和楷模榜样而服从他,其合法性在于个人魅力。马克斯·韦伯认为,法理型统治是建立在人与法律的关系之上的,所依据的法律体系是根据实证原则指定的形式法律体系,是经过社会群体的同意产生的。这种形式法律使社会关系和社会行为在规范中运行,为理性的社会经济组织的形成提供了理性法律的保障,它的本质是要强调法治,因而是一种最具有稳定性和合理性的统治类型,也是现代社会中最具有理性意义上的合法性的统治形式。

哈贝马斯是对合法性问题进行深入思考的当代西方学者,他在其《重建历史唯物主义》一书中对合法性,特别是现代国家的合法性问题进行了专门研究。和马克斯·韦伯一样,他也认为合法性与政治秩序有关,合法性甚至是一个不能随便使用的概念:"只有政治制度才拥有或者才可能丧失合法性;只有它才需要合法性。"只有谈到政治制度时我们才能谈合法性。那么,合法性意味着什么呢?"合法性的意思是说,同一种政治制度联系在一起的、被认为是正确的和合理的要求对自身有很好的论证。合法的制度应该得到承认。合法性就意味着某种制度的尊严性,这个定义强调的是,合法性是一种有争议的公认的要求,统治制度的稳定性,甚至取决于对这种要求的(起码的)在事实上的承认。"一旦一种政治制度丧失其合法性即行为者不相信政治系统的决策权,就可能产生合法性危机,进而引发社会革命,"在某种情况下,失去合法性对一个政权来说,具有产生生存危机的结果。如果这种合法性危机的结果,不仅使国家的基本结构发生变化,而且也使整个社会的基本结构发生变化,我们说,这就是革命。"①他特别具体地指出,"一个统治的合法性,是以被统治者对合法性的信任为尺度的。这涉及着'信任问题,即相信一个国家的结构、活动、活动方式、决策、政策,以及一个国家的官吏和政治领导人都具有正确性、合理性、善良道德的素质;并且相信由于这种素质而应得到承认。'"②他认为合法性是历史的具体的,最早的统治者都力图使自己的统治披着宗教神圣的外衣,借助于神圣化来实现权力的合法化,即借助原始神话来为自身进行辩护的,当终极原因在理论上不再可信时,其辩护的对象不再仅仅是统治者个人,而是一个政治制度,此时就产生了按程序办事的合法性类型,以及与此相匹配的只有表达了集体利益或者代表了普遍意志的规则才是合法的民主观念。

从上述叙述中可以看到,关于国家权力的合法性问题的不同思考,贯穿其中的共同思路是确保国家权力或者统治能够获得被统治者的广泛认同、普遍接受,至少能够在多数民众中建立起值得信任的形象,这个形象的基础就是它在现实生活世界中能够主持公道,伸张正义,即使古代社会的国家权力通过"君权神授"来进行证明,要说明的仍然是这个宗旨。换句话说,无论是掌权者还是政治家都存在着一种自觉的共识:没有民众对国家权力的信任,或者国家权力不能成为人与人之间建立普遍信任关系的中介,国家权力的合法性就不能从

① [德]哈贝马斯:《重建历史唯物主义》,郭官义译,社会科学文献出版社2000年版,第262页。

② 同上书,第287页。

根本上得到解决。因此，我们可以认为，从社会资本理论的角度看，信任关系是国家权力的合法性基础。

必须从两个层次上来理解这一论断，第一，任何一种国家权力能够得到民众的信任，还可能仅仅是在表层上被赋予了合法性，因为这种合法性所依据的信任往往可能是不可靠的。在马克斯·韦伯所说的传统型统治中，对国家权力或者统治的信任被扭曲为仆从对主人的恭顺，臣仆对主子的忠诚；在个人魅力型统治中，这种信任则表现为对领袖的盲目崇拜和迷信。"在前理性主义时代，几乎整个行为的取向都被传统和魅力瓜分殆尽"①，因此，这样的信任不是理性的而是非理性的。第二，只有当国家权力能够成为人与人之间建立普遍信任关系的桥梁、纽带和中介时，由此建立起来的信任才能成为国家权力合法性的真正基础。所谓普遍的信任关系，也可以说是浅度的信任关系或者陌生人之间的信任关系，这种信任关系不受血缘或者地缘因素的限制，也就是它的普遍性存在着时间和空间限制的可能。这不是传统型和个人魅力型统治所能够做到的，因为它们共同的本质是以私有化了国家权力来进行统治的，这也是在这两种统治类型的社会中信任关系往往局限于特定范围，不能广泛拓展的根本原因。

在现代社会中，国家权力要获得民众的信任，必须要从自身的抽象性中解脱出来，通过某种存在物具体化，而最适合充当这个角色的无疑是法律及其制度化安排，国家权力是通过

① ［德］马克斯·韦伯：《经济与社会》，林荣远译，商务印书馆1997年版，第273—274页。

法律转化为可经验的存在,即使在马克斯·韦伯所说的传统型和个人魅力型的统治中依然如此,无论那时的法律是否真正起到了法律的作用。法律在人们的实际生活过程中,通过它的仪式、传统、权威和普遍性体现出来的神圣性,无时不对生活本身发挥着直接或者间接的而且是具体的影响。在谈到法律要如何才能发挥作用时,美国法学家伯尔曼有这样一句值得提及的话,深刻表达了法律的合法性基础:“法律必须被信仰,否则它就形同虚设。”也就是说,“除非人们觉得,那是他们的法律,否则他们就不会尊重法律。但是,只有在法律通过其仪式、权威和普遍性触发并唤起他们对人生的全部内容的意识,对终极目的和神圣事物的意识的时候,人们才会产生这种感觉。”①这从一个具体的而又与国家权力直接相关的角度说明,信任之于国家权力的合法性具有基础性的地位。法律要获得生命,不能不被人们信任,否则它就永远外在于人们的实际社会生活,充当被动干预生活的工具,而不能融入现实生活世界本身,成为生活方式的有机组成部分。

社会生活的秩序生成需要权力,但是这种源于社会生活的秩序的需要却不是权力的合法性基础。大凡权力都追求秩序,不同的权力将会形成并维持不同的秩序,专制制度下社会秩序显然是与人的价值和尊严完全背离的,也就是说所有专制制度下的国家权力都追求形成符合拥有国家权力的私利所需要的社会秩序,因此我们不能因其也具有秩序的一般属性

① [美]伯尔曼:《法律与宗教》,梁治平译,三联书店1991年版,第28、60页。

而给予肯定,与之相匹配的国家权力当然也就不能获得合法性资质。民主制度下的国家权力也追求社会秩序,但这种秩序是以人有信任为基础的,体现人的价值和尊严,而且这种国家权力之所以具有民主之性质,又正在于它能够成为人与人之间结成普遍的信任关系的桥梁、纽带和中介,也即民主制度中信任与秩序存在于良性的互动中。

(四)否定性信任:权力制约的社会资本视野

虽然不能从社会秩序的生成需要权力进而证明任何可以形成特定社会秩序的权力都具有合法性,但是却必须以权力在社会生活中存在的矛盾来研究限制权力的必要性。权力特别是国家权力的作用机制只能通过人的各种活动——例如立法、司法和行政——才能展现出其客观实在性。社会秩序是一种属于所有人在实际生活过程中共同需要的公共利益,国家权力与社会秩序之间的联系决定了它的社会性质。美国经济学家加尔布雷思把人格、财产和组织并列为权力的来源,在权力一般的意义上有其合理之处,就国家权力而言则不一定是合适的,但是却揭露了一个基本的事实,即具体的人通过活动在行使权力,国家权力也同样是一些具体的人在实际运用过程中才成为建造和维持社会秩序的现实力量,这些人"即是以统治者的名义行使的代理人,当选的立法人员、法官、官僚以及在限制和规定公民自由的供选择的条件中进行选择的人"①。

① [美]布坎南:《自由、市场和国家》,吴良健等译,北京经济学院出版社 1988 年版,第 38 页。

权力的行使要受具体掌握权力的个人因素和个人利益的影响,因此由具体的人运用国家权力可能产生两种结果,或者是遵循这种权力本身指向的价值目标,或者是偏离这种权力既定的价值目标。利益是任何人在现实社会生活中生存境遇的基本构成要素,同时人的需要呈现的是逐级递增曲线,基本的需要得到满足之后自然会产生更高级的需要,这是一个没有止境的过程。结果致使"那些拥有极多权力的人会利用这种权力来满足他们自己的欲望,而这些欲望是与一般人的欲望截然对立的"①。权力"总有着一种越出它自己的范围而发展的本能倾向"②,以至于"一切有权力的人都容易滥用权力,这是万古不变的经验。有权力的人们使用权力一直到遇有界限的地方才休止"③。这就形成了国家权力的实际作用过程中令人困惑不已的先天矛盾,即国家权力的社会性质和个人性质之间的矛盾。也正是因为这种根深蒂固的矛盾使国家权力必须受到有效的制约成为必要。

基于对上述矛盾的认识,人类开始了对权力进行限制的深入探索和实践。贤人政治被大量的历史事实证明,不可能实现对可能滥用的权力进行有效的限制,于是超越贤人政治、落实民主政治就成为基本的选择。和民主政治相结合来限制

---

① [英]罗素:《权力论》,靳建国译,东方出版社1988年版,第164页。
② [法]马利旦:《人和国家》,霍宗彦译,商务印书馆1964年版,第10页。
③ [法]孟德斯鸠:《论法的精神》上册,张雁深译,商务印书馆2004年版,第184页。

权力,主要有以下几种思路。[①] 一是以法律规范权力。法律的权威性、程序性以及相对稳定性,决定了它不同于"人治"条件下的随意性、非程序性对权力的负面影响。民主制度下的法律体现的不是个人或者少数人的意志,而是多数人的利益,受这种法律控制的权力真正具有了社会性。重要的是行使权力的人不能制定法律,也不能创设权力。二是以权力制约权力。把国家权力加以分解,由具有相对独立地位的立法权、司法权和行政权构成国家权力体系,通过不同的权力机构行使不同的权力,履行不同的职责,使每一个权力既是制约者又是被制约者,实现权力之间的相互制约和监督,从而达到防范、控制权力的滥用。倡导这种思路的主要是洛克和孟德斯鸠,尤其是后者特别明确提出"要防止滥用,就必须以权力约束权力"[②]。三是以权利制约权力。其基本的立足点是权利高于权力,权利对于权力具有无可置疑的优先性。权力是为了维护权利才被设定,而不能反过来说权利要以权力为目标,甚至为了权力可以被随意牺牲。因此,尽管权利和权力都同法律相关,但在民主政治制度下的法律对于权利主要起保障与维护的功能;而对于权力却主要是作出严格的限制,避免其跨越由法律赋予的范围。如果未经权利授予或者不仅不保护权利,反而侵犯、践踏权利,那么这样的权力属非法权力。也

① 这里主要受益于程竹汝:《论工具性的权力》(载《政治学》1996 年第 3 期)和顾昕:《以社会制约权力》(载《公共论丛:市场逻辑与国家观念》,三联书店 1995 年版)。

② [法]孟德斯鸠:《论法的精神》上册,张雁深译,商务印书馆 2004 年版,第 184 页。

就是说，权力的合法性基础在于能够维护权利。四是以社会制约权力。这种思路认为，国家权力体系的相对分离虽然是必要的，但并不足以使国家权力受到有效的制约，只有一个由各种独立的、自主的社团组成的多元的社会，才足以对国家权力构成一种“社会的制衡”。因为多元社会组织的才能，使各种统治资源的拥有呈分散状态，从而使统治者进行垂直统治的成本增大，理性的统治者在统治成本大于统治收益时，就有可能放弃对某些事务的控制。有了这种多元的社会组织，任何精英群体也难以压制社会从而使多元政体走向威权主义。19世纪法国思想家托克维尔和当代的美国政治学家达尔(Robert A. Dahl)是这种理论的主要倡导者，后者在其《民主理论的前言》中有这样一段话足以表明其鲜明立场：“因为我们被告知要相信宪法制衡的必要性，所以我们不大相信社会的制衡。我们夸奖宪法分权在抑制多数人和少数人感情上的效能，但是我们经常忽略由社会分权施加制约的重要性。然而，如果多元政体理论大致可靠，那么在缺少一定的社会先决条件的情况下，任何宪法的制度性安排都不可能产生一个非暴政的共和国。我认为，拉丁美洲国家的历史就是充分的证据。相反，某一种社会先决条件在程度上的增加，在加强民主方面，可能远比任何特殊的宪法设计重要。无论我们关心的是少数人的暴政还是多数人的暴政，多元政体理论表明，政治科学家必须直接注意的第一位的、关键的变量，是社会因素而不是宪法因素。”①

---

① [法]达尔：《民主理论的前言》，顾昕、朱丹译，三联书店1999年版，第113页。

由此看出,社会资本中的信任关系,构成了国家权力的合法性基础,但却没有指出这并不能限制权力被滥用。具有合法性基础的国家权力也并不必然会按照应然的价值目标发挥作用,尤其是权力被设定或赋予后仍然以善良的信任来对待之,实在是非常危险的事情。近现代历史进程中衍生出来的各种专制制度,都是在盗取了民众善良的信任之后,以人民的名义干了无数的恶行。反思那些相关的历史事件,我们可以发现一个共同的特征,就是在民众的信任中窃取了国家权力,却运用这种权力来否决了它应该保护的权利。卢梭以他独特的理论逻辑对这种出现在他之后的历史事实进行了预演:"我们每个人都以其自身及其全部的力量共同置于公意的最高指导之下,并且我们的共同体中接纳每一个成员作为全体之不可分割的一部分。"在这个由所有人的结合行为产生的道德的与集体的共同体中,"有一篇纯属公民信仰的宣言,这篇宣言的条款应该由主权者规定;这些条款并非严格地作为宗教的教条,而只是作为社会性的情感,没有这种情感则一个人不可能是良好的公民,也不可能是忠实的臣民。它虽然不能强迫任何人信仰它们,但是它可以把任何不信仰它们的人驱逐出境;它可以驱逐这种人,并不是因为它们不敬神,而是因为他们的反社会性。"①他所谓的"反社会性"是指经过道德重建以后的至善社会里,敢于持不同意见者。对待那些具有反社会性的或者是背离公意的人,不仅不能宽容而且应该

① [法]卢梭:《社会契约论》,何兆武译,商务印书馆 1982 年版,第 24—25、185 页。

把他处死。罗伯斯庇尔就曾经极力落实过这一理论。伯克对卢梭思想的影响有过这样的评价:“卢梭如果还活着,在他短暂的神志清明时刻,一旦看到他的思想引起那么疯狂的实践后果,他一定会吓昏过去。”①

但是,当我们看看关于限制权力的四种思路乃至政治实践时,就会发现其中都不同程度地包含了一种共识,即对源自信任的国家权力的警惕,这种警惕是赋予其合法性基础的民众对权力以及掌握权力的那些人的不信任。通过信任使权力具有了合法性基础的同时,作为权利的不信任是在权力之外的一双锐利眼睛。信任和不信任是一对矛盾,社会生活需要信任首先是因为存在着不信任,可信任关系一经确立,如果没有不信任作为对立面而存在就可能丧失独立性,最终陷入没有判断能力的盲从,对国家权力尤其需要如此。无论中国还是外国近代史上都出现了人所共知的启蒙运动,康德在答复“什么是启蒙运动?”这个问题时,文章开门见山就指出:“启蒙运动就是人类脱离自己所加之于自己的不成熟状态,不成熟状态就是不经别人的引导,就对运用自己的理智无能为力。当其原因不在于缺乏立志,而在于不经别人的引导就缺乏勇气与决心去加以运用时,那么这种不成熟状态就是自己所加之于自己的了。”“然而,这一启蒙运动除了自由而外并不需要别的东西,而且还确乎是一切可以称之为自由的东西之中最无害的东西,那就是在一切事情上都有公开运用自己理性的自由。”“必须永远有公开运用自己理性的自由,并且唯有

① 朱学勤:《道德理想国的覆灭》,上海三联书店 1994 年版,第 4 页。

它才能带来人类的启蒙。”①从信任的辩证结构看，不信任作为其对立面就是能公开地、独立地自由运用自己理性的行为标志。只有当信任与不信任的辩证法从理论进入到实践的时候，也就是不信任和信任一样在理性的支配下共同面对国家权力，并成为普通民众政治活动的精神基础的时候，对权力的限制才有可能在各种制度设计中真正生效，否则一切有关权力制约的制度设计都不可能被激活，至多只能是一种需要时拿来示众的华丽摆设，当然就不可能在政治上“脱离自己所加之于自己的不成熟状态”。

在民主的社会中，国家权力与社会资本中的信任之间是一种双向互动的关系，而非简单的决定与被决定的关系。对于国家权力而言，信任赋予它以合法性基础，只有获得普遍的信任才能顺畅运行，这意味着它只要试图打破公平正义原则，不能努力实现利益均衡，合法性基础也就自然消失，所以不信任又是国家权力在运行过程产生的一种结果。从这个意义上讲，不信任之于国家权力并不是由某种外在力量设定的。不过这种关系在专制制度下是不存在的。真正的多元民主社会，在国家权力、人与人之间以及权力与人之间形成的是一种良性循环状态：权力的运行是有效率的，而且制约又是有效的，人与人之间的信任关系也能够普遍化，广泛的合作成为可能，从而使社会资本得以良好发展。

① [德]康德：《历史理性批判文集》，何兆武译，商务印书馆1990年版，第22、24页。

第三章　公民社会与社会资本

社会资本在社会领域中不仅与经济、政治产生互动，同时也深深地影响着社会的社会关系网络模式。人必定生活在一定的社会关系中，社会本身也实际存在着网状结构，不同的社会发展阶段需求不同的社会关系网络与之匹配。社会资本中的公民参与网络是公民社会中特有的社会关系网络，公民社会的良好运行不仅需要发达的市场经济，更需要与传统的权力社会关系模式完全不同的公民参与网络模式的支撑，而存在于社会资本中的公共精神也成为了公民社会中的必备精神。

一、社会资本中的公民参与网络：良好的社会关系模式

对于社会资本中的各个构成部分，不论是人与人之间的信任，还是规范人们行为的各种制度，其现实性都不能脱离公民参与网络，甚至是在这种关系网络中形成和发挥实际作用

的。考虑社会实际运行，追求社会运行的良好状态，避免最差状态，即使是保证运行过程的正常状态，也不能不把公民参与网络纳入思考的视野，因为作为社会资本基本形态的公民参与网络实际上是人们建立良好社会联系的基本形式。

马克思曾经说过："人们的社会历史始终只是他们的个体发展的历史，而不管他们是否意识到这一点。"①单纯的个体却并不能构成社会，人们往往只能看见从事各种活动的个人，却忽略了人们能够从事活动是因为在人与人之间存在着不能经验的社会关系。"黑人就是黑人。只有在一定的关系下，他才成为奴隶。"②个体的人的生成过程就是与他人的交互作用过程，每一个人都是在与他人的这种交互作用过程中生成的，一个人生成为什么以及可能取得的成就和社会地位，都与此有关。所以，个人构成社会的真正内涵是每一个人都以自己在宏观和微观两个层面的网络关系构成社会，在这个意义上，"社会不是由个人构成，而是表示这些个人彼此发生的那些联系和关系的总和"③。

从宏观层面上看，社会关系网络首先表现为社会生产关系，这是一种体制化的关系网络。只要人类活动还在继续，就必须保持与自然界之间的物质变换活动，以满足生存所必需的生活资料，这使与他人没有任何联系的个人实际上不可能保持与自然界之间的正常关系，因为"他们只有以一定的方

---

① 《马克思恩格斯选集》第4卷，人民出版社1995年版，第532页。

② 《马克思恩格斯选集》第1卷，人民出版社1995年版，第344页。

③ 《马克思恩格斯全集》第46卷（上），人民出版社1979年版，第220页。

式共同活动和互相交换其活动,才能进行生产。为了进行生产,人们相互之间便发生一定的联系和关系;只有在这些社会联系和社会关系的范围内,才会有他们对自然界的影响,才会有生产。"①人与自然界之间的关系是通过社会生产关系来实现的,从来就不曾存在将来也不可能出现脱离社会生产关系的人与自然之间的对话。人与自然之间的关系并不是社会的全部内容,社会作为一个整体还存在其他构成要素,它们的存在和运动也必须要依托于一个基本框架和基础,这正如任何一个高等生命有机体需要"骨骼"一样,生产关系就是社会这个特殊的生命有机体"主心骨",它对社会中的其他构成因素发挥着枢纽式的连接作用,无论是社会的显性构成因素,如政治法律设施和制度,还是隐性构成因素,如各种社会意识形式,都在不同程度上与生产关系相连接、受其影响并为之服务,因此在这个意义上也可以说是生产关系使社会成其为社会,"生产关系总合起来就构成为所谓社会关系,构成为所谓社会,并且是构成为一个处于一定历史发展阶段上的社会,具有独特的特征的社会"②。

人类进入社会状态后为什么会有秩序?这既不是神定也不是人定,而是那与特定时代相匹配的生产关系,使每一个人或一群人在生产、分配、交换和消费诸环节中占据着相应的位置,在条件不具备时任何试图人为改变这种位置的结果就是从有序到无序,促使社会陷入动荡和混乱,人与人之间体现的

① 《马克思恩格斯选集》第1卷,人民出版社1995年版,第344页。
② 《马克思恩格斯全集》第6卷,人民出版社1961年版,第487页。

是一定性质的生产关系。所以,从这个意义上讲,生产关系的实质就是一种网络关系。不过,从这种宏观层面的网络关系看社会构成,只能达到构成生产关系的各个环节,难以到达社会生活中具体的个体,而且即使在注意到个人的时候,重心也往往倾向于生产关系对个人的决定,在述及个人的反作用时也不能深入说明其具体表现,实际上个人在生产关系的变革方面能够发挥的余地也是极其有限的,因为这种作用必须要通过许多中介环节才能实现,其中每增加一个中介环节,能达到作用目标的影响就将被削弱一定数量级,而且正面影响的具体程度也只能达到恩格斯在"历史合力论"里描述的情况:"各个人的意志——其中的每一个都希望得到他的体质和外部的、归根到底是经济的情况(或是他个人的,或是一般社会性的)使他向往的东西——虽然都达不到自己的愿望,而是融合为一个总的平均数,一个总的合力,然而从这一事实中决不应作出结论说,这些意志等于零。相反地,每个意志都对合力有所贡献,因而是包括在这个合力里面的。"①宏观层面上的这种人际网络关系主要显示了社会构成的客观性和统一性。

从微观层面上看,社会关系网络主要是与个体的生存和发展直接相关的各种具体联系。马克思在《关于费尔巴哈的提纲》中说:"人的本质不是单个人所固有的抽象物,在其现实性上,它是一切社会关系的总和。"②人的本质要通过社会

---

① 《马克思恩格斯选集》第4卷,人民出版社1995年版,第697页。

② 《马克思恩格斯选集》第1卷,人民出版社1995年版,第56页。

关系体现出来,我们可以从纵横两个方面来分析这种具体的社会联系及其价值。普特南在这方面的研究值得借鉴,“任何社会,现代的或传统的,专制的或民主的,封建主义的或资本主义的,都是由一系列人际沟通和交换网络构成的,这些网络有正式的,也有非正式的。其中一些以‘横向’为主,把具有同样地位和权力的行为者联系在一起。还有一些则以‘垂直’为主,将不平等的行为者结合到不对称的等级和依附关系中。”①存在于这些具体人际关系的结构之中,是社会资本区别于其他形态资本的一个重要特征。作为社会资本主要组成部分的公民参与网络是属于横向的关系网络,其结构是实际的或者潜在的资源结合体,任何一个人作为这种关系网络的连接点,就意味着能够运用其中蕴藏的资源,但是必须指出的是,伴随着关系网络的解体,其中存在的资源就自行消失。在一个社会中,各种形式的横向关系网络越密,其公民就越有可能为了共同利益进行合作。因为公民参与网络不仅能增加了博弈的重复性和各种博弈之间的联系性,培育强大的互惠规范,而且还能够加速有关个人品行的信息流通,为未来合作提供各种信息。然而,垂直关系网络无论多么密集,也无论其参与者多么重要,社会合作都难以维系,这是因为垂直的信息流动渠道常常会扭曲信息本身,使信息失真,而且那些用以支撑互惠规范的惩罚手段不可能被真正双向使用,尤其难以对那些处于上游状态的人实施,即使实施了也不大可能被接受。

① [美]罗伯特·D.普特南:《使民主运转起来》,王列、赖海榕译,江西人民出版社2001年版,第203页。

因此,从价值取向来看,公民参与网络越具有横向性,就越能够在更广泛的范围内促进制度的成功,横向组织的成员数量与良好的政府之间存在正比例关系,而等级组织的数量则与政府的良好状态呈反比例关系。微观层面的社会关系网络(包括横向的和垂直的)是社会构成不可缺少的一个维度,只是在不同的历史时期纵横二向的侧重点有所不同,传统社会主要是以垂直关系网络来实现人与人之间的连接的,而在现代社会中人与人之间的关系则主要表现为横向关系网络,而且横向关系网络尤其显示了社会构成的主体性和丰富性。

通过上述分析,我们实际上已经初步涉及公民参与网络的社会资本的绩效差异,为了确认公民参与网络作为社会资本所产生的全面效应,有必要对此再作进一步的分析。从社会资本理论来看,探究公民参与网络在社会发展中发挥的作用究竟如何,基本的观察视野是构成社会的社会关系网络的作用机制与特征。

不同形态和性质的生产关系构建的现实的社会都存在一个共同之处,即在这个生产关系中占据主导地位的群体、集团或者阶级的利益,始终是这个社会中"普照的光,它掩盖了一切其他色彩,改变着它们的特点"①。为了维护他们共同的利益,这些人结成的关系网络对外在于他们或者与他们的利益存在冲突的其他人,往往会具有不同程度的排斥。即使在已经存在的生产关系不能满足他们的利益而促使他们进行变革的情况下,一切措施,包括对其他利益所有人的让步,也必须

① 《马克思恩格斯选集》第2卷,人民出版社1995年版,第24页。

维持在不会突破他们自身利益的界限这个基本的范围之内。因此,这种社会关系网络的内在作用机制是紧紧围绕特定利益旋转的,其外部表现则是具有排斥圈外人的封闭特征,这就是说,社会结构在经历一定的时空之旅后,渐次趋近于封闭几乎是不可避免的结局。即使在微观的层面上,为团体成员产生利益的紧密而强大的联系,往往可能会禁止其他人获得利益,显得封闭。例如:意大利、爱尔兰和波兰移民后裔对纽约建筑、贸易和消防、警察工会的严格控制;韩国移民在美国东海岸的几个城市中控制了制造业,犹太商人对纽约珠宝贸易的垄断;以及古巴人对迈阿密经济中许多部门的控制;等等。在这些团体内部人与人之间的经济交换和效率是提高了,却隐性地限制了圈外人。家族式的公民参与网络所具有的这种封闭性特征要远比一般的其他团体更为严重,传统的人与人之间的连接方式虽然使其能够在一定程度上消除集体行动的困境,却只能局限在有限的公民参与网络范围之内——特定家族的公民参与网络,超出这个范围合作的信任、积极性和动力就会减弱。公民参与网络借以形成的基础只能是利益(当然不仅仅是物质利益而是广义的多元利益),同质利益则使公民参与网络呈封闭之势,脱离这个核心我们不能就各种层面上的公民参与网络进行合理的解释。

一旦公民参与网络因同质利益而走向封闭,在社会构成上将降低内在结构应该具有的有机性。如果这种情况被不断强化,可能产生的实际效果恰恰是社会活力的不断衰竭,因为这必然会导致在社会生活的某些方面或者领域,出现足以垄断交往可能性空间的巨头,超出社会能够有效制约的范围。

这种情况无论在人类历史上还是在现实社会中的政治、经济和精神领域都不乏其例。如果说在传统社会中以家族为基础的公民参与网络的范围往往相对有限,那么在现代社会产生的技术条件则可能从横向使这种封闭的人际网络关系不断扩张,比如各种规模巨大的邪教组织、跨国公司、寡头企业等。无论产生其中的哪一种情况,最后的结果都可能附带产生某些并非积极的而是消极的、或者异质的社会资本——内部信任被强化,而外部合作却减弱。相互竞争的利益集团虽然能够在一定程度上防止单一权力对社会的支配和控制,却无法避免利益集团的数量和规模的发展,从而使那些实力雄厚的利益集团主宰了影响社会政治的主要渠道,导致利益集团之间发生冲突。更为重要的是,公民参与网络出现封闭的结果,会使处于网络关系中的人视野被遮掩,思维呈现禁锢和僵化,人与人之间本来应该具有的诸多价值如博爱等可能更容易趋于淡化,最终便如德国社会学家滕尼斯所说:“商人或者资本家(货币的持有者,货币通过双重交换是会增加的)是社会的天然的主人和统帅。社会是为他们而存在的。社会是他们的工具。社会里面所有的非资本家或者本身像死的工具——这是奴役的完美概念,他们在法里等于零,也就是说,他们被设想为没有能力随自己的意愿行事,也没有能力缔结在这个制度里有效的契约。”①

但令人颇感困惑的是,社会资本中公民参与网络的存在

① [德]斐迪南·滕尼斯:《共同体与社会》,林荣远译,商务印书馆1999年版,第119页。

不仅社会本身不能刻意避免,反而在一定程度上还是社会赖以存在的基础。任何一个社会都不能没有生产关系已经成为一个基本前提,而且社会发展的现代趋势必然是横向网络关系,因为它符合经济市场化和政治民主化的价值取向,垂直的网络关系虽然在社会管理、家庭生活领域维持存在,却始终不能成为人与人之间关系的全部内容甚至主要内容。这实际上给我们提出了一个必须回答的问题:为了社会本身的合理存在和运行,究竟应该形成什么样的横向关系网络以避免产生排斥圈外人的负面效应?形成这种性质的公民参与网络应该借助于什么样的精神价值导向?下面将把对这个问题的探索导入社会理论研究的市民社会视野。

二、公民参与网络的生成机制——公民社会

在20世纪后期,社会理论研究中具有广泛影响的关键词是公民社会,在此问题的讨论中,虽然对公民社会这个概念的理解存在着较大差异,但是基于对社会秩序的共同追求,尤其是实践需要和理论自洽的双重力量,使公民社会与社会资本之间产生了关联,公民社会的一个重要功能就是能够产生社会资本。把公民参与网络作为社会资本的重要形式之一,就不能不从公民社会这个角度对公民参与网络的模式进行思考。这种思考的立足点是社会不断发展的本性,社会关系网络模式也需要进行更新,以适应社会演进的新阶段。

（一）公民社会的内在结构

在中国学术界，公民社会常常又被称为市民社会，它们是同一个英文术语“Civil Society”的两个不同中文译名。但这两个不同的中文称谓并不完全同义，它们之间存在着一些微妙的差别。关于这方面的情况，方朝晖博士做了非常细致的工作。[①] 在此，将依据他的研究成果做一简要概述，看看应该用哪一个名称更为合适。

西方语言中存在着拉丁语系的英语 civil society、法语 société civile 和日耳曼语 bürgerliche Gesellschaft 的不同用词，这是两种不同的传统。可以看出，在英语和法语中用以表达相关内容的词都是从拉丁语的 civilis societas 一词演化而来的，其中的关键是共同具有的词根 civilis 在拉丁语中含义是极其丰富和复杂的，主要是指市民的或者城民的；在古代尤其是罗马共和国时期代表了一种西方人特有的法律和社会至上的思想；经济上的含义则是指公民的私有财产不受侵犯的权利，以及与他人订立契约和从事贸易活动的权利等；同时还有一个与公共生活、政治生活和国家密切相连的含义。虽然到了近代社会，英国和法国用以表达 civilis societas 的词内涵的思想有一定差别，如英国人的 civil society 更注重经济关系中的私有财产权，而法国人用的 société civile 则倾向于强调其中的政治含义和革命色彩。但他们在使用 civil 时都带有明

① 方朝晖：《市民社会的两个传统及其现代汇合》，载于《中国社会科学》1994 年第 5 期。我们的叙述主要参考了这一成果，特致谢意。

显的罗马文化烙印:他们都把它当做一种文明、进步、道德的社会理想;将其看做是一个通过法律来代表人民的利益、保障公民的私人权利的社会,在这个社会中法律和人民的权利是至上的;强调这个社会的政治性质,其中公民或人民能够主宰或积极有效地参与国家政治事务。但是,无论是在英国还是法国,现代公民概念的流行使用,都是在民族国家初步形成、市民等级日益壮大及资产阶级革命已经兴起的历史条件下实现的。因此,不能过分夸大现代公民概念与古希腊罗马时期的公民概念之间的联系。第一,现代公民的范围远大于古希腊罗马时期,即不是特指一个主要与奴隶、外乡人相区别的特权阶层,而是每一个国家成员都可能并应该成为公民,并且反对用一个阶层来压迫和奴役另一个阶层,强调人人平等。第二,现代公民概念在经济上只强调每一个人的私人财产以及经济活动自由都应该得到保障,反对在公民之间划分任何等级。第三,不同于古希腊罗马时期,在乡村拥有大量地产的地主和贵族最有资格成为公民并实际上是公民中的最高层,现代公民思想则实际上是代表市民等级的利益的,也正因为如此,它把乡村地主和封建贵族当成是 civil society 的敌人,认为这些人是没有资格被当做公民来看待的。第四,从来源上讲,古希腊罗马的公民来源是具有一定家族身份、出身于一定地点的人,而现代公民应当说是源于中世纪末叶以来逐渐形成的商人、有产者、自由民阶层(bourgeois),即第三等级。人们认为现代市民等级中的优秀分子最有资格成为共和国的公民,或者说现代的公民是从 bourgeois 转化而来的。

在德语中的 bürgerliche Gesellschaft 是由形容词

bürgerliche(市民的、资产者的)和名词 Gesellschaft(社会)构成,这两个词都是日耳曼语中固有的,与拉丁语没有直接联系。近代德国哲学家中的康德和费希特把 bürgerliche Gesellschaft 定义为与英语的 civil society 和法语的 société civile 相同或者类似的含义,即卢梭等人描述过的理想、文明和进步的社会。但是到了黑格尔和马克思那里,这幅文明理想的图画被彻底摒弃了,而把它理解和规定为"私人需要的体系"或"私人利益关系的总和"。黑格尔强调其中每个人把自身的需要当做是唯一目的,而把他人仅仅当做手段;马克思则认为它是由物质的交往关系构成的。与此同时,他们都把 bürgerliche Gesellschaft 与国家区别开来,不认为它是政治社会,其中的成员也不是国家公民而成为单个的私人或者个人。方朝晖博士指出,bürgerliche Gesellschaft 不是与英语中的 civil society,而是与 bourgeois society 和法语中的 société bourgeoise 更为接近,它们共同的本来含义是指一个由中世纪末期在欧洲城市里形成的商人、手工业者、自由民或第三等级构成的社会,但是比后者更为准确地反映了现代社会作为一个活生生的历史过程的起源和特征。第一,bourgeois 不仅代表了现代西方市民阶层的主体,而且准确地告诉我们,现代西方的 bürgerliche Gesellschaft 一开始就是由那些生活在城堡或者市镇之中的商人、自由民等构成的。这些人不同于罗马时期有着特定身份和特殊政治地位的公民,而是一些既无身份也无地位,直到 18 世纪中叶在一些国家仍被人瞧不起的商人或"流民"。第二,与古代公民相比,bourgeois 的重大不同之处在于他们早期不是公民,无须对国家、封建秩序尽什么义务或者过分地讲究国家公民的德行;恰恰相反,他们是一些精打细算的商人和有产者,追求私人利益就是他们的目标。第三,和古希腊时期的"公民"社会相比,这个由 bourgeois 构成的社会自 11 世纪起源以来,就一直对它外部的政治秩序和政治势力保持一种离心的关系,在近代早期它们是独立于教会和王权的自治的城市公社(commune),这些特有含义都是不能在源于拉丁文的 civil society、société civile 中反映出来的。

在做了详细的辞源学梳理后,方朝晖博士进行了如下总结:如果我们不是将其单纯地理解为一个概念和人们关于这一概念的思想,而是理解为一个活生生的历史过程,理解成一个 18 世纪欧洲国家曾经发生过的一种客观社会形态,两种传统之间的矛盾和冲突将迎刃而解。第一,17、18 世纪以来的英国人和法国人实际上是在一种理想、一种对未来的憧憬意义上进行思考的。对他们来说,civil society、société civile 并不是对现实的准确刻画,而是被设定为一种社会发展的目标。因此他们都对之报以热情洋溢的讴歌和赞美,把它描绘成一幅文明、进步、道德、理想的美好蓝图。而黑格尔和马克思则把它理解为一个在一定条件下已经发展起来的世俗的社会有机体。所以黑格尔和马克思从不将那个由 bourgeois 构成的现实社会过分地理想化,而是宁愿用更多的笔墨来批判它。黑格尔强调它要以国家为前提,马克思则揭示了其中两个对立阶级的形成以及这一社会制度的根本缺陷。这两种观念之间尽管存在不相容的地方,但这完全是由他们心目中的不同范畴造成的,它们之间的冲突和不相容,不过是由于人们基于不同的文化和语言传统对同一社会现实作出的不同抽象和思考。第二,17、18 世纪形成的现实社会可以看成是上述两种趋势所代表的两种不同的传统的汇合。一方面,马克思等人的 bürgerliche Gesellschaft 思想是基于对第二个传统(即中世纪末叶以来的由 bourgeois 结成的社会的传统)的观念的认识而提出的。黑格尔和马克思不把这个社会当做理想而是当做现实,因此正是在他们那里特别是马克思那里,我们看到了这个社会的一系列重要特征:它是一个以"真正的人"即 bourgeois 结成的私人利益关系的总和,是一个私人领域获得了充分解放并和公共权力机关相区别的自治领域等。另一方面,在洛克、卢梭那个时代,civil society 的文明理想也不是没有完全实现,毕竟资产阶级革命的胜利已经使共和国成为现实。这就是说,这个社会还具有另外一系列的特征:私人领域和公共领域的相对区分,每一个人的私人财产不受侵犯。从现实的角度看,市民社会作为公民社会的含义应该理解为:平等、自由、人权这样一种现代公民意识应当被看做是这个社会的根本原则。而它作为政治社会的含义则应当从现实的角度(即不是完全从洛克等人的角度)理解为:一方面,这个社会是政治国家的基础,它通过自己的和国家的制度来制约国家对公共权力的行使,发挥监督和参政作用;另一方面,这个社会也只是在统一的民族国家和资产阶级共和国形成的历史条件下才真正实现的。

综上所述,通过对 civil society 和 bürgerliche Gesellschaft 两种不同传统有了具体的认识之后,决定在中国的历史文化背景和现实社会生活中,究竟是选择使用公民社会还是市民社会就不再那么困惑了。再加上基于以下诸方面的原因,公民社会是一个更适合在中国语境下进行理论思考的分析工具。第一,从传统到现代、由非市场经济向市场经济的转型,在中国是一个远没有完成的历史使命。传统中国从来没有出现过公民,只有臣民,历代统治者和思想家中零星存在的所谓民本思想,也仅仅是在工具的意义上被倡导,最终的目的始终是为了维护高高在上的统治者。即使经过20世纪的两次政治革命,公民意识在人们心目中依然不成熟,公民社会仍然没有能够完全建立起来,努力建立一个公民的政治、经济和文化诸方面的权利都能够得到平等而有效保障的社会,始终是我们在相当长的时间范围内需要追求的理想和目标。同时,由于市场经济发育不健全,市民阶层存在的范围以及它所具有的力量和能够产生的影响都是极其有限的,而且市民阶层的发展壮大并不是中国社会转型要实现的目标,它在这个历史过程中至多不过是内容的一部分,或者仅仅具有工具的意义。第二,从中国人群的实际分布情况看,我们目前而且在未来相当长的一个时期内都仍将是一个农业人口大量存在的社会,城市化的进程短期内不可能使大多数农民顺利转化成为市民。因此"公民社会"比"市民社会"更具有涵盖性。特别值得指出的是,从社会发展的未来趋势看,在社会生活中担当主要角色的是公民而不是市民。再从政治文化的角度看,像在中国这样的农业文明历史悠久而又后发国家的现代化进程中,特别需要启蒙、培育与现代社会相匹配的公民意识和公民品格,而不是简单地重复西方发达国家已经走过的路程,仅仅满足于培育一个黑格尔所描述的"私人需要的体系"或马克思所说的"私人利益关系的总和"。如果再进一步考虑到

bürgerliche Gesellschaft 可以被翻译为市民社会的同时，也可以被翻译为资产阶级社会，在马克思的著作的汉语版本中正是如此，而这正如有西方学者所指出的那样："对马克思而言，市民社会显然不是一个具有更优良风范（polished manners）的社会；它甚至不是一个由交换关系参与者的互相依存而凝聚在一起的社会。相反，它是这样一个社会，在那里，无产的大众被生产工具的所有者以镇压方式强制在一起。生产关系以及社会划分为有产阶级和无产阶级是市民社会的本质特征。所有其他特征都是由此派生的。"①因此无论从哪个角度讲，公民社会都应该是一个比市民社会更好的选择。

为了便于对问题的深入讨论，我们将就公民社会系统结构与本质特征进行讨论。从以上的论述中可以看到，"公民社会"是指相对于政治国家而言的社会公共领域，是一种区别于国家、市场的，由各类自治、合法、非政治的民间组织和团体所构成的社会力量。

1. 公民社会与国家之间的界限。讨论这个问题首先碰到的是如何理解国家，为此需要澄清一个关于国家的重要观点，即仅仅从阶级斗争的角度看待国家。把国家理解为实行阶级压迫的工具当然具有合理性，不过这却不应该成为国家的全部内容。因为这样理解国家，显然存在着理论的偏颇和无法解决的现实困难。问题在于，国家的产生作为社会发展到一定历史阶段的产物，要缓和经济利益互相冲突的阶级之

① 爱德华·希尔斯：《市民社会的美德》，载邓正来和亚历山大编：《国家与市民社会》，中央编译出版社 1999 年版，第 36 页。

间的斗争,把冲突保持在必要的秩序范围内,除了进行阶级压迫之外,国家的产生同时还是社会管理职能独立化的结果。在社会分工出现之前,社会管理职能极其简单,不可能也不必要使其成为一种独立活动。在社会分工出现之后,生产活动及其产品交换在规模和复杂程度上都有了很大的发展,需要一个权威的组织保证生产和交换的顺利进行,而脑力劳动同体力劳动相脱离,并成为某些人的专门职业,这就使建立一种权威的管理机构不仅成为必要,而且具有了现实的可能。正是在这个意义上,恩格斯对国家的产生提出了看法:"社会产生它不能缺少的某些共同职能。被指定执行这种职能的人,形成社会内部分工的一个新部门。这样,他们也获得了同授权给他们的人相对立的特殊利益,他们同这些人相对立而独立起来,于是就出现了国家。"①显然,把国家的产生仅仅归结为阶级斗争而忽视了它的社会及经济根源,是不能在这个问题上彻底坚持唯物主义立场的,反而不能与荒谬的"暴力论"分清界限。

国家作为人类活动的历史后果,是随着人类历史的发展而不断改变它的组织形式和存在样态的。社会学家吉登斯把国家的演变分为三个阶段:"传统国家"、"绝对主义国家"和"民族—国家"。与非市场经济社会相适应的是传统国家,由于工业化和商品经济主要集中于城市,国家权力能够渗透的范围也不能超出工商活动的界限,城市自然就成为国家权力

---

① 《马克思恩格斯选集》第 4 卷,人民出版社 1995 年版,第 700—701 页。

的中心。广大的乡村往往是国家权力所不能及的地方，于是在国家和社会之间有一点近似于海洋与孤岛的关系。在城市之外的地方与国家权力中心事实上处于分离状态，维系各个地区社会生活秩序的不是统一的国家法律，而是不同的风俗习惯，国家也不能完全成为军事力量的垄断者。到了16、17世纪，"绝对主义国家"才开始在欧洲逐渐形成，从此以后，国家有了确定的疆域界限和统一的法律规范，同时也成为军事力量垄断者。不过"绝对主义国家"仅仅是从"传统国家"向"民族—国家"过渡的中介状态，只有19世纪初期开始出现的"民族—国家"，才能称为真正意义上的现代国家，因为"民族—国家"的形成，意味着国家具有了高度自主的形式和对整个社会的全面控制能力，即它不仅用法律代替了传统的风俗习惯对整个社会的控制，而且还使信息和行政监视大幅度延伸，暴力手段也完全为国家所垄断。

黑格尔以他独特的哲学语言描述了国家的历史形态、现代本质以及与社会和个人之间的关系。在他看来国家是特殊性与普遍性、主观性和客观性有机的历史的统一。"在古典的古代国家中，普遍性已经出现，但是特殊性还没有解除束缚而获得自由，它也没有回复到普遍性，即回复到整体的普遍目的。"①近代国家虽然克服了古代的缺陷，但又过分抬高了特殊性，把个人利益视为国家目的，结果走到了另一个极端，反而使个人权利得不到实现。而"现代国家的原则具有这样一

① ［德］黑格尔：《法哲学原理》，范扬、张企泰译，商务印书馆1997年版，第261页。

种惊人的力量和深度,即它使主观性的原则完美起来,成为独立的个人特殊性的极端,而同时又使它回复到实体性的统一,于是在主观性的原则本身中保存着这个统一"①。"现代国家的本质在于普遍物是同特殊性的完全自由和私人福利相结合的",一方面"普遍物必须予以促进,但另一方面主观性也必须得到充分而活泼的发展。只有在这两个环节都保持着它们的力量时,国家才能被看做是一个肢体健全的真正有组织的国家"②。从总的倾向看,黑格尔那里的国家对于私人权利既是"外在必然性"和"最高权力",又是"内在目的"。所谓"外在必然性"和"最高权力"就是说国家为主、个人为次,个人必须"从属于"、"依赖于"国家。而所谓"内在目的",就是个人"希求"国家,力图过渡到普遍性和特殊性的统一。黑格尔把个人对国家的态度归结为两种:一是把国家权力当做与自己统一的东西,视国家为个人的本质、目的和绝对内容,愿任其驱使且忠贞不渝;二是把国家权力当做与自己不同一的东西,视国家为压迫、束缚自己的锁链,报之以敌对仇视和随时叛乱的态度。黑格尔认为:前者是"高贵的意识",是一种"德行";后者是"卑贱的意识",是一种恶行。这也表明黑格尔在二者之间的关系上是极力抬高国家而贬低个人。

在实际的社会政治生活中,黑格尔的思想转化为国家权力的膨胀,特别是在 19 世纪末、20 世纪初出现的现代化历

---

① [德]黑格尔:《法哲学原理》,范扬、张企泰译,商务印书馆 1997 年版,第 260 页。

② 同上书,第 261 页。

程,人类世界普遍关注效率与效益,所有的社会活动都按照这个原则组织,出于克服无政府的生产状态和对社会生活的调控之需要,国家机器被不断强化,如马克斯·韦伯所说,由于“根据全部经验,纯粹的官僚制类型的行政管理,即官僚制的集权主义的、采用档案制度的行政管理,精确、稳定、有纪律、严肃紧张和可靠,也就是说,言而有信,劳动效益强度大和范围广,形式上可以应用于一切任务,纯粹从技术上看可以达到最高的完善程度,在所有这些意义上是实施统治形式上最合理的形式”①。结果致使现代社会成为一个被官僚制国家或者其他官僚制机构全面控制的社会,整个社会呈现出“极端的专家统治的趋势”。虽然独断的官僚制在效率上具有高度的形式合理性;但是在其运行过程中,人们缺乏内在的精神支持,因而在一切关系中都持“无恶无好,既不憎恨又无热情”的冷漠态度,个人按照自己的信仰、理想的价值而行动的自由受到了极大的限制,合理性的计算把每个人都变成了这架庞大机器上的一个齿轮或螺丝钉,对于生活在这种境遇中的人来说,首先关注的仅仅是如何从一个小的齿轮变成一个大的齿轮,促使人们追逐权力产生向上爬的发迹思想而别无更高的价值追求。这是还仅仅处于官僚体制内的人的基本生存状态。

国家权力的膨胀最直接的表现是在社会经济生活中的国家干预,这种干预在现代史上存在着两种基本形态。

---

① [德]马克斯·韦伯:《经济与社会》(上卷),林荣远译,商务印书馆1997年版,第248页。

一是以前苏联为典型的计划经济体制，其中政府通过计划来进行资源配置，生产过程中需要的生产资料和消费领域里需要的消费资料，都由政府来统一调拨，商品交换是受到政府限制的。国家集中掌握资源和财产，企业之间的产权、利益、债权、债务的界限模糊，因此一切投资行为、经营活动都由国家、政府以及它的代理人集中决策，政府发出指令，企业只需要贯彻落实，无须承担任何责任。与此相应的是个人利益被严重边缘化，在意识形态领域倡导的是单纯的利他主义道德机制，个人的生存状况始终只能维持在一种极其低下的层次上，尽管实现了某种形式和程度上的公平，个人活动的积极性、主动性和创造性却始终处于长期被压抑状态。哈耶克做了这样的描述："一件人所共知的事实是，政府'计划'得越多，对于个人来说，计划就变得越困难。""指挥一切经济活动的当局将不仅控制那种只牵扯到次要事情的我们的那一部分生活，它将控制用于我们所有的目标的有限手段的分配。而任何控制一切经济活动的人也就控制了用于我们所有的目标的手段，因而也就必定决定哪一种需要予以满足和哪一种需要不予满足。这实际上是问题的关键。经济控制不仅是对人类生活中可以和其余部分分割开来的那一部分生活的控制，它也是对满足我们所有目标的手段的控制。任何对手段具有唯一控制权的人，也就必定决定把它用于哪些目标，哪些价值得到较高的估价，哪些应得到较低的估价——总之，就是决定人们应当相信和应当争取的是什么。集中计划意味着经济问题由社会解决而不由个人解决，而这必然要由社会，或者更确切地说，应由社会的代表们，来决定各种不同需要的相对重要性。"①

二是在20世纪上半叶西方资本主义背景下出现的凯恩斯式的政府干预。为了解决他那个时代已经出现的"市场失灵",凯恩斯开出的"处方"是扩大政府干预的职能,在他看来,"由于牵涉到调节消费倾向和投资动因的任务,政府功能的扩展看起来似乎……是一种对个人主义的严重侵犯。但与此相反,我要为之辩护,我认为政府干预是避免破坏现存经济形式完整性的唯一可行的方法,并是使个人主动性成功发挥作用的前提条件。"②在经济领域实行的政府干预,确实曾经取得过辉煌的成功,被称为"走在前面的凯恩斯主义"——罗斯福的"新政"成功地摆脱了几乎导致市场制度崩溃的1929—1933年的经济危机,第二次世界大战后欧洲普遍实施凯恩斯主义经济政策产生了普遍的繁荣。但是到了20世纪70年代后期却使"凯恩斯学说最成功的试验地"美国及西方国家染上了一种新的病症——"滞胀病",即在长期实行通货膨胀政策后出现的经济发展停滞不前与通货膨胀并存。也正是在这个时期,以美国为代表的西方国家对经济的干预已经达到了登峰造极的地步。从凯恩斯"需求管理"的长期实施到政府"经济计划",从产权"国有化"到"福利国家",国家干预已经远远超出了仅仅限于纠正市场"缺陷"并通过纠正市

① [英]哈耶克:《通往奴役之路》,王明毅、冯兴元等译,中国社会科学出版社1997年版,第76、90—91页。

② [美]威廉·布雷特、罗杰·L.兰塞姆:《经济学家的学术思想》,孙琳等译,中国人民大学出版社、北京大学出版社2004年版,第74页。

场“缺陷”使社会财富尽可能有效使用的范围。由于国家干预对市场机制的过度侵害,以市场经济为基本经济制度的美国甚至出现了计划经济体制下经常出现的供给不足的现象。资本主义经济危机从传统的物价下跌、供应过剩、有效需求不足变成了物价上涨、供应不足。在美国这种情况甚至被“誉”为“现代美国史上第一次名副其实的供给衰退”。货币学派的代表人物弗里德曼对这种政府干预所产生的消极后果做了这样的描述:“经济自由是另一必不可少的组成部分,是按照我们自己对价值的看法自由地使用我们所拥有的资源——自由地从事任何职业,加入任何企业,同任何别人做买卖,只要是在严格自愿的基础上这样做,不诉诸强力来强制别人。”但是,弗里德曼指出,在当时的美国甚至不能自由作为一个律师、内科医生、管子工、理发师等为社会服务,“除非先从政府官员那里得到批准或证书”,政府干预使限制变得非常普遍,“我们自称是一个私人企业的自由社会,一个资本主义社会。但就公司企业的所有权来说,我们大概46%是社会主义的。拥有1%的股份,意味着你有权分到1%的利润,并必须用你全部资产的价值分担1%的损失。……联邦政府从每一元的利润可得46美分,它也分担每一美元损失的46美分(如果有早先的利润可以抵消这种损失的话)。联邦政府拥有每一公司的46%——虽然不是以直接参与决定公司事务的形式。”①

① [美]米尔顿·弗里德曼、罗斯·弗里德曼:《自由选择》,胡骑等译,商务印书馆1982年版,第69—70页。

不论哪一种情况,国家权力的极度膨胀和本质都在于对社会生活的过度干预,而最终的结果都是以失败告终。当然,这种失败不是国家权力需要被完全驱逐出社会生活的理据,因为国家产生和存在的基础都是社会生活本身内在的秩序需要,人类完成从野蛮到文明的过渡就是以国家的出现为标志的,因此也可以说国家本身就是文明的一部分。国家干预的失败仅仅是说明了国家权力在社会生活领域的存在和发挥作用,不可能也不应该是与社会生活领域的范围完全重叠的,也就是说,国家权力的存在应该划定一个合理的限度,而不能过于简单地肯认"国家就是社会本身,或者就是生活的理智"①。只有在达于它应该存在和发挥作用的空间范围内,它才不至于异化成为社会生活的对立面。否则,就有可能导致历史上已经出现过的国家为人们规划设计"美好生活",以及各种否定个体现实存在的悲剧。在这个方面,即使19世纪下半期至20世纪上半叶的英国新黑格尔派哲学家鲍桑葵,在主张国家干预原则的同时,也承认国家在社会改进方面不可能是全能的,因此没有忘记对国家干预扩大表示出审慎的担心:"正常的改进是从纯社会发明开始的,如果转为国家采用,那也是以后的事。当然这并不是说国家的代表没有发明和适应的能力。但是,有大量的经验可以证明这个简单的推论:由于独特的和正常的国家活动不能直接强制推行美好的生活,所以在促进这种美好生活方面,国家的活动也就主要不是发明、改良

① [德]斐迪南·滕尼斯:《共同体与社会》,林荣远译,商务印书馆1999年版,第319页。

和进行细致调节的力量。”①

社会及其秩序的生成需要国家，国家构成了社会生活的一个部分，甚至是一个非常重要的不可缺少的部分，但是国家不能代替社会，同样社会也不能萎缩成为国家。现代社会发展的趋势恰恰是要走出中世纪那种在财产、社会团体和每一个人都具有政治性质的状态，所以被称为一个黑暗的时代，不是因为别的，而是由于“在中世纪，人民的生活和国家的生活是同一的”②。当一切私人的领域都具有政治性质，政治成为私人领域的特性，国家就已经完全异化为一种直接干涉私人生活而不是服务私人生活的“利维坦”，这个时候，国家之于社会就不再是一种必须的组成部分，而已经是一个文明社会在其中构建具有个性化生活的赘物。正是在这个意义上，潘恩的如下观点才是可以理解的：“社会在各种情况下都是受欢迎的，可是政府呢，即使在其最好的情况下，也不过是一件免不了的祸害。在其最坏的情况下就成了不可容忍的。”③因此可以说，自由文明的社会必定是一个在国家与社会之间存在着合理的空间，即国家只是在那些关乎社会正常进行的秩序生成范围内显现自身，这正是公民社会得以存在的现实基础。

2. 公民社会与市场经济的界限。在这个问题上，具有重

---

① [英]鲍桑葵：《关于国家的哲学理论》，汪淑钧译，商务印书馆 1995 年版，第 21—22 页。

② 《马克思恩格斯全集》第 1 卷，人民出版社 1956 年版，第 284 页。

③ [美]潘恩：《潘恩选集》，马清槐等译，商务印书馆 1981 年版，第 143 页。

要影响的观点是市场经济与公民社会之间存在着积极的因果关系，即市场经济的发展为公民社会的产生准备了基本要素，市场经济本身特有的市场主体自主交往性质，构成了整个自主交往的私人生活领域的基础，这一领域中私人自主性生活的出现和扩大，必然导致一个独立于政治国家的私人生活空间的出现和发展。① 也有人认为公民社会的构成原则直接是物质利益原则，并且是区别于传统的共同体社会的重要特征。国外有学者在对公民社会进行描述时，也主张市场经济是构成成熟的公民社会的突出要素之一，“如果个人主义和个人私域是公民社会道德辩护的重要方面，那么市场就是最突出的结构特征。作为公民社会的组织原则，一个不受干涉的市场通过个人及其所在的社团之间无数自发的完全匿名的契约性交易过程来配置社会资源、荣誉、权力以及商品服务。从某种意义上讲，市场是无形的。在经济层面上（市场由此而得名），市场通过总供给和总需求的调控来达到平衡。在政治的、思想的、智力的以及文化的市场中，也发生着同样的过程。又由此形成的更为广泛的普遍化的市场对于社会生活的运转来说是一个充满竞争而本质上又十分和睦的空间。”②这种关于公民社会的观点，实际上是把市场经济作为公民社会的充分必要条件。然而，市场经济的建立、健全和完善并不必然会促成公民社会的自然生成和发展，公民社会的基础是市场经

① 王新生：《市民社会论》，广西人民出版社 2003 年版，第 29 页。

② ［西班牙］萨尔瓦多·吉内尔：《公民社会及其未来》，载何增科主编：《公民社会与第三部门》，社会科学文献出版社 2000 年版，第 156—157 页。

济，但市场经济并不是公民社会的充分条件，而只是其中的一个必要条件，如果没有正确的道路，即使在市场经济中也不能建立起公民社会。① 无论是把市场经济作为公民社会的基本结构，还是认为市场经济能够合乎逻辑地产生规范化的公民社会，都把这个具有复杂的历史背景和现实诉求的问题过于简单化了。

市场经济的不断健全和完善，并不能自然培育出一个公民社会体系。从 20 世纪 70 年代以后，美国国家选举的参与率显著下降，而声称在过去一年里参加过有关城镇或学校事务的公共集会的美国人，已经由 1973 年的 22% 下降到 1993 年的 13%；皈依宗教是美国人加入社团最为普通的方式，但宗教情感在美国似乎正在变得多少不受限制，更加由自我决定，20 世纪 70 年代后参加宗教活动的人数一直在下降；其他社团的参与人数也在不断下降。② 普特南认为，这恰恰是因为西方社会在 20 世纪 70 年代出现的新自由主义倾向导致了个人的原子化状态，背离了西方社会尤其是美国的互助共同体传统，造成了美国社会资本的衰落，进而使美国的民主制度背离了托克维尔时代的状态。为什么会出现这种情况呢？根据有关人士的分析，③试图通过市场经济促进公民社会这种

① 邓正来：《国家与社会》，四川人民出版社 1997 年版，第 126 页。

② ［美］罗伯特·D. 普特南：《独自打保龄球：美国下降的社会资本》，载李惠斌、杨雪冬主编：《社会资本与社会发展》，社会科学文献出版社 2000 年版，第 168—172 页。

③ 陶传进：《市场经济与公民社会的关系：一种批判的视角》，《社会学研究》2003 年第 1 期。

看法的问题在于，没有看到二者之间存在着根本的差异：

第一，市场经济与公民社会之间存在着不同的运作模式。市场经济的主体所提供的是私人物品，而公民社会的主体则以提供公共物品为主。私人物品与公共物品的这种差异导致了二者行动性质的不同：是集体行动还是个体行动。在公民社会组织中，为了实现公共或集体物品的提供，就要求这些组织的成员或整个组织对其行为加以协调，达成有效的相互合作，只有在这个基础上才能实现集体行动。比如像环境保护一类的社会运动，其中必须实现整个成员之间的合作，克服个人贡献、大家受益的矛盾，才能使自然环境得到有效保护，实现自然界发展的可持续性。市场经济则不同，根据新古典经济学理论，市场是在价格理论决定下的一个完全竞争模型，其中的第一个假设是任何一个市场中都有大量的买者和卖者，买者是纯粹的消费者，卖者是纯粹的生产者，生产决策和消费决策是彼此独立的，追求私人利益。也就是说，市场创造的主要是人与之间的竞争关系而不是合作关系，也不考虑公共利益和公共福利，在绝大多数情况下，人与人之间缺乏通过共谋而追求集体利益的条件。

第二，市场经济与公民社会之间存在着不同的运作逻辑。在市场经济社会中，集体行动的达成就是一种普遍的难题，而在公民社会领域，集体行动的达成则是其根本的标志。在市场经济社会中，人们的共同利益并不意味着集体行动是必然的，其中根本的原因在于集体物品是不可排他的，即任何一个人不管是否为达成共同目标作出贡献，他都不能被排除在最终成果的享用者之外。因此，理性的自利者为了追求自我利益的最大化，最佳的选择就是不在共同目标的达成过程中支付任何成本。对市场经济社会中的这种运作逻辑，不仅经济学家如奥尔森，而且社会学家如韦伯都有非常清楚的认识。①与市场经济这种极力破坏集体行动的制度安排不同的是，公民社会运作的精髓就在于集体行动的达成，对于这个领域中人的活动而言，提供公共物品是被赋予了道德责任感的，个人参与有益于公众、实现共同利益的社会活动，不是为了使结果有所不同，而是出于自己应该尽到的责任，这些出于自愿的活动是不能用成本收益来进行解释的，比如，环保组织的成员从他们的活动中获得的收益是非常有限的，这些组织能够形成并维持的真正原因，是由于人们对他们自己的或一般性环境所受到的威胁产生切身感受，以及人们所共同具有的意识形态和情感，从而达成了集体行动所需要的献身精神。

归根到底，这是由市场经济的本质属性中所包含的内在缺陷使然，具体说来就是经济学家所说的市场本身的外部性的负面效应，概括起来主要表现在：滋生"搭便车"现象，个体利益和社会利益的冲突，市场对公共物品的调节失效，耽搁经

① [美]曼瑟尔·奥尔森：《集体行动的逻辑》，陈郁等译，上海三联书店、上海人民出版社 1995 年版，他说："有理性的、寻求自我利益的个人不会采取行动以实现他们共同的或集团的利益。"（第 2 页）[德]马克斯·韦伯：《新教伦理与资本主义精神》，于晓等译，三联书店 1987 年版，他说："当今资本主义经济可谓是一个人生在其中的广漠的宇宙，它对这个人来说，至少对作为个人的他来说，那是一种他必须生活于其中的不可更改的秩序。他只要涉足于那一系列的市场关系，资本主义经济就会迫使他服从于资本主义的活动准则。"这种活动准则就是"把赚钱看做是人人都必须追求的自身目的，看做是一项职业"（第 38、53 页）。

济主体的产品开发和研究的科技投入活动所产生的外部性。① 对市场经济的缺陷，甚至早在空想社会主义思想家那里就已经有了非常深刻的认识，傅立叶曾经一针见血地指出，他所处时代的“经济制度有一种更加突出的破坏性，即集体利益和个人利益之间的冲突。任何一个劳动者，都由于个人利益而和群众利益处于对立状态，……建筑师希望一把大火把一个城市的四分之一化为灰烬；安装玻璃的工人希望下一场大冰雹把所有的玻璃打碎；裁缝和鞋匠希望公众用容易褪色的料子做衣服，用坏皮子做鞋子。……这是反协作制经济方式或倒行逆施的世界的必然结果。”②而在现代经济学家以及其他社会科学家那里，关于市场的如下观点已经成为一种普遍的共识：市场可能既不会产生经济上令人满意的（效率的）结果，也不会产生社会上理想的（平等的）结果。③

因此，不能把公民社会和市场经济领域完全等同起来，它们之间存在着分界线。不过，它们之间的关系也不能被理解为一种完全的隔离或者绝对的分离，不论是公民社会还是市场经济领域，都不能没有人和人的活动，而人的活动本身具有多样化的特征，即一个人的活动往往并不仅仅限于某一领域或者某一方面，而是因目标和意义追求的不同，在不同的领域

① 刘力臻：《市场经济——“现代体制”与“东亚模式”》，商务印书馆 2000 年版，第 65 页。

② ［法］傅立叶：《傅立叶选集》第 1 卷，董果良译，商务印书馆 1982 年版，第 121—122 页。

③ ［美］查尔斯·沃尔夫：《市场或政府》，谢旭译，中国发展出版社 1994 年版，第 17 页。

内分别从事多种多样的活动。一些人既可能从事着市场经济领域的以私人利益为宗旨的活动,也可能在此之外为了公共利益奉献自己的时间或者物质财富;而另一些人则可能一直在为社会的共同利益进行工作,或者在他们人生中的某个时间段为此做贡献。一项对于包括 9 个西欧国家、4 个其他发达国家、4 个中欧和东欧国家以及 5 个拉美国家的研究显示,这些国家中平均占总人口 28% 的人向非营利性组织贡献了他们的时间,这相当于 1060 万个全日制职员的工作。在中国也存在大量的志愿者在为公共利益奉献自己的时间、财富甚至宝贵的青春。这表明公民社会和市场经济社会的主体是交叉重叠的,它们实际上必然联系在一起,成为人们生活领域的共同构成要素,现实的人的人性呈现出丰富性和多样性,而不是完全不能交融的。虽然现代性的开启使经济活动在整个社会生活中占据了中心地位,市场活动却不能取代社会生活领域的所有方面,也不能成为人们的生活的全部内容,这是在对公民社会进行理论分析时不能不考虑到的又一个重要因素,这个问题的实质还是在于公民社会与市场之间的关系模式。

3. 公民社会的构成。在一个现代的法治社会,国家、市场和公民社会是它的基本要素,没有三者之间的良性互动,相互支撑,合作互补,就不能彰显出这个社会本身的文明特质,因为不论是国家还是市场,甚至公民社会本身都会失灵,都有其力所不能及的地方,它们一样存在着不同程度的缺陷。从上述对公民社会与国家、市场经济之间关系的分析,可以看到,公民社会在整个社会生活的构成中占据着独特的位置,在国家和市场都不能有效地使社会自觉或者自发地生成秩序的时候,公民社会的存在是一个合理的补充。

就公民社会与国家间的关系而言,国家的产生和存在是公民社会得以产生和存在的必要前提。更具体地说,国家对社会秩序的生成和维持使公民社会能够合理地产生。国家虽然不是社会秩序的唯一生产者,但是没有国家强制力把整个社会维持在一个有序的范围内,公民社会根本就不可能存在下去,即使在古代希腊,“公民相互间进行对谈,从而把事物表达出来,并使之形象化;彼此差不多通过争论,才能把最好的衬托出来,使之个性鲜明——这就是名誉的永恒性”①。没有国家维持的基本秩序,“这种名誉的永恒性”就不能永恒,因为“国家提供的基本服务是博弈的基本规则”。这些基本规则是公民社会所不能缺少的。另外,由于国家存在着把自身的权力无限制扩展的本能,如何使国家能够被限制在不构成对公民生活空间的全面侵蚀的界限之内,则是市民社会产生、存在和发展的重要原因。在这个意义上公民社会是全能国家应该受到限制的必然产物,而不是国家本身的必然产物,在国家不能涉足的地方就是公民社会存在的主要空间。这就是说,公民社会确实发挥着限制着国家的功能,但又不能脱离或者没有国家,一定要受到国家的必要保护才能继续存在。这确实是一种深刻的矛盾但又是一个不能改变的事实。公民社会和国家之间的这种关系,实际上是权利和权力之间矛盾

---

① [德]哈贝马斯:《公共领域的结构转型》,曹卫东等译,学林出版社1999年版,第4页。

关系的具体表现。

就公民社会与市场之间的关系而言,虽然不能说市场经济的发展必然会促进公民社会的发育,但是必须看到,公民社会要得到健康发展则不能不以市场经济为基础。真正意义上的公民社会,都要以一定的物质生活资料为基础。公民社会是人类历史本身的一个组成部分,因此一切人类生存的前提也是公民社会的前提,而一切历史的第一个前提就是:"人们为了能够'创造历史',必须能够生活。但是为了生活,首先就需要吃喝住穿以及其他一些东西。"①这个前提就像历史一样是不断变化的,"能够生活"的量化标准不是一成不变的。当人类进入文明法治的现代生活之后,人权作为人之为人的基本权利更加深刻地改变了"能够生活"的物质内涵。作为一个公民,从古希腊开始就意味着作为人的尊严,如果物质生活条件不能保障他们像人一样独立地生活,任何时代作为人的尊严都必将荡然无存。近100年物质财富的加速积累和极大丰富的历史事实证明,市场经济是迄今为改善这个条件最有效的一种制度安排。

国家、市场和公民社会之间不是相互的因果决定关系,但是国家和市场却是公民社会存在的前提,也就是说,如果没有国家和市场的正常运行,公民社会就不可能得到健康发展。同时,不能在国家、市场和公民社会之间机械相加的意义上来理解社会,毋宁说它们之间是相互依赖、相互渗透的,而不是完全分离的,从而构成了一个全面现实、真实丰富的社会。也

---

① 《马克思恩格斯选集》第1卷,人民出版社1995年版,第79页。

就是说，公民社会不能被规定为是外在于国家和市场的自成一体的社会生活领域。这是公民社会的外部结构。

成熟的公民社会内部都由以下基本因素构成：

(1)私人领域。这是公民社会最基本的构成要素。自人类社会开始了文明进程之后，在实际社会生活过程中体现"私"的各种内在冲动可以说是不绝如缕，特别是对财产的私人占有，甚至成为不断提升文明程度的核心机制，"鄙俗的贪欲是文明时代从它存在的第一日起直至今日的起推动作用的灵魂；财富，财富，第三还是财富，——不是社会的财富，而是这个微不足道的单个的个人的财富，这就是文明时代唯一的、具有决定意义的目的。"①个人是一种特殊存在，他的活动力量来源于他的意志，而个人的意志是与他自己的私欲联系在一起的。私欲会激发人的热情，即从私人的利益、特殊的目的而产生的人类活动。假如没有热情，世界上的一切事情都不会成功。但是，对私产的原始冲动，并没有在历史上伴随人类文明一起产生私人领域。正如近代自由主义奠基者贡斯当所说：在古代社会里，权威机构干预那些我们看来最为有益的领域，阻碍个人的意志，例如在斯巴达，特潘鲁斯甚至不能在他的七弦琴上加一根弦，以免冒犯五人长官团的长官。而且公共权威甚至还干预大多数家庭的内部关系，年轻的斯巴达人不能自由地看望自己的新娘，罗马监察官则密切监视着人们的家庭生活。因此，在古代人那里，个人在公共事务中几乎永

① 《马克思恩格斯选集》第4卷，人民出版社1995年版，第177页。

远是主权者,但在所有私人关系中却是奴隶。①

私人领域的根本标志是个人自治,在这个意义上说,私人领域的出现是比较晚近的社会发展结果。在属于个人生活范围内,只要不与他人和社会的利益发生对立乃至冲突,人们都可以就自我发展和道德选择作出自主决定,即个人私人生活是独立的,不容他人或者任何形式的权力进行干涉。与公共领域相比,"私人领域(不管是道德上还是经济上)则属于人们愿干则干的自决领域。只要他们活动的'溢出效应'(如色情文学和环境污染)不直接妨害公共领域。"②没有个人自治就没有私人领域。只有到了文艺复兴时代,个人自治才在西方社会真正出现,因为文艺复兴"首先认识和揭示了丰满的完善的人性而取得一项尤为伟大的成就",这就是"人的发现","人类精神在向意识到它自己的内在生活方面迈进了一大步"③。这在文艺复兴时代主要是通过艺术形式来实现的。到了17世纪以后,个人自治则成为哲学家们在理论上热衷的价值目标,普通人在生活中实践的生存方式。康德用他特有的方式表达了这种观点:人是目的而不是工具。没有私人领域存在于社会中,国家和社会合而为一,个人就不能不沦落为工具的境地,要么成为实现国家意志的工具,要么成为没有灵

① [法]邦雅曼·贡斯当:《古代人的自由和现代人的自由》,阎克文、刘满贵译,商务印书馆1999年版,第26—28页。

② [美]丹尼尔·贝尔:《资本主义文化矛盾》,赵一凡等译,三联书店1989年版,第23页。

③ [瑞士]雅各布·布克哈特:《意大利文艺复兴时期的文化》,何新译,商务印书馆1979年版,第302、307页。

魂仅仅会追逐利润的工具。

个人拥有属于自己并得到法律保护、能够由他自主支配的财产，这种对其财产的独立的、排他性的支配权是私人领域得以存在的物质基础。财产权就意味着生存权乃至生命权，这只有在近代以后才成为一种自觉的理性反思。“私有制为个人创造了一个不受国家控制的领域，它对政府的意志加以限制，除了反对政治权力的扩张外，它允许出现其他政治力量。因此，私有制成为所有不受国家和强权控制生活的基础，成为自由、个人自治赖以植根和获取养料的土壤，它对人类的一切精神和物质的巨大进步产生了深远影响。”①这种财产制度对个人自治之所以是不可缺少的，一方面是因为不同的人追求不同的生活目标，这些目标或平常或高雅，或庸俗或神圣，追求者或是凡夫或是圣徒，不论属于哪一种情况，都只有在他必需的物质生活资料在自己能够掌控的条件下才是可能的。另一方面又是因为人类生活于其中的世界，能够满足人的生活需要的物质资料多数情况下是短缺的，永远不可能出现各取所需的那种理想状态。只要个人的财产权得到确立，并且被建立在法治的社会状态下，私人领域就获得了存在的基础，并且在个人自治与惯于毫无节制地发挥其影响的国家权力之间建立了有效防卫界限。以此为基础，个人在社会生活中才可能呈现出多元性、丰富性，个人的隐私权也同样因此才可能得到完全尊重。

---

① ［奥地利］路德维希·冯·米瑟斯：《自由和繁荣的国度》，韩光明等译，中国社会科学出版社 1995 年版，第 104 页。

从以上分析看,哈贝马斯对私人领域的如下规定是合理的:它包括两个方面:“商品交换和社会劳动领域;家庭以及其中的私生活也包括在其中。”①这实际上是个人自治和私人财产权的另外一种表达方式,因为在实际社会生活过程中,商品交换和社会劳动领域与个人自治和私人财产权是不能分离的,只有当它们有机地结合在一起的情况下,独立的个人才获得活动的舞台,私人领域才具备了现实性。

(2)公共领域。个人自治和独立并不意味着对社会的肢解,而是促成了整个社会成员之间的关系构成从机械形态向有机关联模式转型,人与人之间因自治和独立而形成的是一种平等关系,不再是以往的等级关系,这使得需要的满足必须通过沟通交流信息,考虑与自己具有同样权利的他者的意见和观点,同时向对方表达自己的相关立场和想法。这就使人与人之间的社会结合超出了劳动和交换本身,从而进入了亚里士多德所说的“公共意见存在的地方”。哈贝马斯在这个意义上认为,“有些时候,公共领域说到底就是公众舆论领域”②。也可能正因为如此,也可以把公共领域理解为独立和自治的个人以各种形式进行自主交往的精神文化领域,包括了一切以言论、出版和结社自由为基础的社会交往和文化批判活动。在这种活动中,不同的意见和观点之间通过交流、争论、融合而逐步趋向于达成交叉共识,或者重叠

① [德]哈贝马斯:《公共领域的结构转型》,曹卫东等译,学林出版社1999年版,第35页。

② 同上书,第2页。

共识。

对公共领域做社会历史的分析,或许会有助于理解它所包含的范围和实质意义。从语源学的角度看,18 世纪德语中的名词"öffentlicheit"是从较早的形容词"öffentlich"演变而来,其意思与法语中的"publicite"和英语中的"publicity"大致相当,但是直到 18 世纪末期,这个词仍然是不通用的。此前古希腊时代,人们认为,公共领域是自由王国和永恒世界,因而和必然王国、瞬间世界形成鲜明的对比。在中世纪,"公"和"私"最初是罗马法中规定的范畴,公共领域作为"res publica"而流传下来。哈贝马斯指出:"随着现代国家以及从中分离出来的市民社会的出现,这些范畴又被重新装备到法律上,并产生了深远的意义。他们既能帮助政治建立起自我理解,又能帮助特殊意义上的资产阶级公共领域在法律上得以制度化。"①这就是说,作为公众舆论领域的公共领域在资本主义社会之前是不存在的。

从字面上看,公共领域是与私人领域相对立的,公共的东西不可能从私人的东西中产生,只有在排除了私人的东西之后才能形成,因此公共领域只能存在于私人领域之外。这只是在东方文化尤其是中国文化中广为流行的看法。在西方文化中,公是以私为基础的,公共领域和私人领域具有内在的一致性,"私人领域当中同样包含着真正意义上的公共领域;因为它是由私人组成的公共领域。因此,对于私人所有的天地,

① [德]哈贝马斯:《公共领域的结构转型》,曹卫东等译,学林出版社 1999 年版,第 4 页。

我们可以区分出私人领域和公共领域"①。把公共领域看做是私人领域的一部分而不是对立面更符合现实生活的实际，这是因为:第一,公共领域具有的公共性来源于自治独立的私人之间的精神和文化交往,没有私人的存在,精神和文化交往的公共性既无必要又无可能。私人的自治独立使生活目标呈现出多元化,通过与他人的交往满足物质和精神的需要是一种现实诉求。第二,在公共领域中形成的只是私人的"公共意见"和"公众舆论",在没有上升为国家意志和法律规范时,就只是属于私人性质的东西而不是共同的社会规范,因此只能存在于私人领域中。

公共领域滋养了现代民主社会的公共理性。罗尔斯把公共理性看做是政治正义的社会普遍基础,是一个民主国家的基本特征,它包含三个方面的含义:一是作为民主国家的公民理性,是那些共享平等公民身份的人的理性;二是它的目标是公共善和根本性的正义;三是它的本性和内容是公共的,这是由社会的政治正义观念表达的理想和原则所给定的,并有待于在此基础上做进一步的讨论。在此基础上,罗尔斯概括了公共理性具有的两个特点:其一,它对于公民个体和社会根本性的政治生活问题具有某种强制力,但这种强制力并不适用于这些政治生活问题的所有内容,仅仅是它们中有关政治社

① [德]哈贝马斯:《公共领域的结构转型》,曹卫东等译,学林出版社1999年版,第35页。在这个问题上,有意思的是哈贝马斯似乎存在着两种看法,除了上述说法外,他又说:"公共性本身表现为一个独立的领域,即公共领域,它和私人领域是相对立的。"(同上书,第2页)

会的“宪法根本”和基本正义的那些问题,如选举权、宗教宽容问题、财产权、机会均等的保障等“特殊主题”。其二,他的上述限制并不适用于我们对政治问题的个人性沉思和反思;也不包括诸如教会、大学这样的文化团体的成员有关社会政治问题的思考和言论,相反的是这些内容恰恰是公共理性得以充分展现的社会文化条件。① 从公共理性的内容和特点可以看出,公共理性和公民社会具有共同的人格基础:独立自治,身份平等的个人。人与人之间的彼此需要使他们进入公共领域,公共理性是他们在这个社会生活领域中发生联系的核心纽带。同时,对公共善和根本性正义的共同关注,被公共领域不断强化。虽然在一个统一稳定的民主社会里,有许多非公共理性,只有一种公共理性,即严格限定在基本的社会政治方面的公共理性,不过这并不意味着公共理性可能的视野是一元的,这是公共领域从私人领域延伸出来这个事实所不能兼容的,正因为如此,阿伦特警告说:“当人们只从一个角度去看世界,当人们只允许世界从一个角度展现自己时,公共世界也就走到了尽头。”②

(3)非政府组织。非政府组织是英文 Non-Government Organizations 的意译,英文缩写为 NGO。与非政府组织相类似的组织和围绕这一术语的含义展开的讨论起码可以追溯到 19 世纪,但一般认为,非政府组织一词最初是在 1945 年 6 月

---

① [美]罗尔斯:《政治自由主义》,万俊人译,译林出版社 2000 年版,第 225—228 页。

② [德]汉娜·阿伦特:《人的条件》,竺乾威等译,上海人民出版社 1999 年版,第 45 页。

签订的联合国宪章第 71 款正式使用的。该条款授权联合国经社理事会"为同那些与该理事会所管理的事务有关的非政府组织进行磋商作出适当安排"。1952 年联合国经社理事会在其决议中将非政府组织定义为"凡不是根据政府间协议建立的国际组织都可被视为非政府组织"。学术界用于描述同类社会现象的，还有诸如"第三部门"(Third Sector)、"独立部门"(Independent Sector)、"非营利部门"(Non-profit Sector)、"志愿部门"(Voluntary Sector)、"利他的部门"(Altruistic Sector)等概念。

时至今日，非政府组织已经大大超越了国际性的民间组织的范围，广泛渗透到社会生活的各个方面，在 1985 年以前的学术文献中，除了关于人道主义组织的讨论之外，很少或者根本没有提及非政府组织。然而最近几年，非政府组织在社会发展政策中逐渐取得了主流地位，关于非政府组织的著作也呈现出爆炸式的增长。一个组织在一个国家被称为"非政府组织"，在另一个国家被称为"自愿组织"或"非营利组织"，有人认为这当中很少有或根本没有明确的理由。① 我们认为，非政府组织一般是指那些不借助国家权力、不以赢利为目的社会组织，它既不同于以强制提供公益的政府，也不同于以志愿提供私益的市场。因此，从本质的意义上讲，非政府组织通常被认为是与国家和营利性组织相对立的，其根本特征是非营利性、自愿性和公益性。这是一种关于非政府组织已经

① [英]D. 露易斯：《非政府组织的缘起和概念》，载《国外社会社会科学》2005 年第 1 期。

形成的普遍共识。例如,赵黎青教授就把非政府组织的特征概括为:①非政府组织在一定的价值观的指导下进行活动,不以赢利为目的,致力于社会公益性事业;②非政府组织的服务对象是被主流社会组织体制所忽视或排斥的边缘性社会群体;③非政府组织工作人员的组成是基于有着共同的信念、目标和兴趣的个人之间的联系之上的,具有志愿性;④非政府组织是通过基于共同价值观之上的协商与承诺的方式获取资源的;⑤非政府组织采取的是非等级的、分权的网络式组织体制。清华大学秦晖教授则特别强调其自愿性和公益性。南京大学童星教授则将其特征概括为非政府性、公益性和自愿性。①

在过去的几十年间,非政府组织的数量、规模和范围与日俱增,在跨越全球的社会、经济和政治环境中确立了自己的重要地位。这却并不意味着人们对它都持完全正面的意见,实际上存在着几乎对立的立场。拥护者认为非政府组织影响力的不断增长是历史性突破的证据,在传统观念看来,社会发展主要是国家和市场的责任,而非政府组织的出现改变了这种格局,对此,莱斯特·萨蒙在描述这种现象时评论说,非政府组织也许正在推动当代社会意义深刻的经济和社会发展,且这种发展的成就将远远超过19世纪民族国家所创造的一切。而批评家们则对此表示怀疑,有时甚至公然对非政府组织表

---

① 赵黎青:《非政府组织:组织创新和制度创新》,载《江海学刊》1999年第6期。童星等:《社会转型期有关NGO若干问题的探讨》,载《湖南社会科学》2004年第3期。

示出敌意。在他们看来，这些组织所引发的社会变革过程在内容上是反动的，因为它们所代表的是精英的利益，反映不了贫民和被剥削者的真正利益。① 不过这种认识上的分歧却不能掩盖非政府组织呈现出来的燎原之势。法国仅仅在 1990 年就建立了 60000 多个社团，而在德国，每 100000 人口的社团数量从 1960 年的 160 个增加到 1990 年的 475 个，翻了近三番，瑞典是参与社团组织比例最高的：大多数瑞典人都参加了一个或者一个以上的社团，创建了一个每 100000 人口就有 2300 个社团的稠密的社会网络。② 美国现有行业协会达 20 多万个，仅全国性的中介组织就有 21911 个。据估计，即使发展中国家的非政府组织所服务的人数，在 20 世纪 80 年代初也约有 1 亿人，其中 6000 万在亚洲，2500 万在拉丁美洲，1200 万在非洲。而据联合国开发计划署在 1993 年《人文发展报告》中估计，20 世纪 90 年代初发展中国家非政府机构服务的对象达到 2.5 亿人。据统计，中国非政府组织的数量由 1978 年前的 6000 多个猛增到 1998 年年底的 16.5 万，民办非企业单位则从零发展到 70 万个。③

至于非政府组织的存在并得到迅猛发展的主要原因，从

① [美]J. L. 费尔南多、A. W. 赫斯顿：《国家、市场和公民社会之间的非政府组织》，载何增科主编：《公民社会与第三部门》，社会科学文献出版社 2000 年版，第 271 页。

② [美]莱斯蒙·萨拉蒙、赫尔穆特·安海尔：《公民社会部门》，载何增科主编：《公民社会与第三部门》，社会科学文献出版社 2000 年版，第 261 页。

③ 邓国胜：《非营利组织评估》，社会科学文献出版社 2001 年版，“前言”。

人类历史的角度看,国家形成之前人们的自愿集结的传统,是非政府组织产生的人性根源。正如亚里士多德所说:"城邦的长成出于人类'生活'的发展,而其实际的存在却是为了'优良的生活'。……而人类自然是趋向于城邦生活的动物(人类在本性上,也是一个政治动物)。凡人由于本性或由于偶然而不属于任何城邦,他如果不是一个鄙夫,那就是一位超人,这种'出族、法外,失去坛火(无家无邦)的人'。"①非政府组织的出现体现的是一种人性需求,也可以说是人性在新的社会历史条件下的新表现。以私人自愿提供公益的市场机制本身存在缺陷,是非政府组织产生的经济原因。人类物质交换的社会交往行为是在经济领域进行的,而经济领域的活动主体主要是以营利性为目标的各种形式和规模的企业,以及作为生产经营单位的家庭和个人。以谋求私利为目标的主体,其活动领域就是市场。被亚当·斯密称为"看不见的手"的市场,通过价格体系这种天然自我调节机制,调节需求与供给,进行资源配置,成本会被最大限度地降低。但市场也不是完美无缺的,私利本位的内在性格使它既有天然的优点同时也具有天然的弱点,这个"弱点"就是通常所说的"市场失灵",市场在提供公共产品、解决其外部性方面有其难以克服的缺陷,纯粹私利的过度膨胀是其中的重要原因。这种"市场失灵"不能在市场体制内寻找解决的办法,必须到经济领域之外去寻求帮助。而非政府组织使个人和群体将他们的资

① [古希腊]亚里士多德:《政治学》,吴寿彭译,商务印书馆 1965 年版,第 7—8 页。

源加以集中,解决他们共同需求的但又无法使大多数人都支持的公共物品,这在一定程度上能够弥补市场机制的不足。

作为公共物品提供者的政府机制所表现出来的内在局限性,加速了非政府组织的产生。19 世纪末期,民族国家纷纷建立,国家的整合能力空前提高,资本主义经济的发展具备了有利的政治条件,在经济迅速成长的过程中,国家职能也发生着相应的变化,公共管理职能逐渐凸显出来。这改变了自由资本主义时期,国家仅被要求作为“守夜人”的角色而存在的历史状况。尤其是第二次世界大战之后,由于资本主义经济遭受到致命的打击,国家干预经济领域的能力被大大强化了,一度缓解了整个资本主义世界的危机。但是,好景不长,福利国家政策几乎在整个资本主义世界难以为继,国家无限度地渗入经济领域恰恰成为窒息经济成长活力的重要因素。国家本来是以“市场失灵”的纠错者身份而介入经济领域的,然而却未曾料到政府也有失灵的时候。于是,对于政府的职能不能不重新认识、重新定位,其结果是在公共服务中,政府所占的分量越来越小,具有竞争性的领域在不断扩大,政府不再是公共服务的唯一提供者,政府与民间的合作日益增多,民间的力量在国家治理中正发挥着越来越重要的作用,各种作为社会中介的非政府组织便自然应运而生了。

从主要特征、职能优势以及治理结构这三个方面对非政府组织进行考察,非政府组织是在市场体制和国家体制之外出现的一项重大的组织创新和制度创新。这种创新的独特性质和特有的优势,使非政府组织能够在市场与政府都无法顾及、力不从心或者失败了的场合,积极地开展各种活动,有效地致力于解决一些特定的社会经济问题。① 但是，我们不应该忽略的一个基本事实是，非政府组织本身发挥的作用也不是万能的，非政府组织与政府之间应该是相辅相成的，并且非政府组织的产生及其性质、活动范围，甚至活动经费最终都会受到政府的制约。

（二）社会资本中公民参与网络对传统权力社会关系模式的超越

19 世纪英国著名法律史学者梅因在其著名的代表作《古代法》中，曾经写下了这样一句广为流传的话："所有进步社会的运动，到此为止，是一个'从身份到契约'的运动。"他在这里揭示了从以国家及其权力为中心的传统社会，到凸显市场机制的现代社会转变过程中，人在社会关系网络中的角色转换。公民社会的产生与发展使我们有必要从现实的角度探索新的社会关系网络。

1. 权力社会中的社会关系网络。这里所说的权力社会，基本上是指各种形式的传统社会。早期农业技术的改进，使个人劳动产品除了维持个人基本生存已经有了一定的剩余（虽然为数不多），这直接导致了私有制的产生。私有制不仅是剩余产品出现后的结果，同时又是人类文明时代处置剩余产品时必然选择的第一种社会形式。于是，在个人综合能力事实上存在差异的条件下，一部分人有可能比另一部分更加

---

① 赵黎青：《非政府组织：组织创新和制度创新》，载《江海学刊》1999 年第 6 期。童星等：《社会转型期有关 NGO 若干问题的探讨》，载《湖南社会科学》2004 年第 3 期。

富有,也使一部分人可能无偿占有他人的劳动,社会成员终于分裂为经济利益相互对立的阶级。当社会无力摆脱这种矛盾的时候,“为了使这些对立面,这些经济利益互相冲突的阶级,不致在无谓的斗争中把自己和社会消灭,就需要有一种表面上凌驾于社会之上的力量,这种力量应当缓和冲突,把冲突保持在‘秩序’的范围以内;这种从社会中产生但又自居于社会之上并且日益同社会相异化的力量,就是国家”①。当然,这并不是说国家作为维持社会生活秩序且具有强制力量的政治共同体,仅仅是传统社会特有的社会历史现象,即使在现代社会中,国家仍然是社会生活为了维持秩序所不可或缺的。问题仅仅在于,在以各种形式的非市场经济为基础的传统社会中,②国家权力具有通过直接的外在强制性管理,实现对社会生活进行全面整合的合法性。对此,马克思曾经以小农经济为例,在《路易·波拿巴的雾月十八日》一书中做了极为精彩的论述,“小块土地所有制按其本性说来是全能的和无数的官僚立足的基地。它造成全国范围内各种关系和个人的划一的水平。所以,它也就使得一个最高的中心对这个划一的整体的各个部分发生划一的作用。……它也就引起这一国家权力的全面的直接的干涉和它的直属机关的全面介

① 《马克思恩格斯选集》第4卷,人民出版社1995年版,第170页。

② 在20世纪享有盛名的英国经济学家约翰·希克斯从市场经济与非市场经济二元对立的角度,提出非市场经济有两种类型:习俗经济和指令经济。他不排除这是一种抽象,即这仅仅是纯粹的形式,完全可能出现介于两者之间的情况(见约翰·希克斯:《经济史理论》,商务印书馆1987年版,第16页)。

人。"① 这就是说,在社会分裂为不同阶级,而市场不是资源的主要配置机制的情况下,国家特有的社会整合功能在整个社会生活中占据了中心地位,因为只有倚重这种从社会中产生,又自居于社会之上并且日益同社会脱离的力量,才能缓和冲突,把冲突保持在社会生活所必需的"秩序"范围内,除此之外,没有任何一种其他力量能够做到这一点。在这个实际运行过程中,等级制度是传统社会中国家权力发挥着广泛影响的支柱,因为国家运用各种强制手段把人们的活动限定在先赋的等级壁垒之中,才能最大限度地实现社会秩序的稳定性。结果是国家和社会始终合二为一,不分彼此,国家即社会,国家权力片面膨胀,在现实社会生活中广泛渗透。传统社会中国家权力的这种运作方式,以及相应的社会秩序的生成模式,注定了社会成员的活动空间是有限的,而且人与人之间的关系也是"先天的"不平等。

与传统社会相适应的基本上是共同体的利益高于个人的利益这样一种群体主义或者整体主义价值取向。正如法国社会学家涂尔干所认为的那样,这种共同的"集体意识"是传统社会进行社会整合的文化基础,"社会成员平均具有的信仰和感情的总和,构成了他们自身明确的生活体系,我们可以称之为集体意识或共同意识。毫无疑问,这种意识的基础并没有构成一个单独的机制。严格地说,它是作为一个整体散布在整个社会范围内的,但这不妨碍它具有自身的特质,也不妨

① 《马克思恩格斯选集》第 1 卷,人民出版社 1995 年版,第 681—682 页。

碍它形成一种界限分明的实在。实际上，它与个人所处的特殊状况是不发生关系的，所以其人已去，其实仍在。"①集体意识在人们的心目中是某种超越个体的"普遍物"，要求人们的信仰、观念、道德责任绝对一致，人的个性在这样的社会压力下只能是被湮没，而不可能得到发展。

传统社会以追求稳定为特征的生活方式，不仅不会使个人体验到这种压抑，反而会因这种"集体意识"产生归属感和安全感。因此，在传统社会中，人们特别重视情感连接和道德责任的凝聚作用，甚至可以普遍地产生出为共同信仰、情感和道义献身的精神，而传统社会中的国家也通常都是依靠甚至扶植这种"集体意识"来对整个社会进行精神控制。在西方中世纪，基督教文化借助人们对超自然神灵的信仰把封建王权神圣化，把封建等级制度天理化，使之成为体现"集体意识"的普遍物，并用"原罪论"、"救赎论"、"天国论"等说教劝服人们禁绝欲望、忍受痛苦、放弃抗争、施人以爱，用来世幸福的幻觉消解现实的苦难。在中国传统社会中，儒家学说实际上也发挥了与西方基督教大致相同的作用。"集体意识"在传统社会的文化整合机制中的特殊地位，落实在现实生活中则成为约束性法律，甚至是判别罪与非罪之标准，任何违反"集体意识"的言行都可能是大逆不道的犯罪，甚至可能是最严重的犯罪。于是，出现了"所有形式的犯罪与特定集体情感之间的对抗。这种对抗绝非来自于犯罪，相反它构成

---

① ［法］涂尔干：《社会分工论》，渠东译，三联书店 2000 年版，第 42 页。

了犯罪。换句话说，我们不应该说一种行为是犯罪的才会触犯集体意识，而应该说正因为它触犯了集体意识才是犯罪的。”①

由于国家占据着生产、生活过程所需要的社会秩序的核心地位，社会关系网络以等级为基础，以纵向联系为主要纽带，个体活动范围狭窄，社会意识内容一元化，信息传播单向性，彼此之间疏于交往。正如马克思所认为的那样，在社会发展的这个阶段，即使个人显得比较全面，也是因为他还远没有造成自己丰富的关系。② 因此，传统社会中的社会关系网络在状态上是近乎静止的，在性质上是不平等的，也没有足够的自由，实际结果是“人的依赖关系”成为传统社会中人的存在方式，即人的存在和发展，是以人与人之间直接的依赖关系为基础的，这种依赖关系构成了各种各样的共同体，个人生存就依附于这些共同体，并以这些共同体的成员的身份才获得了作为人的资格，任何个体都很少能够作为具有独立人格的人而存在。

2. 公民社会中的公民参与网络。公民社会是以市场经济为基础的社会模式。在这种社会结构模式中，国家及其权力在社会秩序生成的系统机制中的重要性大大降低，而市场在其中的地位却史无前例地攀升了。

首先，以市场经济为基础的现代社会，打破了以自然经济

① ［法］涂尔干：《社会分工论》，渠东译，三联书店 2000 年版，第 44 页。

② 《马克思恩格斯全集》第 46 卷（上），人民出版社 1979 年版，第 109 页。

为基础的传统社会局限于家庭内的分工，由社会范围内的分工取而代之，使现代社会步入高速的发展。机器工业的诞生使生产社会化，由自然经济条件下的特殊分工构筑起来的封闭性硬壳终于被冲破，并迅速地推进了社会分工，和工业文明结合在一起的市场经济历程开始了。社会分工使生产过程的技术环节和社会生产总过程的经济环节专门化，每一个环节都是相对独立的，但是对于社会整体而言又是局部的，不能不与其他环节发生必要的关联，也就是说，它们在功能上是相互依赖的。如果商品生产者的活动及其产品不能得到他人的承认，不能满足他人之需要，他就不能实现自己的特殊利益，也不能达到自己的最终目的。因此，社会范围内的分工，使生产目的由自然经济条件下的生产者本身转向财富积累。于是，作为一种必然的历史结果，正如马克思所说的那样，“资本家不顾一切‘虔诚的’词句，却是寻求一切办法刺激工人的消费，使自己的商品具有新的诱惑力，强使工人有新的需要等等。资本和劳动关系的这个方面正好是重要的文明因素，资本的历史的合理性就是以此为基础的，而且资本今天的力量也是以此为基础的。”①

其次，在市场经济条件下，由社会范围内的分工形成的社会生活各个既相对独立又必须相互依赖的环节，是通过追求特殊利益的市场主体之间的商品交换实现功能整合的，这就使传统社会那种权力高度集中的政治体制，以及它对社会生

① 《马克思恩格斯全集》第46卷（上），人民出版社1979年版，第247页。

活进行全面的、直接的控制和操作的统治方式,已经完全失去了存在的合理性和合法性。同时,在充满机遇和各种偶然性的市场经济境遇中,必须灵活地实施经济行为,以便实现自己的特殊利益,于是必然要求从政治上打破传统政治体系强加于人的等级制度,赋予人们以最大限度的自主权利。市场经济的这种内在要求,直接促成了传统社会的宗法关系和等级制度的土崩瓦解。市场经济所要求的最终只能是民主政治,社会生活所必需的权威,开始由传统社会的政治领袖的人格,转向现代社会的法律制度和公共理性。这样,社会生活中的各种潜在的能量都有了释放的途径,特别是个人因人格独立而获得了最大限度地发挥能动性的主客观基础,社会开始由静态进入动态。

最后,以市场经济为基础的现代社会对人的认识,饱含着对人的自主性、独立性、平等、自由的人本精神的高度重视,体现了追求现实幸福的价值观念和对科学的崇尚,这是与市场经济相适应的最基本的文化原则。发生在16世纪的宗教改革运动,对西方国家完成这种文化精神的转换具有至关重要的意义。加尔文教用宗教语言向信徒宣示:一个人是上帝的"选民"还是"弃民",虽然是绝对预定的,也是不可更改的,但个人如果要想知道自己是否成为上帝的"选民",则取决于现世创业的成功与失败,而上帝总是保佑自己的"选民"在创业上获得成功的。当然,市场经济所引起的文化变革,远不止于文化观念的更新和文化精神之转换,更为重要的是导致了文化的社会整合方式的改变。高度专业化的社会分工,使社会成员之间的特殊利益只能在互相的交往过程中才能实现,而这种必需的广泛联系,又为他们创造出了无穷无尽的生存和发展机会,这就彻底改变了传统社会中个人必须依赖于共同体而生存的格局。在这种情况下,社会文化的意识形态功能必然会被逐渐淡化,必然出现罗尔斯所说的"理性多元论的事实",虽然社会共有的那些价值原则不可能完全从社会生活的舞台上退隐,但它已经改变了传统社会中具有的那种对社会生活进行整合的神圣地位。现代社会的文化观念的改变,对社会生活的影响是革命性的,它彻底改变了传统社会中的那种因循守旧、不思进取、畏惧变革的文化观念,使创业、创新、风险和效率等意识成为"普遍物",整个社会生产和生活方式的根本改变,特别是物质文明成果的迅速增长,也就是顺理成章、合乎逻辑的,以致要维持传统社会那种生存状况已经是完全不可能的了。

从以上所述,可以看到,以市场经济为基础的现代社会,较之于以自然经济为基础的传统社会,最显著的改变在于,个人摆脱了传统社会中普遍存在的、以各种形式的共同体为轴心的"人的依赖关系",这正如丹尼尔·贝尔所描述的那样,从16世纪开始生成的西方现代社会,其中体现出来的"现代主义精神"的"根本含义在于:社会的基本单位不再是群体、行会、部落或城邦,它们都逐渐让位给个人"①。从重视社会、重视群体的价值,转向重视个人的价值,一切价值均以个人为中心;个人本身就是价值,而且具有最高的价值,社会只是达

① [美]丹尼尔·贝尔:《资本主义文化矛盾》,赵一凡等译,三联书店1989年版,第61页。

到个人目的的手段；一切个人在道义上都是平等的，任何个人都不应被当做别人获得幸福的工具。换言之，现代社会就是以个人获得身份自由为条件的。所谓身份，就是指人们在实际生活过程中占据的社会地位，这种地位是由现实的社会关系决定的，身份实际上就是人们的社会地位的一种表征。在一定程度上，身份自由使现代社会和传统社会区别开来，因为身份自由意味着人们在现代社会中获得各种身份时不受天赋条件的制约，可以凭借个人后天通过学习、锻炼获得的能力和主观上的勤奋努力实现身份的转换。身份独立赋予了个人人格独立，可以根据自己的意志在抽象（不针对特定个人、集团）的社会规则范围内进行自己所属意的活动。在任何一个现代国家中，不管其具体国情如何，个人的这种身份自由始终都是它现代性的重要标志，因为身份自由是对传统社会的等级秩序和人身依附关系的彻底否定。

个人的身份自由使独立的个人开始成为现实，从此导致了整个社会构成机制的历史转换。在传统社会中，个人是被淹没在各种形式的共同体之中的，共同体是构成社会的基本单元；而在个人获得身份自由的条件下，个体化意味着人从他与生俱来的共同体等级秩序中脱离出来，从社会与宗教准则的确定性中脱离出来，使传统社会人与人之间关系的人身依附模式被打破，转而形成了以理性化、契约化为内容的关系，人与人之间因独立而形成基本权利相同的社会格局。这意味着社会生活中各种机会的开放，即在不同的个人之间利用这些机会的概率是大致相同的，而不是像传统社会那样不同的机会只能由社会中的某些等级独占。这样，整个社会也由传统社会的机械结构向现代社会的有机结构演进,社会关系网络是以人与人之间的平等为基础的,横向联系为主要纽带,个体活动范围存在无限可能性,社会意识内容多元化,信息传播多向性,彼此之间不得不进行交往,公民参与网络在流动、开放和广泛交流中生成新的社会秩序。

而公民社会正是在以市场经济为基础的社会模式中产生的。公民社会主要是指以个人能够充分自治为基础,具有发达的公共理性,可以自主地参与非政府组织追求公共利益的现代社会。从价值取向的角度看,公民社会中的价值目标不是国家权力的效率优化,而是在保障个人利益的同时,追求公共利益的实现。因此,公民社会中的社会关系网络,即公民参与网络不再以权力为轴心进行建构,而无论是在结构、特征还是目标等方面,都不同于权力社会的社会关系网络。

从公民参与网络的结构上看,独立自治的个人和依法产生的非政府组织是两个最基本的构成要素,因此公民社会中的公民参与网络存在着两个层次的结构。

一是独立自治的个人之间的私益联系,在这个层次上,连接人们之间的核心纽带是私人利益,为了实现维持自身独立自治的必需的私人利益,人们进行没有界限的交往,只要能够获取私人利益,交往是有可能发生的。可以这样说,私人利益使每一个人都成为具体的公民参与网络的核心,因此也可以合乎逻辑地得出结论:在这个层次上的公民参与网络是没有核心的。

二是依法产生的非政府组织的公益联系,在这个层次上,连接人们之间的核心纽带是公共利益，人们自主加入各种形式的合法产生的非政府组织，由于这些组织通常是由具有共同公益性目标的人们志愿地以相当松散的方式结合在一起的，因此非政府组织的工作人员一般较为团结和谦虚，具有理想抱负强烈的奉献精神，能够在不同领域从事各种公益性服务活动，比如各种环保组织。这意味着不是个人而是非政府组织成为人与人之间连接的纽结。特别值得指出的是，参与各种非政府组织的行为本身存在着介入方式、密切程度上的差异。有的人选择了直接参与的方式，在各种非政府组织中根据所在非政府组织的宗旨从事公益性服务活动，这又因组织性质和形式以及服务时空范围而有所不同，有的非政府组织往往拥有数量众多的直接参加者，例如各种体育活动的"fans"协会，而另一些非政府组织由于存在专业技术、经济条件、家庭背景等方面的因素，致使直接参与者在人数上受到限制。而在社会生活的实际进程中，大多数人参与非政府组织多选择的是间接参与的方式，以此为各种公益性事业服务，所谓间接的参与方式主要是为各种非政府组织无偿提供财政和物质援助，尽管其中个人的能力存在着巨大的差异，但这并不妨碍他们表达出性质完全相同的关注公益的精神，我们可以把它称为公共精神。

这两种人与人之间的联系不仅在现实生活中实际大量发生着，而且从发展的未来趋势上看，它们的共同存在并不具有内在冲突的必然机制，因为它们之间存在着共同的基础，即不论是追求私人利益还是公共利益，都不是借助于强制力量，而是立足于个人发自内心的自愿。正是由于这两种公民参与网络体现是真实而非虚假的人性，更注重人的生存和发展之二重需要，把人类特有的现实性和理想性结合在人们的社会生活过程中给予展现，因此可以认为，私益联系是一种存在于人与人之间基本的现实联系，而公益联系则是存在于人与人之间的理想状态。第二种公民参与网络的产生，使人们超越第一种公民参与网络即"把赚钱看做是人人都必须追求的自身目的，看做一项职业"的纯粹市场化公民参与网络成为可能，因为通过非政府组织参与公共利益的维护和积累，参与者在主观心理上的自愿性质，获得的是一种更高境界上的自我实现，从而使仅仅以个人私人利益为核心的公民参与网络被赋予了工具性质，而不是唯一的价值目标。对人类活动来说，意义追寻才是深藏于内的原始动力，以个人私利为单一的价值选项的公民参与网络，仅仅对于基本的生存还不能得到保障的人们而言才是可能的，但也并不是绝对的。那么，在私人利益这个价值目标之外则恰恰为人性中这种复杂的需求提供了满足的可能性空间，如果仅仅停留于这个层次上理解人们的意义追求，还是非常表面化的。通过非政府组织参与公共利益更深刻的地方在于，参与者在很大程度上是以奉献或者无偿转让自身的利益为代价，因此超越自我权利才是这种公民参与网络的实质。

自愿而不是强制地以私人利益增长公共利益的公民参与网络，前提是个人的独立性和自主性不能被危及甚至消解，效果是人与人之间的横向联系中互助性质在不断强化，罗伯特·D. 普特南把这种社团看做是"合作的社会结构"，因为"从内部效应上看，社团培养了其成员合作和团结的习惯，培养了公共精神"[①]。他把这种看法建立在托克维尔的如下理论基础之上:"人只有在相互作用之下,才能使自己的情感和思想焕然一新,才能开阔自己的胸怀,才能发挥自己的才智。"[②]确实,公民参与网络虽然凸显了社会生活中本身固有的整体性质,但是并不把个人定格在由权力界定的等级框架中,自主独立的个人构成社会生活的基础仍然得到法治的维护。在公民参与网络所构成的社会图景中,能够经验到的不仅是个人,而且也有把个人聚集在一起的社团。在精神实质上,人与人之间没有复归等级,也不仅仅追求权利,而是以自由、平等、博爱的融合为圭臬,实现整个社会生活的多元化中的和谐共存。

三、公民社会需求社会资本中的公共精神

对一个真正的、健全的公民社会来说,它不仅体现为一种独立于国家之外的自主社会空间的形成,而且更根本的是在这种自主社会空间中,促成人们合作行动达成的能力,而这种相应的能力需求社会资本中的公共精神。对公民社会公共精神的强调,普特南是一个典型的代表,他认为,公民社会作为一个公民共同体,其实质含义是:(1)公民的参与。公民共同

① [美]罗伯特·D.普特南:《使民主运转起来》,王列、赖海榕译,江西人民出版社2001年版,第102页。

② [法]托克维尔:《论美国的民主》下卷,董果良译,商务印书馆1988年版,第638页。

体的公民身份首先是由积极参与公共事务来标示的。同时,公民参与追求的是在更广泛的公共需要背景下的自我利益,有远见的而非短视的自我利益,有助于促进他人利益的自我利益。(2)政治平等。公民共同体里的公民身份要求所有人拥有平等的权利、承担平等的义务,内部成员之间的联结纽带是互惠与合作的横向关系,而不是权威与依附的垂直关系。(3)团结、信任和宽容。尽管公民共同体里的公民在具体事情上的意见并不一致,但是有美德的公民还是乐于助人的、相互尊重的和相互信任的。(4)合作的社会结构即社团的存在。公民共同体的规范和价值体现在重要的社会结构和社会实践里,而且也由于它们而得到加强。① 在普特南的市民社会概念中,他尤其强调了公民社会中由公民社团培育出的、在密集的参与网络中表现出来的广泛合作的精神。而美国社会学家爱德华·希尔斯(Edward Shils)也认为对一个秩序优良的公民社会来说,公共精神、公民认同的存在同样是至关重要的。在他看来,若无最低限度的公民认同,公民社会的机构或制度就不可能运作。②

不仅发达的经济与清明的政治对于公民社会的良好运行来说是必不可少的,作为社会资本重要组成部分的公民参与网络和在公民参与网络中培育出的公共精神也是公民社会所必需的。概而言之,公共精神是由平等精神、自治精神、参与

---

① [美]罗伯特·D.普特南:《使民主运转起来》,王列、赖海榕译,江西人民出版社2001年版,第100—103、195页。

② 邓正来、亚历山大:《国家与市民社会》,中央编译出版社2002年版,第33页。

精神、宽容精神和妥协精神共同构成的。

1. 平等精神。公民参与网络是以拥有一定平等观念的自由的社会成员所组成的社会关系为基础的，因此，公民参与网络中首要的精神便是平等精神。平等是指人们相互间的相同性。它“表达了相同性概念……两个或更多的人或客体，只要在某些或所有方面处于同样的、相同的或相似的状态，那就可以说他们是平等的”①。平等精神首先体现了作为个体的人的基本尊严，确认了每个社会成员的基本权利。马克思指出：“全部人类历史的第一个前提无疑是有生命的个人的存在。”②正是由这无数的个体才组成了社会。离开了个体，社会就无从谈起。而“作为人，我们都是平等的。我们作为个人是平等的，在人性上也是平等的。一个人，在人性和个性上都不可能超过他人或低于他人。我们认为，人（而不是物）所具有的尊严是没有程度差别的。世间人人平等，是指他们作为人在尊严上的平等。……人生而平等的说法是真实的只限于能够实际证实人与人平等这个方面。也就是说，他们都是人，都具有人种的特性，尤其是他们都具有属于人种一切成员的特殊性质。”③平等精神还体现在对社会成员基本权利的确认。正如《世界人权宣言》所指出的：“人人生而自由，在尊严和权利上一律平等。他们赋有理性和良心，并应以兄弟关

① ［美］萨托利：《民主新论》，冯克利、阎克文译，东方出版社 1993 年版，第 340 页。

② 《马克思恩格斯选集》第 1 卷，人民出版社 1995 年版，第 67 页。

③ ［美］艾德勒：《六大观念》，郗庆华译，三联书店 1998 年版，第 200—202 页。

系的精神相对待。……人人有资格享受本宣言所载的一切权利和自由，不分种族、肤色、性别、语言、宗教、政治或其他见解、国籍或社会出身、财产、出生或其他身份等任何区别。"① 显然，平等理念的宗旨在于维护个体人的基本尊严与权利，为个体人的基本生存和正常发展提供最基本的保证。

在社会生活中实现平等是社会正义与社会和谐的主要保障。马克思在《德意志意识形态》一书中有这样一段著名的论断："我们首先应当确定一切人类生存的第一个前提，也就是一切历史的第一个前提，这个前提是：人们为了能够'创造历史'，必须能够生活。但是为了生活，首先就需要吃喝住穿以及其他一些东西。"②这就是说，所有的人们结成社会都有两个根本的目标，一是生存，二是发展，而只有正义的社会才能维系社会的良好生存与发展。然而，当人们生产了满足需要的物质生活资料，却不能进行起码的平等分配，就会失去社会正义，危及人的生存与发展。因此，人类社会为了生存就必须维持起码的平等，保障社会良好运行。人的发展也就是"创造历史"更需要平等，即每个人都享有和其他所有人同样的自由体系相容的、最广泛平等的基本自由体系的平等权利，而且社会和经济生活中必需的不平等也应该这样加以安排：首先要适合于最少受惠者的最大利益，其次要在公平的

① 联合国：《世界人权宣言》，载冯林主编：《中国公民人权读本》，经济日报出版社 1998 年版。

② 《马克思恩格斯选集》第 1 卷，人民出版社 1995 年版，第 78—79 页。

机会平等的条件下，使所有的职务向所有人开放。① 在任何一个社会中，人们的生存需要和发展需要都得到了平等对待，社会生活中的矛盾冲突才会被最大程度地降低，只有社会成员的根本利益得到了保障，整个社会才能良好地生存与发展。

2. 自治精神。正义而和谐的社会应该是自治的社会。自治是指“人类自觉思考、自我反省和自我决定的能力。它包括在私人和公共生活中思考、判断、选择和根据不同可能的行动路线行动的能力。”②自治精神就是人们在主观上认为自己有这样的能力,而且在现实生活中也有这个需要。自治从根本上讲是现代社会的产物,在中世纪的社会状况和世界观中是不可能产生的。③ 由于仅仅看到社会中的管理机构运用禁止、命令、压服等权力展现出来的管理职能,而看不到它同时也是这个社会的向导或者舵手,因此很容易就得出结论:自治是一个自相矛盾的观念。包括如著名的《论自由》一书的作者约翰·密尔等思想家都这样认为。“但从指导方面的意义来理解这个词时,就会含有决定政策、目标引导社会生活的

① [美]罗尔斯:《正义论》,何怀宏等译,中国社会科学出版社 1988 年版,第 56 页。

② [英]戴维·赫尔德:《民主的模式》,燕继荣等译,中央编译出版社 1998 年版,第 380 页。

③ 欧洲中世纪封建社会时期农民对领主严重依赖,出现了农民主动请求委身于领主的情况,这可以从法兰克王国时期这样一份请求委身文件得到说明:“我因衣食缺乏,无以为生,请求大人本笃信上帝之虔诚,与慈爱为关怀之善心,准许我委身于大人之监护之下。”见《世界通史参考资料选辑》(中古部分),商务印书馆 1964 年版,第 29 页。

意思，社会的治者可能是少数，也可能是多数。全社会的所有成员都来参加指定共同追求的目标，原则上是可能的。如果所有或者大多数成员的确参与这一任务，我们完全可以把这种社会称为自治的。”①当然，公民的自治精神也是可能的和必要的。是否具有自治精神，不仅对人们参与社会公共事务的主动性和积极性产生影响，如果对自身的自治能力缺乏足够的信心，出于自保面子的需要一般都会丧失参与意识，选择远离公共事务；而且也会影响到与其他社会成员的合作态度，人与人之间进行合作，需要彼此信任的道德基础，其中特别包括每个人都对他人的自治能力的信赖，如果一个人断定他潜在的合作者存在着自治不能，这种合作就只能停留于潜在的状态，根本不会转化为现实的合作。在一个民主社会中，由于自治精神的现实表现形式就是对社会公共权力都采取一种审慎、怀疑的态度，对代替公民行使权力的官员就能够构成一种看不见的制约，促使官员为了保障自身利益，慑于可能丧失权力而进行必要的自我限制。即使有了对权力进行制约的机制，如果缺乏这种自治精神，这些制约权力的机制也不能被激活，依然不能发挥彻底的作用。

3. 参与精神。参与精神是指公民对政治所持的参与愿望、信念和对公共事务所抱有的关心态度。和谐、民主的社会要求现实社会中的公民对该社会的公共事务持主动关心、积极参与的态度，而不是秉持一种与己无关的超然之态冷漠以对。公民的参与精神和参与意识在本质上是一种主体意识、

---

① ［美］科恩：《论民主》，聂崇信等译，商务印书馆 1994 年版，第 9 页。

民主意识，而民主的实质也可以像林肯那样做简明的描述——“民有、民治、民享”，其中的民治就是公民能够通过制度化的途径和程序普遍参与社会的政治过程进而实现对国家和社会公共事务的管理。社会尤其是现代社会的高度复杂性，决定其中的治理问题不是个别人或者某些精英人物的智力就能够应付的，需要最大限度地集中构成社会的人的智慧。但是，如果人们构成了社会但却对这个社会中的公共事务缺乏参与的自觉，或者这种参与的意愿因为外在原因被抑制，人们的创造性也不能得到最有效率的发挥。依据公民的参与意识是否被充分尊重，以及因这种意识激发出来的行动是否能够得到相关的制度保障，实际上可以形成两种层面上的社会和谐，即静态的和谐与动态的和谐。静态的和谐只不过是一种社会生活的表面宁静而已，人们对社会生活中的公共事务缺乏参与的热情，或者这种参与意识的正常渠道不健全甚至被拆除，没有公民参与意识的必要表达途径，实际可能蕴涵的则是巨大的冲突，将使社会生活陷入无序状态。列宁对此在理论上有深刻的认识：“只有在群众知道一切，能判断一切，并自觉地从事一切的时候，国家才有力量。”①其所以如此，是因为参与意识是否浓厚及其表达程度，更深层的意义在于直接表示个人在这个社会中是否具有了作为人的尊严，独立人格是否得到了承认。只有在参与意识得到充分表达的条件下，社会和谐才能在动态的过程中生成，进入一种符合人性，体现人的价值崇高的良性状态，避免历史曾经出现的治乱交

① 《列宁选集》第3卷，人民出版社1995年版，第347页。

替的恶性循环。

4. 宽容精神。一般说来,比较公认的关于宽容精神的含义主要有三个层次:①第一,宽容精神是一种对于"不守成规"的观念和行为的容忍精神。人类社会生活中许多重要的进步都是大胆违反成规的结果,在当时的历史条件下甚至可能是令人惊异或厌恶的,例如苏格拉底。"凡性格力量丰足的时候和地方,怪癖性也就丰足;一个社会中的怪癖性的数量总是和那个社会中所含天才异禀、精神力量和道德勇气的数量成正比的"②。能够给这些人以自由存在和发展的空间并且能够给予正面的评价,是宽容精神的根本标志。第二,宽容精神表现为容忍别人直接反对自己的信念和原则。真正具有宽容精神的人和社会是不会拒绝和压制这种反对意见的,因为每个人在理性上都是有限的,人们的认识不可能不具有相对性,没有人能够保证自己所代表的是绝对真理,既然如此,就很难证明别人的反对意见是完全错误的。更重要的是,"假如那意见是对的,那么他们是被剥夺了以错误换真理的机会;假如那意见是错的,那么他们就失掉了一个差不多同样大利益,那就是从真理与错误冲突中产生出来的对于真理的更加清楚的认识和更加生动的印象"。因此,我们既不能一劳永逸地确信我们所力图窒息的意见是一个谬误,即使能够确信,试图窒

① [美]科恩:《论民主》,聂崇信等译,商务印书馆 1994 年版,第 188—191 页。贺来:《宽容意识》,吉林教育出版社 2001 年版,第 1—7 页。

② [英]约翰·密尔:《论自由》,程崇华译,商务印书馆 1959 年版,第 72 页。

息这个谬误也仍然是一个罪恶。① 不能容忍别人直接反对自己的信念和原则,实际上就是堵塞了通向真理的道路。第三,宽容精神还体现在对人的弱点,包括人的软弱、愚蠢、庸俗之处的容忍。人性中的这些弱点存在于任何人的生存状态中,不论是帝王将相还是普通平民都概莫能外,差别仅仅在于程度不同而已。正如伏尔泰所说,我们人类全都是由弱点和谬误塑造而成,让我们彼此宽容各自的愚蠢,这是大自然首要的法则。只有当人与人之间、人与社会之间真正具备了宽容精神,我们生活于其中的社会所实现的和谐才是多元的和谐,而不是一元的和谐。没有在整个社会的各个领域形成宽容精神,人们终究不能实现对社会生活的深度参与,也不可能塑造公民的自治精神。

5. 妥协精神。所谓妥协,是人们在社会的互动关系中为了增进各方利益以及整个社会的利益而采取的让步,与对抗一样,妥协是一种解决人们之间矛盾冲突的方法。在中国传统文化中的“和为贵”、“中庸之道”、“己所不欲,勿施于人”等思想,都包含着妥协的意思。一个社会究竟是多采用对抗的方式还是以妥协的方式来解决各种社会矛盾冲突,往往取决于社会本身是封闭的还是开放的。在封闭的社会中,妥协方式解决不可能成为解决内外冲突的方式,对内部社会冲突而言,妥协就意味着容许其成员中每一个人都可以有不同于共同目标和追求的合法存在,这实际上将瓦解这个社会本身,

---

① [英]约翰·密尔:《论自由》,程崇华译,商务印书馆 1959 年版,第 17 页。

就外部冲突而言，妥协则会加剧内部的冲突和对抗的升级，直接动摇内部的团结和统一，其结果是完全一样的。以妥协的方式解决各种社会矛盾冲突，是开放社会主要的选择，社会的开放性使人们意识到，要寻找到一种人人满意的办法解决各种社会矛盾冲突不仅是不可能的，而且“如其中一部分要消灭另一部分，这个社会即不可能继续团结一致进行有效自治，因为胜利者与失败者不可能同在一个名副其实的社会。如果各对立方认为不妥协地维护其势不两立的立场，比维护他们同在的社会更为重要，这个社会就必然要毁灭。”①人们具有妥协精神的必要性还在于，如果社会生活中产生和存在的各种矛盾冲突关系被看做一种博弈关系，可供选择的结果只能有三个：负和博弈、零和博弈以及正和博弈。前两种结果要么是双方利益都减少，两败俱伤；要么是一方吃掉另一方，一方所得正是另一方所失，整体利益并没有增加。只有在正和博弈的情况下，各方利益都会增加，至少没有一方的利益会受到损害，因而整个社会的利益是增加的。可见，要达到正和博弈，妥协就成为不二选择。更重要的是，社会的开放性也改变了封闭社会中人们活动的可能性空间极其狭窄的状况，使人们在一个领域是对手，而在另外的领域则会成为合作的盟友，就眼前的矛盾达成妥协，使继续合作和调整成为可能。以对抗的方式解决矛盾冲突，可能是有效率的，但由于社会中的人们统一朝一个方向前进的可能性几乎为零，它表面的壮观掩

① ［美］科恩：《论民主》，聂崇信等译，商务印书馆1994年版，第185—186页。

盖的往往是日益加剧的愤怒和不满，整个社会的基础也日益不牢。如果“内部冲突的解决可以无须要求任何人作出不可忍受的牺牲，或强加的不可忍受的不公平。解决的办法只能通过妥协。”①因此也可以说，只有当人们都具有必要的妥协精神时，我们建构的才是开放的和谐社会，而不是封闭的和谐社会。

① [美]科恩：《论民主》，聂崇信等译，商务印书馆 1994 年版，第 185 页。

第四章 社会资本与公共利益的实现

确保公共利益的实现是追求正义、和谐的现代社会所必需的价值追求,因此公共利益的实现始终是众多理论活动关注的焦点。丰富的社会资本,社会成员间的信任、互惠规范能促进人际间的合作,而公民参与网络体现出来的公共精神有助于提高社会成员的集体行动参与意识和奉献精神,以解决集体行动的问题。因此,社会资本理论作为一种解释范式为公共利益的实现问题开辟了一新的视角。

一、公共利益及其集体行动的困境

奥尔森在为桑德勒《集体行动》一书的序言中写道,所有的社会科学研究范畴,几乎都是围绕两条定律展开的,第一条定律是“有时当每个个体只考虑自己的利益的时候,会自动出现一种集体的理性结果”;第二条定律是“有时第一条定律不起作用,不管每个个体多么明智地追寻自我利益,都不会自动出现一种社会的理性结果”①。因此，如何使社会成员的合作行为走出集体行动的困境，去追求公共利益，一直是人们颇感困难的问题。

（一）何谓“公共利益”

公共利益是指满足社会群体中全体成员或大多数成员的需求、实现他们的共同目的、代表他们的共同意志、使其共同享益的一类事务。公共利益面向社会上所有的人，对社会的每一个成员提出要求，提供价值；公共利益应独立于个人或团体的利益偏好，不以他们各自不同的利益需要和价值目标为转移。20 世纪 80 年代美国社群主义主要代表迈克·华尔采曾解释过公共利益。他说，所有最古老的人类社群如军营、寺庙、作坊和城镇，最初的形成都是为了某种共同的利益。社群所提供的公共利益形形色色各不相同，但无非“安全”和“福利”两大类，所以，可以把各种人类社群看做是“安全和福利的场所”。人类各种社群之间之所以千差万别，部分地也是因为它们所能提供的社会利益不一样。所以，社群为其成员提供利益的方式直接体现了人类的各种不同社会制度。② 公共利益可分为两类：一类是非产品形式的公共利益；另一类是产品形式的公共利益。产品形式的公共利益是一目了然的，如各种各样的社会福利。而非产品形式的公共利益则较为复

---

① 苏长和：《全球公共问题与国际合作：一种制度的分析》，上海人民出版社 2000 年版。

② ［美］沃尔泽：《社群主义者对自由主义的批判》，载《政治学理论》1990 年 2 月第 1 期，第 6—23 页。

杂,英国社群主义的杰出代表戴维·米勒曾对此做了专门的解释。他指出,社群主义所说的非产品的公共利益有三个基本特性。首先,这种物质利益不可能只提供给社群中某个人,而不提供给其他人。即当把它提供给某个人时,它必然同时也自动地为同一社群的其他成员所享有。例如,街道卫生就是这样一种公共利益。其次,这种利益具有相关性,即它不仅有利于某个人,而且有利于与他相关的许多人。例如,企业中某些民主管理规则的受益者不是某个工人,而是全体工人。最后,这种公共利益还涉及某些基本的人际原则,如诚实、无私、奉献等。①

公共利益具有三个特点:第一,公共利益是具有消费不排他性的相容性利益。这意味着公共利益不是由某个人专门享有的,其他个人也可以享有,增加新的受益者并不会减少原有受益者的利益。比如,洁净的空气、稳固的国防,都具有这种相容性。第二,公共利益具有不可分性。也就是说,"公共利益所具有的数量不能像私人利益那样被划分,不能由个人按照他们的偏爱多要一点或少要一点"。"有许多个人要求或多或少的公共利益,但是如果他们都想享有它,那么每个人就必须享有同样的一份。"②第三,公共利益的供给具有一定的外部效应(Externality)。公共产品在生产和消费过程中,可能会给社会其他成员带来一定的利益。比如,某人因在自己的

---

① 俞可平:《当代西方社群主义及其公益政治学评析》,载《中国社会科学》1998 年第 3 期,第 111 页。

② 茅于轼:《中国人的道德前景》,暨南大学出版社 1997 年版,第 62 页。

花园中种植花草而使邻居受益,注射传染病预防针的人既有助于自己也有助于他人。公共产品的消费越是普遍化,这种外在利益越会加大。反之,公共利益受到损害,不会仅是一个人受到损害,而是同一社会的其他人也受到损害。如工业对自然环境的污染和侵蚀就是如此。公共利益的这些特性导致了集体行动的困境,引发个人的"搭便车"动机:公共利益的增加或减少反正不会直接使我个人的利益比别人更多或更少,所以我个人对公共利益的奉献常常显得无多大价值,还不如让别人去做奉献,自己则坐享其成。

因此,公共利益的实现可以归结为对集体行动问题的克服。

(二)集体行动的困境:公共利益的实现问题

个人自私的行为并不一定能够,而且在许多情况下显然不能够在亚当·斯密的"看不见的手"的指引下产生最佳的社会共同结果,也不能在国家权威的指令下使个人理性产生出集体理性。因此,合作危机的出现似乎在所难免。而对这一断言,有三个影响最大的分析模型:公共地的悲剧、囚徒困境博弈和集体行动的逻辑。

1. 公共地的悲剧

由于这一模型是由哈丁(Darrit Hadin)于1968年发表在《科学》杂志上的"Tragedy of Commons"中提出和建立的,因此也被称为"哈丁悲剧"。哈丁认为公共地的悲剧是以这种方式发展的:想象一块对所有人都开放的草地,在这块公共地上每一个牧人都会尽可能多地放牧他的牲畜。由于人类学会了计算,对公共地的出于本能的逻辑思维就会产生无情的悲剧,因为作为理性人,每一个牧人都期望他的收益最大化。不管直白还是隐晦,他或多或少地都会问:给我的牧群多增加一头牲畜,对我来说有什么效用?这个效用既有正面的也有负面的影响。

第一,正面的影响是使牧群总量增加了。因为这个牧人能通过变卖这头额外的牲畜得到全部的收益,所以效用几乎能达到+1。

第二,负面的影响是由这额外的一头牲畜所引起的过度放牧。因为过度放牧是由所有的牧人承担的,所以对这个牧人的任何特定的决定而言,其负面效用只是-1的一小部分。

将所有的影响因素进行计算,理性的牧人就会得出结论:对于他来说,使他的牧群多增加一头牲畜显然是个明智的选择。但是其他每一个共用这块草地的理性的牧人也会得出同样的结论,所以悲剧就不可避免地要发生。这一机制迫使每一个人都无限制地在这个有限的世界上增加他的牲畜数量。在一个信奉公共地自由使用的社会里,每一成员都追逐他自己的最佳利益,终将会使毁灭成为所有的人最终的结局。

实际上,哈丁并不是第一个注意到公共地的悲剧的人,早在古希腊,伟大学者亚里士多德就指出:"凡是属于最多数人的公共事物常常是最少受人照顾的事物,人们关怀着自己的所有,而忽视公共的事物;对于公共的一切,他们至多只留心到其中对他个人多少有些相关的事物。人们要是认为某一事物已有别人在执管,他就不再去注意了,在他自己想来,这不是他对那一事物特别疏忽;在家庭中,情况正是这样,成群的婢仆往往不如少数侍从得力。”①但亚里士多德没有进一步从忽视公共的事物推论出将会在社会生活领域中产生悲剧性的后果,因为在他看来,毕竟人与人之间是互相依存而又互为限制的,任何人都不能任性地行事,这实际上对每个人都是有利的。这只是在霍布斯关于自然状态的理论中才被描述为一种颇为恐怖的模型:在自然状态下,因为人的状况是一种每一个人对每一个战争的状况:在这种情况下,每一个人都是为他自己的理性所统治。凡是他所能利用的东西,都可以帮助他反对敌人保全自己的生命。因此,在这种情况下,每一个人对每一样事物都有权利,甚至对彼此的身体也有权利。根据埃莉诺·奥斯特罗姆的研究,早在哈丁发表其著名的文章之前十多年,就有学者对这一问题做了同样经典性的阐述。②

在哈丁那里,公共地具有比拟的性质,除了他所设想的公共草地之外,还涉及诸如环境污染、人口过度增长、军备竞赛、国际合作等,他认为,这些领域中存在的悲剧是不能靠技术手段解决的,如果一直试图仅从科学技术角度寻求解决方案,结果将会使情况变得更糟。而所谓技术手段就是一种仅在自然

① [古希腊]亚里士多德:《政治学》,吴寿彭译,商务印书馆1965年版,第48页。

② [美]埃莉诺·奥斯特罗姆:《公共事物的治理之道》,余逊达、陈旭东译,上海三联书店2000年版,第12页。H.斯考特·戈登在《渔业:公共财产研究的经济理论》中指出:“属于所有人的财产就是不属于任何人的财产,这句保守主义的格言在一定程度上是真实的。所有人都可以自由得到的财富将得不到任何人的珍惜。如果有人愚笨地想等到合适的时间再来享用这些财富,那么到那时他们便会发现,这些财富已经被人取走了……海洋中的鱼对渔民来说是没有价值的,如果他们今天放弃捕捞,就不能保证这些鱼明天还在那里等他。”

科学领域里作出某种技术性改进,而不求助于人类价值观或道德观方面的任何改变的手段。哈丁对解决问题的思路所提供的思考与建议是具有重要启示的,特别有必要把他的思路做进一步的引申。

2. 囚徒困境博弈

关于囚徒困境博弈的叙述,在众多的文献中都可以见到。但是埃莉诺·奥斯特罗姆教授把它从"哈丁悲剧"的思路进一步进行引申,对考虑公共资源的治理模型则更有意义。出于行文结构完整的需要,下面先对囚徒困境博弈做一叙述,再转述埃莉诺·奥斯特罗姆教授的引申工作。

以下囚徒困境模型是由梅里尔·弗拉德(Merrill M. Flood)和梅尔文·德里舍(Melvin Dresher)提出、阿尔贝特·图克(Albert W. Tuker)正式建立。

有两名嫌疑犯被带到拘留所分别看管。地方检察官确信他们犯有某项罪行,但是没有足够的证据给予证明。于是,检察官分别告诉这两名被囚禁的嫌疑犯,他们有两个选择:承认有罪或者不承认有罪。如果二人都不认罪,地方检察官将编造一些非常小的罪名如偷窃或非法持有武器对他们进行控告,他们所受到的处罚将会是轻微的;如果他们二人都承认了,将会按照他们所犯的罪行进行起诉,但是检察官会建议不给他们最严厉的惩罚;如果一人承认,另一个人不承认,承认的会受到宽大处理,而不承认的则会被加重处罚。① 我们假

① [美]埃莉诺·奥斯特罗姆:《公共事物的治理之道》,余逊达、陈旭东译,上海三联书店 2000 年版,第 13 页。

设两个被分别囚禁的嫌疑犯为甲和乙。以坐牢的年份为结果,可以将二人的博弈结果表述为如下支付矩阵:

乙 甲	不承认	承认
不承认	(2,2)	(10,1)
承认	(1,10)	(5,5)

埃莉诺·奥斯特罗姆教授假定在一块公共放牧草地的牧人为博弈对局中的对局人。对这块草地来说,可以供养的牲畜数量是有一个上限量的。在这个限度之内,牲畜经过一个季度的放养都可以达到膘肥体壮。假定这个数量为 L,在有两个人参加的博弈中,"合作"策略可以被认为是两个放牧人都放养 L/2 的牲畜。"背叛"策略则是每个放牧人都尽放养可能多的牲畜,只要出售这些牲畜能够获利(牧人的私人成本是既定的)。假定这个数量大于 L/2,如果两个牧人都把放养的牲畜数量限定在 L/2,他们将分别获得 10 个单位的利润。但是如果他们都选择背叛策略,则获得的利润为零。如果他们中的一人将放养牲畜的数量限制在 L/2 之内,而另一个则放养他想放养的数量,那么"背叛者"将获得 11 个单位的利润,"受骗者"获得的利润则是 -1。如果他们不能达成有约束力的协议,由每一方独立选择,他们选择的支配策略都会是背叛。① 显然这具有囚徒困境博弈的结构,但是在非合

① [美]埃莉诺·奥斯特罗姆:《公共事物的治理之道》,余逊达、陈旭东译,上海三联书店 2000 年版,第 14 页。

作的囚徒困境博弈中，对局人之间的交流是被禁止的或者根本是不可能的，所以对其中的对局人来说，出于自我利益理性的分析，都有一个支配策略，即不管其他参与人选择什么策略，对局人只要选择背叛策略，总会使他们的境况变得更好。而公共资源的利用与管理并不都是囚徒困境博弈的结构，对局人之间的交流并未被禁止，博弈过程也不是一次而是可能多次甚至无限重复的，互相达成具有约束力的协议是完全可能的。

3. 集体行动的逻辑

传统的集体理论认为，如果属于某一集团或者阶级的个人之间存在着共同的利益，而且他们都对此有所认识，那么该集团或者阶级就会团结起来为了他们的集体利益而奋斗。认为集团会采取行动以维护它们的集团利益想来是从理性的、寻求自我利益的行为这一被广泛接受的前提而做的逻辑结论。换句话说，如果某一集团中的成员有共同的利益或目标，那么就可以合乎逻辑地推出，只要那一集团的个人是理性的和寻求自我利益的，他们就会采取行动以实现那一目标。针对这种具有悠久传统的集体理论，美国当代著名经济学家、政治科学家曼瑟尔·奥尔森借助集体行动的逻辑证明它是一个错误的结论。

从一个集团中的所有个人在实现了集团目标之后都能够获得利益，并不能推出这个集体中的所有的人都必然会采取行动去实现那个对所有的人有利的共同目标，即使他们都是有理性的和寻求自我利益的。奥尔森分析到，在一个完全竞争的产业中，企业期望产品价格更高是存在共同利益的，由于在完全竞争的市场中总有一个占主导地位的统一价格,因此除非这个产业中所有的企业都提高价格,否则任何一个企业都不可能获得一个期望的更高价格。但是在一个完全竞争的市场中,企业同时还希望销售尽可能多的产品,只要生产一件产品的成本没有超出其价格,在这个意义上,企业之间不仅没有共同利益,而且利益是针锋相对的,因为其他企业卖得越多,特定企业的价格和收入就越低。所有企业对更高的价格有共同的利益,而对产出有相对抗的利益。这里存在的矛盾是显而易见的,为了提高价格就必须限制产量,而为了销售尽可能多的产品又必须尽可能地降低价格。在一个完全竞争的产业中寻求利润最大化的企业都会采取与它们的集团利益背道而驰的行动。为了防止价格在完全竞争的市场过程中下跌的一个有效的办法是外部干预,但问题在于如何获得政府的帮助以维持产品的价格。为了从政府获得这类帮助,这一产业的生产者不得不成立一个游说组织并进行相当规模的游说活动,这种游说活动的开展需要一大笔钱,也要耗费大量的时间。这两个事例中存在着相似之处,要一个生产者为提高产品价格而限制其产量是不合情理的,而要一个生产者牺牲时间和金钱来资助其所在的产业的游说集团,以便获得政府的帮助维持产品的较高价格同样是不合情理的,因为他知道由他个人努力实现的共同利益,他本身只能获得其中极少的一部分;并且如果有其他的生产者为此作出了努力并实现了共同利益,这个生产者也是不会被排除在外的,同样可以享受到由他人创造的共同利益的一部分。这种情况也适用于大型组织中的个人。当然,集团越大,其中的个体就更不可能去增加它的共同利益。因此,奥尔森所要证明的结论是:"除非一个集团中人数很少,或者除非存在强制或其他某些特殊手段以使个人按照他们的共同利益行事,有理性的、寻求自我利益的个人不会采取行动以实现他们共同的或集团的利益。换句话说,即使一个大集团中的所有个人都是有理性的和寻求自我利益的个人,而且作为一个集团,他们采取行动实现他们共同的利益或目标后都能获益,他们仍然不会自愿地采取行动以实现共同或集团的利益。"①

以上三种分析模型在本质上是一致的:集体行动存在着困境,实现公共利益并非轻而易举。中国古代"三个和尚没水喝"、"滥竽充数"的故事,俗话中的"众口难调",古典经济学中的"劣币驱逐良币",安徒生童话中的"皇帝的新装",实际上说明的也是集体行动困境的问题。

二、公共利益的传统解决思路

综合前人关于实现公共利益的传统路径方面的思考,概括起来主要有两条途径。

其一,政府。政府作为社会公众的代表,在促进公共物品的改善,实现公共利益的过程中具有责无旁贷的作用。20世纪中叶美国著名政治学家戴维·伊斯顿认为,任何社会存在

① [美]曼瑟尔·奥尔森:《集体行动的逻辑》,陈郁等译,上海三联书店、上海人民出版社2003年版,第2页。

的基本条件是确立一些机制，以便作出权威性的决议来规范各种利益的分配。① 人们的社会性活动需要稳定的秩序，否则行动者的机会主义倾向就难以制约；如果人人都想通过“搭便车”的办法来享用公共利益，整个社会就会处于无序状态。政府制度的显著特征是它对一切人的要求具有权威性，且其权威的运用具有强制性。在公共利益的实现过程中，政府制度的权威性和强制性在于提供一种制度环境，形成公共物品供给秩序；同时对非竞争性的公共利益，包括有形的(如国防等)和无形的(各类规则等)通常由政府来提供。依据霍布斯的国家理论，独立从事防卫活动的个人会在武器和监视装置上过度投资，继而不断生活在恐惧之中。如果统治者具有使用武力的垄断权，便能采用强制作为组织各种生产集体利益的人类活动的基本机制。这时的政府，则以“超自然人”的方式具有“公仆人”的行为特征，②即政府作为一个整体，其职能是充当人民的“公仆”，实现社会的公共利益。政府以公共供应的方式实现公共利益，一方面是因为，对某种特定的商品的使用进行收费是不可能的，或是耗费极大。即是要把没有贡献的人排除在外也是不可能的或成本要远远高出收益。当然，这与可获得的技术有关。如果有了花费不太高的技术能够确定某人使用某种产品或服务的数量，收费就成为可能了。例如，就接收电视节目来说，如果有了从外部能够确定某

① 唐士其：《西方政治思想史》，北京大学出版社 2002 年版。

② 杨宇立、薛冰：《市场公共权力与行政管理》，陕西人民出版社 1998 年版。

人是否在接收的技术,电视节目的发送就可以由公共利益变成以市场交换的方式供应的私人利益。但是有些物品或服务无论怎样排除都是困难的,如国防。另一方面,有物品或服务虽然在技术上进行排除并不是不可能的,但是从效率的角度考虑通过价格来控制其使用也是不理想的。从需求方面来说,如果对一种物品或服务的需求是高度无弹性的,定价对使用几乎没有什么影响时,这种物品或服务就可能成为公共供应的。不过公共供应更多地是从消费的角度来考虑,即一个人的使用并不会使他人能够消费的数量减少。此外,政府提供公共供给的第三种理由与政府追求的目标有关,如提高公民的福利水平或缩小收入差距等。如果政府认为教育可以降低财富占有上的不均等,或将每个公民都要接受某种最低水平的教育本身就看做是应该追求的一个目标,政府都会把教育作为公共供应的物品。

政府促进公共利益实现的这一职能是市场机制和其他各种类型的非政府组织所不能替代的。政府存在的目的,是为各种不同利益的实现提供途径,提供一个对这些利益的竞争性要求进行协调的场所,创设和保护一个开放性的公共领域,提供包括集体安全和各种社会福利在内的多种多样的公共物品,为公共利益而对市场进行规制……①但是,政府并不是无所不能的。政府只能对涉及国家主权、国家发展的公共事务(国防、重大公共建设项目等)进行实际管理和控制。因为,

① [英]安东尼·吉登斯:《第三条道路》,郑戈译,北京大学出版社、三联书店2000年版。

公共利益具有非竞争性，如公共利益的实现由政府垄断便会使其失去竞争所形成的外部压力，也失去了改善行政管理、提高行政效率的内在动力。同时政府缺乏成本的内在压力，普遍具有预算规模最大化的倾向：当给定政府产出时，政府可能使用较多的资源，造成资源浪费；政府也往往会不顾社会需求不断扩大供给，导致政府产出超出或不符合社会需求，浪费社会的资源。更严重的是，难以遏制的腐败行为、寻租现象严重损害政府的效率。腐败行为在根本上是利益行为，公职人员的行政管制权力具有对有价值的公共稀缺资源进行权威性分配的功能，因此，行政权力极易诱发寻租现象，从而严重破坏社会资源的优化配置，导致国家财产流失。20世纪中叶美国经济学大师、诺贝尔经济学奖获得者约瑟夫·斯蒂格利茨曾指出，有效率的政府管理本身就是一种最重要的公共物品，因为我们都能从一个好的、有效率的、反应灵敏的政府那里得到好处，要排除任何一人从有效率的政府得到益处是很困难的，而且是不合理的。政府所提供的并不能满足所有社会成员的公共需求，政府无偿提供所有的公共物品也并不能实现公共物品供给的"帕累托最优"，无法实现所有的公共利益。

其二，市场。公共利益的市场供给，缘于现实世界中的"政府失灵"。由于政府系统缺乏明确的绩效评估制度，其成本和效率较私人部门难以测量。再者，尽管政府是"公仆"，但官员本身也是理性的"经济人"，在公共物品的政府供给中也难免存在特殊利益集团的寻租现象。因此，政府实现公共利益在某种程度上是一个政治过程，其交易成本甚至比市场制度昂贵，这表现为现实中政府的种种政策失败。在这种情况下，政府作为公共利益的唯一供给者就失去了合法性的依据。公共利益的市场供给动力，来自营利组织和个人的“经济人”动机。市场机制的本质是不同的市场主体以自愿交易的方式实现各自利益的最大化。即使是非排他性的公共利益，在一定程度上也有竞争，也具有一定程度私人物品的性质，“经济人”驱动下的市场机制供给便有了其人性基础。公共利益市场供给的必要还来自于现实中的消费者对公共物品的超额需求。现实中的部分消费者对公共物品的需求，具有一定的超前性或超额性。对于超额需求，无法通过政府提供来满足，因为政府所供给的公共物品只能提供一种基本的公共利益平台，满足社会全体成员或大多数成员的最基本的公共需求。由于部分成员对于某些公共物品需求的超额性，他们无法通过政府所提供的基本公共物品来满足，因而他们就会通过市场交易方式来满足其超额公共需求，这就为营利性组织通过市场供给这类公共物品提供了现实可能性。在超额需求的诱导下，在“经济人”动机的驱动下，营利组织通过市场机制，既满足市场中的某些超额公共需求，弥补“政府失灵”所造成的供给不足，也能够通过满足市场需求来实现企业的利润。

但是，市场经济的运行必须遵守“看不见的手”的市场规则。“看不见的手”范式经斯密创立，由新古典经济学家瓦尔拉斯和帕累托完善发展后，形成了现代福利经济学中著名的第一定律。在这个被日益精细化的范式中，不存在外部性、完全竞争、经济信息完全对称、生产规模收益不变、不存在交易成本和交易主体完全理性。但是，现实中根本不存在这些约束条件，事实上在现代市场中，生产者之间、生产者与消费者之间存在着严重的信息不对称，生产和消费过程普遍存在着外部性，交易费用大量存在，整个市场运行越来越偏离经典市场模式，福利经济学第一定律的条件很难实现，在"市场失灵"的情况下，公共利益是否能够实现其理想的效率，显然是有疑问的。同时，市场机制配置资源和供给物品之所以有效，是由于"看不见的手"对市场中的各种行为主体具有强有力的利益激励与约束。但是公共利益实现的最终目的是为了提供一种社会福利平台，以满足社会成员的公共需求。然而，社会成员由于自然禀赋的差异，不同社会成员在社会活动和市场交易中的能力是不同的。对于那些既无资本又无能力的弱势群体而言，他们往往无法通过市场机制获得必要的公共物品甚至私人物品，对这些人群的社会福利的改善，显然是市场机制不能有效解决的。

综上所述，在实现公共利益途径方面，不仅政府会失灵，市场同样也会失灵。因此，为了更好地实现公共利益，引入社会资本理论，寻求一种新的自律、自觉的公共利益实现机制，已成为一种必然。

三、以社会资本促进人际合作

事实上，能否实现公共利益，问题的关键在于社会成员之间能否为了他们共同的利益而进行社会合作。而人与人之间能否进行合作这个问题，从社会资本理论的角度看，则是另外的一种结果。

（一）人际合作的本质及其精神实质

合作在本质上是对个体主义与整体主义的超越。所谓合作是指不同的行动者为了共同的目标而进行的协同活动，是一种既有利于自己，又有利于他人的使结果得以实现的行为或意见。美国社会学家戴维·波普诺认为："合作是指这样一种互动形式，即由于有共同的利益或目标对于单独的个人或群体来说很难或不可能达到，于是人们或群体就联合起来一致行动。正如功能主义理论所强调的那样，在广义上讲，所有社会生活都是以合作为基础的，如果没有合作，社会不可能存在。"①而在社会生活中，一个人只有与他人合作才能生活得更容易、更幸福，远比仅凭自己的努力创造的生活要好得多。"每一个人在某一个时间只能运用一种主要的官能；或宁可说，我们的整个本性允许我们在任何特定的时间从事某种单独形式的本能活动。因而从这里可看出，人命定地只能得到部分的营养，因为当他使自己的力量向复杂多样的对象时他只使这些力量衰弱。但是通过努力把本性的独特的通常只是分别地运用的官能联合起来；通过把一种行动的行将熄灭的火花，在他的生命的每一阶段和那些未来将燃亮的火花合乎本能地协调起来，并努力地提高和增加他所运用的那些能力；通过和谐地把它们联合起来而不是为了分别地运用它

① ［美］戴维·波普诺：《社会学》，李强等译，中国人民大学出版社1999年版。

们而寻找单一种类的对象,人就能避免这种片面性。就个人的情况而言,通过把过去、将来同现在结合起来所获得的东西,是在社会中通过不同成员的相互合作而产生出来的。因为,在每个人的生活的各个阶段中,他只能获得表现着人类特性的可能面貌的完美发展中的一种发展。因而正是通过以社会成员的内在的需要和能力为基础的一种社会联合,每一个人才能分享所有其他的人们的丰富的共同资源。"①这里所说的合作不是指具体操作意义上的某一次或几次合作,而是作为一种总体意义上的价值取向或价值观,作为一种合作意识,代表一种合作精神,内化于行动者自身,一经形成就引导着行动者有选择地进行活动,它是影响人际关系和谐稳定的一个非常重要的规范。

合作之所以成为制约人际关系的规范,是因为在合作规范指导下的互动行为能够超越个体主义和整体主义这两种互动模式的局限。个体主义的互动模式包含着这样一种行为取向:个体是先于他人和社会的,集体和社会是由个体组成的,离开了个体和个体的行为,人际互动所形成的团体活动和社会活动便不复存在。因此,从个体取向的角度能给出对社会现象的最好解释。以个体主义为取向的互动模式在行动中以自我为中心,只从个人的角度来做人并作出抉择,不顾及他人的利益,很少考虑自己的行为对他人的影响,非常崇尚自己的

① [美]约翰·罗尔斯:《正义论》,何怀宏等译,中国社会科学出版社 1988 年版,第 526—527 页的脚注。它出自 J. W. 伯罗编:《国家行动的限制种种》,剑桥大学出版社 1969 年版,第 16—17 页。

力量，行动上自我依赖，对成功的评价很高。由个体主义互动模式所形成的人际关系可以是恒常不变的，也可能是短暂的、不稳固的，但都有一个共同的特点：不具有亲密性。行动者双方既认识到他们之间关系的非亲密性，又有通过互动获取个人利益的欲望，其互动所以能进行的基础是双方对这种关系特征的认识，每一方都认为对方不会关心自己，只有自己对自己负责。自我取向者倾向于采取竞争策略，只是迫于形势才有可能作出让步，放弃竞争策略而采用合作策略。由于行动者以最大限度地满足自己的愿望为目的，故人际互动中的欺骗成为不可避免的常见现象。相互间的欺骗一方面助长了行动者之间的不信任感，同时也阻止了双方消除疑虑的可能性。由于在人际互动中贯穿着欺骗，由于行动者皆欲获取最高利益而全然不顾他人，因此，必然会造成人际争执、分裂。每一个体倾向于以一种彼此分离的、孤立的、封闭的单子式的生存方式而存在，对物欲与功利的追求被视为人类的本性，共同的价值取向被否定，行动者尤其强调即时的回报，认为自己在达到目标过程中所获得的个人收益应该超出其他人，力图以最小的代价获得最大的利益。"在个人主义的社会里，人们和许多不同团体间的关系较为疏远，服从性、合作度或社会支持都比较少，关系主要局限在朋友或配偶之间。"①极端的个体主义互动模式，容易使群体产生内耗，这种互动模式是一种典型的短期行为。这种个体主义的互动模式是一种"倾向于自

① 爱歇尔·安格拉：《合作：社会活动的基石》，台湾巨流图书公司1996年版，第114页。

我保护、自我主张、自我扩张”的行为，西方社会的人际互动模式在某种程度上说，具有这种个体主义的思想模式和思维定式。随着全球化和信息化时代的来临，人际联系的增多和人际交往的日益普遍化，再以这种模式来处理人际矛盾是难以行得通的。哈贝马斯看到晚期资本主义的现状，认为工具理性导致了正常的人际交往结构的破坏，以个人主义为本位的资产阶级伦理原则摧毁了人际交往的和谐基础，造成人对人的统治。因此，他倡导交往对话，“在交往行为中，人与人之间的关系，不像策略行为那样互为客体，而是互为主体，他人在自我眼中不是竞争对手，而是相互依赖的伙伴”①。他极为关注不同民族国家、不同文化之间的联系、交流与合作，关注多边主义的合作，希望通过交流理解中的合作，超越个体主义互动模式的局限。

与个体主义互动模式相反，整体主义取向的互动模式常常考虑自己对他人的影响，重视和谐的人际关系，努力避免冲突。尽管个人是社会的主体，个人活动形成社会，但社会一旦形成便产生了新特征，这些新特征反过来塑造了个人意识和个人行为，因此，只能从社会的角度才能给出对个人行为的最好解释。整体主义取向者强调整体的价值和成员的共同的努力，在分配观念上更倾向于平均原则是公正的。然而，整体主义互动模式仍然有着不可克服的局限性。正如涂尔干所形容的早期社会形式是机械式的，仅仅由于他们的同种族性而聚

① 汪行福：《走出时代的困境——哈贝马斯对现代性的反思》，上海社会科学院出版社2000年版，第212页。

集在一起,并且为压制式的刑法、律法所控制,“强烈而独立的集体意识表现为繁多的礼俗仪式,它们规范着成员的一举一动,对偏离规范的行为毫不宽容地严加惩处,没有给个人意识或个性留下任何发展地盘。在极端的情况下,集体意识可能完全淹没社会成员的个性,它渗透到日常生活的一切领域,给成员以全面的指导和控制,使个性完全丧失了发展的可能性。”①整体主义互动模式的局限性主要表现为:其一,整体主义强调个体必须以群体或整体为重,主要是强调个体的义务和责任,而不讲或少讲个人的权利。它使行动者总是倾向于忽略行动的能动过程,而强调社会结构对行动者的外部制约。个体总是被动地扮演社会或团体指派给他的社会角色,往往不能把自身的能动性、反省性、创造性和潜在的改造力发挥出来。正如列维-斯特劳斯所说:“行动者即使不是被迫,也是被推动着按照内在的密码系统行为。”②这种行为取向割裂了义务与权利应有的本质联系,走向个体对整体绝对义务的服从。因为如果脱离了群体,个人就不会得到任何保障,从而使行动者处于依附地位,毫无自主性和选择的自由,个体成为整体的附属品,人的个性发育、自由选择、个人利益受到很大的抑制。在这种大一统、一律化的集体及其活动方式中,一切以整体的名义,维持整体,依赖整体,最后却是拖累整体。整体本位会由于没有各个个体的生机与支持而处于勉强的敷衍状

① 贾春增:《外国社会学史》,中国人民大学出版社 2000 年版,第 140 页。

② 汪和建:《迈向中国的新经济社会学——交易秩序的结构研究》,中央编译出版社 1999 年版,第 66 页。

态。其二，追求整体利益必然导致只有重义轻利、以义制利、舍利取义才是道德的行为的社会意识。在这里，义和利分别代表着两种对立的价值取向："利就是为自己盘算和计较，是指私利、个人利益；义落实到现实层面则代表功利，是指整体利益。"①在这种行为取向的支配下导致不敢轻言利，抑制个人发展，导致社会发展缓慢的局面。其三，整体主义强调个人利益服从整体利益，个人可能被引导而将自己的目标置于某些整体主义者的目标之下。个人如欲加入到整体之中，必然要作出自我牺牲，使利益受到某些损失。这样一来，整体的存在变成一种非人的存在。整体也同样成为一种不真实的虚幻的整体，个人利益与他人利益、社会利益，个人与他人之间、社会之间就会成为一种对立的、对抗的关系。极端的整体主义的互动模式容易产生盲从，产生虚无主义和专制主义。

可见，无论是个体主义互动模式还是整体主义互动模式都具有不可克服的局限性，他们追求的都是单方面的利益，而"合作的选择会追求最大的联合利益，合作经常会涉及协助，但是此等协助是双向性的，并且虽然也顾及对方的利益，但总以追求共同的最大利益为目的"②。合作要求合作者在合作中既要保持自身的独立性，不盲从；又要尊重他人，考虑他人的利益。既要有高度的个人责任感、独立自主的精神，又要明确相互依赖、相互支持、共同努力的重要性。尽管合作行为本

① 张玉堂：《利益论——关于利益冲突与协调问题的研究》，武汉大学出版社2001年版，第222页。

② 爱歇尔·安格拉：《合作：社会活动的基石》，台湾巨流图书公司1996年版，第27页。

身也孕育着利益冲突，但合作行为本身是合作者协调和平衡个人利益和公共利益的过程。在这一过程中，个体的最佳表现是促成个人利益和公共利益达到最优结合，而不是单纯的自我利益的获得或自我利益的牺牲。在不给他人以损害的基础上，保护个人的利益。既反对损人利己，又反对盲目的服从权威。合作充分显示了行动者之间的信任态度，它既体现了个人利益，更能保障公共利益实现。

人际合作必须依赖存在于人与人之间的合作精神。从某种意义上来说，所有的社会行为都有合作的影子，合作是社会行为的核心，确保公共利益得以实现的重要条件。这就要求社会公民必须具有合作意识，形成一种合作精神，以推动社会和谐发展。所谓合作精神是指在人类的交往实践中形成的，一种希望与人合作并善于与人合作的稳定意识倾向。这一定义包含以下几方面相互联系的内容。

第一，合作精神属于一种比较稳定的意识倾向或行为取向。它是指行动者在一定的合作的愿望和要求支配下所表现出的愿意与人合作的意识倾向。意识倾向是人的意识和行为的轨迹、方向和趋势，它集中表现为目的、理想、愿望、需求等。人的合作意识的产生，首先是基于对合作意义的认识，认识到合作意义的重要，才会产生对合作的积极肯定的态度和情感，才会产生与人合作的愿望。正因为期望与人合作，才会以积极主动的态度投入到合作中去，从而使合作精神具有了意志性的特征，使人克服各种阻力，去与他人协调和沟通，达到相互理解和尊重，达到心理相容，从而自觉自愿地采取一致行动。合作精神作为一种意识倾向是比较稳定的，它不是一个人一时的想法和冲动，而是长期形成的一种希望与人合作，并善于与人合作的稳定的意识倾向或价值取向。

第二，主体的心理品质和道德修养构成合作精神的重要组成部分。合作精神集中表现为不仅有与人合作的愿望，更重要的是具有善于与人合作的能力。而善于与人合作又要受是否具备优良的心理品质、思想道德修养，是否掌握与人相处的技巧等方面的制约。由于合作是一种涉及人际利益关系的行为，是否具备一定的心理品质和思想道德修养，就成为衡量一个人是否具有合作精神的重要标志。具有合作精神的人，一般都具有良好的品德修养，善于理解别人，容纳别人，心胸宽广，目光远大，不过分计较个人得失，不自私，不嫉妒，不损人利己，诚信，真诚待人，只有这样才能为别人所接纳和接受，并乐于与之合作。

第三，合作精神是人们在社会化的交往活动中逐渐习得的一种能力。人作为一个生命有机体，从遗传的途径中就获得了一系列活动能力，并从一出生开始就有渴望与人接触的倾向性，这是后天各种行为与品德形成的基础，但并不能自然形成合作精神。许多社会行为不可能由一个人单独去做，必须由两个人或两个以上的人共同去做才能进行。合作精神是在这种交往、接触、沟通了解过程中，通过后天的学习、锻炼而形成和发展起来的一种能力。通过人际互动培养合作意识、提供参与空间，通过人际互动和交流培养合作精神，通过实践活动培养合作能力，合作能力是个体生存和发展的基本能力，不善于合作，一个人的能力的发展将会非常有限。每个人的能力都有一定的限度，善于与人合作能够弥补自己能力的不足，达到自己原本达不到的目的。

合作精神已成为现代社会最需要的一种精神，它是人们“所希望、所向往、所信奉、所为之激动不已、追求不已的东西。它体现在这个时代大多数人的精神风貌、行为规范、价值追求以及所有活动之中，是贯穿其中的原则和灵魂。”①是否具有合作精神以及是否能与他人合作，已成为一个人能否维持良好的人际关系，能否成功的一个重要因素。而在一个社会里，其社会成员所拥有的合作精神也成为社会成员能够采取集体行动，共同努力促进公共利益实现，推进社会高效、和谐发展的必要条件。

合作问题，换言之，也就是集体行动问题。社会成员能否积极地采取集体行动，进行稳定而长期的合作是影响一个社会能否确保公共利益，能否高效而和谐地发展的重要因素，因此，合作精神是现代社会必不可少的精神。然而，社会合作的产生与维持却常常受到集体行动困境的困扰，于是解决集体行动问题，便成了实现合作的关键。

（二）社会资本中的信任与互惠对人际合作的促进

社会资本对人际合作的促进作用，主要是通过信任与互惠而实现的。如上一章所论述的，信任作为社会资本的一个重要组成部分，是对某人或某种制度的可靠性、诚实性、公平性、力量等的坚定信心。在这里，对个体的信任被视为个人心理特质（预期、信心和信念）的表达：信任假定了对于某人或

---

① 陈刚：《西方精神史》上卷，江苏人民出版社2000年版，第10页。

某事的某种品质或属性有信心的依赖;对未来的或可能发生的事情的信赖;信任假定了对个体未来能力和意向的信念。一定的人际关系的持续需要信任来维持,人类的相互交往包括经济生活中的相互交往,都依赖于某种信任。信任导致了合作,信任是人与人之间联结的纽带和润滑剂,是组织效能的重要影响因素。

信任是在人作为社会生物的演化过程中形成的,它一方面包含于人的内在规定性中,另一方面是人与人之间相互博弈的结果。信任关系的确立必然不以损害他人为前提,信任寄予了对他人付出代价的回报,并有所承诺和期望,这便需要社会个体之间的相互作用,特别是互动合作进而互惠或共赢。然而,信任关系的确立首先必须以利他主义行为为前提,利他主义行为为人类个体之间的互动甚至信任关系的建立提供了生物学和经济学的理论基础。

利他主义行为主要有三种形式:其一,亲缘利他,即有血缘关系的生物个体以减少自己或牺牲自己的生存和繁衍的机会为代价,向亲属提供更多繁衍机会,传递更多共同基因的行为。它提高了亲族的总体适应性。这种以血缘和亲情为纽带的利他行为,是单向性的。在发生互动关系的两个生物个体中,这种亲缘利他行为具有单方面的指向,如父母基因的遗传、父母财产的继承等不对称的行为。亲缘利他虽然不含有功利的目的,但并不否定这种行为有回报。生物的进化取决于生物的基因遗传频率最大化,可以提供亲缘利他的物种在生存竞争中具有明显的进化优势。随着亲缘关系的疏远,亲缘利他的强度也会逐步衰减,即所有生命体都具有最大化目标函数的行为。其二,互惠利他,即无血缘关系的生物个体为了回报而相互提供帮助的行为。生物个体之所以降低自己的生存竞争力而去帮助另一个与己毫无血缘关系的其他个体,是因为它相信日后会获得更大的回报,以获取更大的收益。根据边际效用递减规律,施惠者与受惠者互相换位时,同样的东西将产生更大的边际效用。这种期待投资回报的行为在生物个体一次性的互动中风险是很大的,需要有效的约束机制或外部力量的作用来制止欺骗行为并防止损失过大。因此,相互的利他只有在相互熟悉对方的情况下才会存在,否则利他很容易成为自私的猎物。于是,互惠利他必须存在于一种较为长期的重复博弈关系中,而且还要求形成某种识别机制,以便抑制道德风险和个体的机会主义倾向。生物个体间存在的互惠利他行为及其信任的产生是人类合作的重要基础。其三,纯粹利他,即生物个体不追求任何针对其个体的客观回报,牺牲自己以换取群体生存的可能性。英国生物学家爱德华兹认为,动物会为了整个种群的生存而主动降低自己的繁殖机会。纯粹利他行为有助于加强内部的合作,增大生物群体在竞争中生存和繁衍的机会,这种利他行为更多是在道德意义上的理想状态。

利他行为是社会个体之间的社会关系得以建立和维系的重要因素,是产生信任关系的基本前提。信任在人类的交往中产生,在相互利他中产生,任何信任及其关系的形成与建立都是指向他人的。这表明了个体之间的信任关系的建立始于亲缘利他行为,但不局限于亲缘利他行为。亲缘利他行为是一种本能,更多地与血缘、亲情或感情联系着。血缘关系密切的个体之间会产生强烈的相互依赖和相互帮助的利他倾向和较稳固的信任关系，主要是因为他们拥有共同的基因，对相同基因或相似的基因载体的帮助也就是对自己基因的帮助。"'无条件'利他主义旨在为亲近效力，其强度和频率随着血缘和亲属关系的疏远而急剧下降。"①除了亲缘利他可以产生信任以外，另一被广泛认可的能产生社会信任利他行为是互惠利他。对于在互惠利他行为中产生信任，学者们借鉴了博弈论的方法，尤其运用了重复博弈的方法，阐明了由自私基因控制的个人是如何进行利他互惠、如何建立信任的。尤其是美国政治科学家艾克斯罗德从演进博弈论的角度进行了三次重复"囚徒困境"博弈实验引起了学界的广泛关注，其结果说明了合作能给局中人带来最大的收益。似乎在每一直接对局中，采取背叛策略的人都占了便宜，但事实上，最终的结局却是"一报还一报"的策略分数最高，因为他导出合作，使别人成为他的合作伙伴。这从经济学的角度可理解为生活当中大多数的博弈都是非零和的，也就是说，局中人一方的得益并不是完全建立在另一方的负效用上。在互动双方的博弈过程中，基于对另一方的感知，个体对与之互动的个体的内在感觉而伸展出的可靠性认识，在剔除了对方机会主义行为的前提下，个体对被认知对象品质内在可信度的感觉，导致了个体对认知对象人性的本质认识，即作为理性的人性其有机会主义的内在倾向，也有内在品质稳定性的可信度。另外，互动双方

① 杨春学、李实：《近现代经济学之演进》，经济科学出版社2002年版，第74页。

出于所处环境和利益的驱动,可能会在环境压力下考虑抑制其机会主义行为,驱使其利己主义动机利他化,或采取利他主义动机使得互动的双方或多方能够出于自身利益的长远考虑而弱化其为短期私利而采取的机会主义行为。

然而此种互惠利他行为,只局限于相互作用的小单位的个体中,其交易成本的比较与测试也较为容易,其信任关系的建立与维护,只能是在较稳定的或是长期的交往范围内。人类社会的合作行为的扩大和群体规模的变动还需要更大的利益和理性,它需要以在互惠利他中得到的有限理性为基础,将信任关系由特殊群体推广到人类的一般社会水平,即由特殊信任主导的社会关系扩展到由普遍信任关系为主导的社会关系,只有普遍的信任才能导致普遍的合作。普特南提出一种平等交换的规范有助于发展人与人之间的互信。所谓平等交换的规范,指的是交换双方均有清楚的责任和义务。甲施恩于乙,乙便有责任回报甲;反之亦然。如果这种关系形成一种规范,个人便能够不计较眼前的得失而为他人或群体的利益作出贡献。因为在平等交换的规范下,可预期其他人将作出相同的贡献。譬如说一个社区建立了一种互相守望的规范,我便乐于为出了门的邻居留意他的门户,因为我相信当我出门时,邻居亦会为我留意门户,这种守望相助的规范能减少社区为聘任更多保安所带来的成本。要发展这样一种规范,必须通过社区成员间不断的交往。沟通能唤起一些有助合作的价值和创造一种群体的身份和意识。在传统相熟人的社区,上述这些沟通、平等交换的规范和互信都不难建立,因为那种社区就是博弈论中的“重复博弈”情境,合作会自然发生。问题是在现代城市中，人口众多且流动性高，如果人与人视彼此的交往或交易均是短暂的“一次性博弈”，便容易引起机会主义或短期利益行为。然而，通过社会资本中的公民参与的网络，特别是由公民自主组成的经济团体（如合作社）和社会团体（如福利互助组织与兴趣团体），将促进公民间的信任与合作：(1)因为当大量的市民参与这些社团时，市民之间有持续性的交往，就形成“重复博弈”之局，倾向考虑长远利益而非短期的好处；(2)互惠交换的规范亦必须在稳定和重复不断的交往中慢慢形成，社团能提供这样的环境；(3)社团亦提供沟通的媒介，特别是个别成员过往诚信表现的信息，将有助人们选择合作伙伴，继而促进合作；(4)社团提供一种集体的记忆，将以往一些缔造公共物品的成功经验累积传递下来，有利于改进集体行动的策略。① 因此，如果一个社会的社会资本越丰富，成员的信任度就会越高，便越有利于社会合作的实现。正义的社会是高度合作的社会，既需要个人与个人的合作，也需要组织与组织、组织与个人以及全社会的合作。在这里尤其要强调一下公民与政府间的合作，因为公民与政府是否能建立良好的信任与合作关系是一个国家能不能实现其社会民主与正义制度的重要标准。

政府与公民的关系是人类社会存在的第一大关系，“政府与公民之间的关系问题，几乎也是所有政治思想家所要探讨并致力于解决的问题；甚至可以认为，无论是中国还是其他

① ［美］罗伯特·D. 普特南：《使民主运转起来》，王列、赖海榕译，江西人民出版社 2001 年版，第 203—204 页。

各国,人与政治或政府的关系问题都是政治思想史的主线,一部政治思想史,就是探讨人的政治生活以及人与政治或政府的关系史"①。19世纪上半叶英国自由主义政治思想家约翰·密尔在其著作《论自由》中对公民与政府的关系是这样论述的:一个社会的进步同这个社会处理好政府与个人的关系紧密联系在一起,因为社会的进步与每一个社会成员的个性和首创精神发挥有关,一国政府如何对其公民施与权利,直接影响到公民个性和首创精神的发挥。随着社会的不断发展,民主化程度的提高,政府与公民是否能良好合作已成为一国政府能否实现其正义制度的重要评判标准。

政府作为国家权力机关的执行者,在执行国家意志、维护国家的统治、制定法律、履行经济管理职能和提供广泛的社会服务等方面发挥着重要的职能。政府的"产生源于人民公意达成和公意授权,其功能在于运用其他社会组织所不具备的强制性公共权威,承担起无可替代的社会责任,这内在地决定了政府的民主取向和责任取向,必然是现代政府公共行政活动所必须奉行的两项基本原则,以及支配政府行为的内在价值准则"②。政府在现代社会中起着非常重要的作用,特别是在发展中国家里,社会进步、经济发展都需要由政府推动。但是政府的职能要想充分发挥,单单靠政府组织自身的工作是不够的,因为其中任何职能的发挥都需要社会、公民来承载,

① 桑玉成等:《政府角色》,上海社会科学院出版社2000年版,第27页。

② 金太军:《公共行政的民主和责任取向析论》,《天津社会科学》2000年第5期。

需要公民的支持与合作。因此,在政府的公共管理行为中首先碰到的一个关系就是与它所辖的公民之间的关系。从政府管理的角度上讲,一方面,在单纯的行政管理中,公民是政府管理的客体,政府是行政管理的主体,政府与公民的关系是命令与服从。另一方面,从公民与政府的互信与回应的角度看,公民是评判政府的主体,政府却成了公民评判、反应的对象。因此,可以得出政府与公民之间的关系在本质上是一种辩证的主客体的关系。近代民主主义主张政府与公民的基本关系体现在以下三方面:其一,政府是在人民的基础上得以产生的。正是由于人民的需要,才有了政府的产生、存在和发展。因此为公民服务是政府最根本的任务。其二,公民是国家中的真正主权者,政府不能是高于公民之上的独立力量。政府的国家事务管理权在执行中必须接受公民的监督,得到公民的信任。其三,政府与公民之间相互依赖。公民为了实现个人的奋斗目标,也要借助政府这个手段,比如个人的发展需要政府提供稳定、安全、良好的社会环境等等。传统的政治学理论认为,如何解决政府与公民的关系,在很大程度上取决于政府,因为一般政治思想家都认为,统治者这个特殊地位,总是有某些因素必然促使居位者超群于人民群众,为谋取自己的特殊利益而忽视全体利益,从而违背政治社会之"契约"的根本精神。所以在政府与公民的关系中,不考虑公民的主动性。但随着市场经济的发展,那些自由、平等、竞争的现代市场经济价值观念也深入人心;随着政府职能的转移,公民拥有越来越多的民主、自由空间后,公民逐渐从行政管理的被动适应者向行政管理的主人转变,随之公民对政府的无限依赖的关系格局被打破了。公民的主体地位日益被强化，社会公众逐渐认识到了公共权力的性质和政府运用公共权力管理社会的目的，即政府管理和服务的内涵。公民不再是单纯作为一个被动的受管制者而是日益以参与者身份与政府各部门及其工作人员发生关系，因此，现在公民与政府的关系的建立与维护应该依靠政府与公民的双方努力、相互信任与相互合作。

在西方学界比较关心政府与公民的合作模式，许多学者都力求从法哲学、社会学、政治学等多角度进行理论上的探讨。黑格尔是西方历史上将政治国家与公民社会进行明确区分的理论先驱。黑格尔认为国家不但高于公民社会，国家也先于公民社会而存在。公民社会是不成熟的外部的国家，即需要理智的国家，“在现实中国家本身倒是最初的东西，在国家里由内部家庭发展成为市民社会”①，即人民应该听命于政府的安排。哈贝马斯却认为，资本主义市场经济的发展导致了国家与社会的分离，与国家相对应的是“公共权力领域”，即政府领域；而与社会相对应的是“私人领域”，对于“私人所有的天地，我们可以区分为私人领域和公共领域，私人领域不仅包括狭义的市民社会，而且还包括真正意义上的公共领域，因为它是由私人组成的公共领域”②，因此国家为了防止金钱和行政权力这两种暴力应该接受公民社会的监督，让公民社

① [德]黑格尔：《法哲学原理》，范扬、张企泰译，商务印书馆1996年版，第251页。

② [德]哈贝马斯：《公共领域的结构转型》，曹卫东等译，学林出版社1999年版，第35页。

会成为抑制政府暴力、稳定社会的均衡器。① 美国当代哲学家柯亨和阿拉托则把公民社会理解为经济与国家之间的社会互动领域，它通过政治社会和经济社会的中介，在不妨碍经济和国家的自主运行逻辑的前提下，对它们施加影响。20世纪90年代以来，西方学者提出的善治理论对公民与政府合作关系理论又有了创新。这一理论是从社会控制角度来讲的，就是要将市场的激励机制和私人部门的管理手段引入政府的公共服务，强调政府与公民社会、政府与民间组织、公共部门和私人部门之间的合作管理和伙伴关系。② 治理与善治强调的是使相互冲突的或不同的利益得以调和并且使采取联合行动得以持续。这既包括有权迫使人民服从正式制度和规则，也包括人们同意或认为符合其利益和各种非正式的制度安排。③ 该理论强调了国家与社会组织间的相互依赖关系、政府与公民的合作关系。在治理型的社会中，由于参与主体的多元化，在实现公共管理的过程中，各个主体间需要协调和沟通，需要凭借合作网络的权威。强调政府与公民的合作，是政治国家与公民社会性的一种新型关系，是国家政治的发展趋势。

政府与公民的合作离不开二者的互信与回应，即政府与

---

① [德]哈贝马斯：《公共领域的结构转型》，曹卫东等译，学林出版社1999年版，第22页。

② 俞可平：《引论：治理与善治》，载俞可平主编：《治理与善治》，社会科学文献出版社2000年版，第8页。

③ 胡仙芝：《从善政向善治的转变》，载《中国行政管理》2001年第9期。

公民之间处于一种相互信任状态。一方面,政府与公民之间处于互信的状态下,政府就会表现出一种对公民的信任感,在公共管理中给予公民最真实的知政权、参政权,让公民参与到公共政策的制定、执行和监督中来。同时在公共管理过程中政府对公民需求和所提出的问题也自然会作出积极的反应和回复。现代民主社会中政府能否积极回应公民在公共产品、公共服务方面的需求以及回复的能力越来越受到公众以及整个社会的关注。另一方面,当政府与公民处于互信状态下,公民对政府的信任表现在,公民支持政府制定出的各项政策,信任政府作出的承诺,拥护政府的领导。这与阶级社会中的民众对当权者的愚忠是完全不同的,单从公民这方面来讲此时的公民是具有理性、自身判断力并在一定意义上处于主动地位的,他们对政府的信任与合作完全出于他们自身对政府工作效能的认同上,而不是出于对政府权威的畏惧。此时的公民可以积极主动地回应政府的行为,依据自身的需求在消费政府管理所提供的产品与服务过程中,对其优劣进行一种反馈。公民与政府的互信关系是建立在民主政治的基础上的,其程度也是随着民主政治的发展而发展的。在专制时代人民没有自己的权力,他们受着官府的压迫和剥削,在政府权威下表现出一种完全意义上的服从。马克思针对封建社会中的农民地位有一段精辟的分析:“他们不能以自己的名义来保护自己的阶级利益,……他们不能代表自己,一定要别人来代表他们。他们的代表一定要同时是他们的主宰,是高高站在他们上面的权威,是不受限制的政府权力,这种权力保护他们不受其他阶级侵犯,并从上面赐给他们雨水和阳光。所以,归根到底,小农的政治影响表现为行政权支配社会。”①因此只有在民主政治的情形下公民与政府之间才能形成互信与合作的关系。公民与政府之间形成的互信与合作的关系,是公民对政府管理认同的一种表现,是公民对政府的政治认同感,是人们在社会政治生活中所产生的对政府管理的一种感情和意识上的归属感,是把人们组织在一起的重要凝聚力量。在现代民族国家的政治框架中,公民对政府管理效能的认同及其引发出的信任与支持,主要基于公民对政府管理上的认识和感受。如果政府为公民提供了令他们满意的公共物品与服务,而且政府能够高质量地回应公民对政府提出的愿望和要求,那么政府的管理就可能在较高的层面上被公民认同。公民与政府之间形成的互信与合作关系也是政府适应了外部行政环境的表现。政府以及整个行政系统是一个有机体,则公众所组成的政府相对方构成的是政府的外部行政环境。政府有机体与周围环境只有相互协调才能双生,政府与公民之间有了互信与互动才能双赢,才能实现真正的合作,也才能保证公共利益的有效实现与正义社会的和谐发展。

(三)社会资本中的公共精神有助于克服集体行动的困境

如前所述,社会资本中的公共精神产生于公民社会。在公民社会中的行为都是出于个人自愿,是不能完全以成本收

① 《马克思恩格斯选集》第1卷,人民出版社1995年版,第677—678页。

益关系进行解释的。例如,作为公民社会典型组成部分的环保组织,人们从中能够获得的收入极少,它们得以形成、维持的真正原因,是人们对自己的或一般性环境所受到的威胁的深切感受,以及人们所共同拥有的情感方面的用以抵制这些威胁、达成集体行动的参与意识和献身精神。志愿者的活动规模也进一步表明了这一点。一项对于包括 9 个西欧国家、4 个其他发达国家、4 个中欧和东欧国家以及 5 个拉美国家的研究显示,这些国家中平均占总人口 28% 的人向以公共利益为宗旨的各类非政府组织贡献了他们的时间,这相当于 1060 万个全日制职员。① 因此我们认为,从整个社会生活领域的视野看,由于社会资本中公共精神的存在,所谓"集体行动的困境"并不完全是普遍存在的问题。

首先,只有把市场经济领域中适用的逻辑移植到其他社会生活领域,公民社会就将被市场所"殖民",集体行动的困境才具有不可避免的必然性。必须看到,公民社会随着现代化进程的不断深入而加快扩展,超越个体利益的内在需求也会加速增长,社会文化中的公共精神同时也在逐步养成,社会资本广泛发生作用,集体行动就会在公民社会领域成为一种可以发生的社会现象,而不是完全不可能的。

其次,如果进一步考虑到社会本身是由具有各种传统的人群之间的关系和联系所组成的,在任何一个社会中都有与之相适应的意识形态在发生作用,而共同的传统和意识形态

① 陶传进:《市场经济与公民社会的关系:一种批判的视角》,载《社会学研究》2003 年第 1 期。

会促使人们在公民社会领域采取一致的行动，因为人们必须在有特定传统和意识形态参与构成的社会中展开自己的活动，这决定了人们不可能把个体利益的理性计算渗透在生活世界的所有时空交叉点上，而恰恰在某些时空交叉点上个体利益往往会被排除于人们的实际行动之外。事实上，这也是并不鲜见的社会历史现象。

最后，众所周知，所谓“理性人”主要是经济学上的一个假设，这个假设成立的条件之一，恰恰是忽略了公民社会的公共精神、传统和意识形态之类的巨大力量，其致命之处是把人从社会生活的现实性和复杂性中抽象出来，忽略了人的存在的多样性和丰富性。再从行动者的实际生活过程的角度看，个人参与社会活动的目标也不是唯一的，当然更不是以利益本身作为唯一内容的，除了利益之外还有许多值得人们追求的价值，比如自由、平等等，这些价值存在着较大范围的一致性，对人们进行合作产生着巨大的引力。

总之，我们认为集体行动的困境存在的范围是有限的，也就是附条件的，是一种纯粹理论抽象的结论。既然如此，集体行动的困境就不能认为是不可克服的。社会资本中公共精神的存在和发展，以及它本身所体现的以和谐为宗旨的文化特性，使公民社会有可能超越集体行动的困境。

第五章　社会资本与平等

“一切人,作为人来说,都有某些共同点,在这些共同点所及的范围内,他们是平等的,这样的观念自然是非常古老的。但是现代的平等要求与此完全不同;这种平等要求更应当是从人的这种共同特性中,从人就他们是人而言的这种平等中引申出这样的要求:一切人,或至少是一个国家的一切公民,或一个社会的一切成员,都应当有平等的政治地位和社会地位。”①正义的首要内容,和谐社会的重要标志就是平等。国家历来是保障社会平等的主要手段,然而,随着社会的不断发展,国家已无法承担保障社会平等的全部内容。因此,社会平等的保障手段走向多元化已是不可逆转的趋势,而社会资本逐渐成为实现社会平等中不可忽视的重要力量。社会资本对社会平等的促进主要是通过公民参与网络从各种渠道筹措资金,填补政府社会福利方面的资金不足,并能为弱势群体提供就业支持等方面得到体现的。

---

① 《马克思恩格斯选集》第3卷,人民出版社1995年版,第444页。

一、平等:现代良好秩序社会的重要标志

在古代社会,平等问题多存在于理论活动的视野之外。进入近代社会,生产力不断提高,使社会更加注重效率,而效率的提高也自然成为社会发展最直观的标志。随着社会生产效率的不断提高,社会总成果在人与人之间的分配差距日益扩大,社会不平等现象日益突出。然而,正义的社会理应是一个平等的社会,于是,构建现代正义社会的首要目标便是在社会生活中实现平等。

平等是指人们相互间的相同性。它"表达了相同性概念……两个或更多的人或客体,只要在某些或所有方面处于同样的、相同的或相似的状态,那就可以说他们是平等的"①。平等与不平等,从其起因来看,如卢梭所说,可以分为自然的与社会的两大类型。更确切地说,平等与不平等,一方面起因于自然,因而是不可选择、不能进行道德评价、无所谓善恶或应该不应该的,如性别、肤色、人种、相貌、身材、天赋能力等等。另一方面,则起因于人的自觉活动,因而是可以选择、可以进行道德评价、有善恶或应该不应该之别的,如贫与富以及均贫富、贵与贱以及等贵贱等等。

平等理念首先应体现作为个体的人的基本尊严,确认每

① 萨托利:《民主新论》,冯克利、阎克文译,东方出版社 1993 年版,第 340 页。

个社会成员的基本权利。马克思指出:“全部人类历史的第一个前提无疑是有生命的个人的存在。”①正是由这无数的个体才组成了一个社会。离开了个体,社会就无从谈起。而“作为人,我们都是平等的。我们作为个人是平等的,在人性上也是平等的。一个人,在人性和个性上都不可能超过他人或低于他人。我们认为,人,(而不是物)所具有的尊严是没有程度差别的。世间人人平等,是指他们作为人在尊严上的平等。……人生而平等的说法是真实的只限于能够实际证实人与人平等这个方面。也就是说,他们都是人,都具有人种的特性,尤其是他们都具有属于人种一切成员的特殊性质。”②对社会平等理念的肯定,还应体现在对社会成员基本权利的确认上。正如《世界人权宣言》所指出:“人人生而自由,在尊严和权利上一律平等。他们赋有理性和良心,并应以兄弟关系的精神相对待。……人人有资格享受本宣言所载的一切权利和自由,不分种族、肤色、性别、语言、宗教、政治或其他见解、国籍或社会出身、财产、出生或其他身份等任何区别。”③ 显然,平等理念的宗旨在于维护个体人的基本尊严与权利,为个体人的基本生存和正常发展提供最基本的保证。

平等不仅意味着每个社会成员必须平等而合理地享有在

---

① 《马克思恩格斯选集》第1卷,人民出版社1995年版,第67页。

② [美]艾德勒:《六大观念》,郗庆华译,三联书店1998年版,第200—202页。

③ 联合国:《世界人权宣言》,载冯林主编:《中国公民人权读本》,经济日报出版社1998年版。

公共资源、社会财富和发展机会等方面的基本权利，同时还意味着社会成员在享有权利时必须承担相应的社会义务，而享有权利和承担义务是否对等便成为体现这个社会是否平等最根本的尺度。在社会生活中，一个人的权利最多只能等于而不能大于他所承担的义务，一个人所承担的义务也不能超过他所享有的权利，如果一个人自愿承担大于权益的义务，他所表现的则只是一种牺牲性美德。因此，个人行使的权利等于他所履行的义务，权利与义务的对等是体现社会平等的根本原则。只有在社会生活中真正实现了权利和义务基本均衡，完善避免权利和义务失衡的制度安排，才能够基本实现社会平等，确保社会正义。

在社会生活中实现平等是良好社会秩序的主要保障。众所周知，所有的人们结成社会都有两个根本的目标，一是生存，二是发展。在任何一个社会中，如果人们的生存需要和发展需要都得到了平等对待，社会生活中的矛盾冲突才会被最大程度地降低；只有社会成员的根本利益得到了保障，社会生活中正义得以实现，整个社会才能良好地生存与发展。因此，现代拥有良好秩序社会的首要标志就是社会平等，没有平等就没有正义，更没有社会的和谐发展。那么，应该怎样理解平等的基本内涵呢？

在确立科学的平等价值观念时必须考虑两个基本前提：一个是虽然人与人之间在能力上存在现实差异，但是作为构成社会的成员，他们都需要生存和发展；另一个则是正因为人与人之间的能力存在现实差异，致使个人对社会所做的贡献完全不同。这样，能够体现公平的平等观念就应该由两个方面构成:一是基本权利——人们生存和发展所必须的、起码的、最低的权利,就是人作为人所需的权利,也可以说基本权利的实质就是人权——应该完全平等;二是非基本权利——人们生存和发展中满足比较高级的需要的权利——应该按比例平等。在西方思想史上,亚里士多德是第一个具体地从两个方面解释这一原则的哲学家,他说:“平等有两种:数目上的平等与以价值或才德而定的平等。我所说的数目上的平等是指在数量或大小方面与人相同或相等;依据价值或才德的平等则指在比例上的平等。……既应该在某些方面实行数目上的平等,又应该在另一些方面实行依据价值或才德的平等。”①据此,社会平等观念应包含两个基本内容:基本权利的完全平等与非基本权利的比例平等。

(一)基本权利的完全平等

根据平等的理念,每个社会成员都应当完全平等享有生存与发展的基本权利,即人们生存和发展的必要的、起码的、最低的权利。任何一个人在其平凡或者伟大的一生中,都作出了一个最基本的贡献:缔结社会。如果我们把社会视为罗尔斯所说的那样,不过是“所有参加者的利益合作体系”,那么每一个人在这个合作体系中都是构成社会的一分子,即使是伟大人物的杰出贡献,都是以社会合作体系的存在为基本前提的。因此,基本权利按基本需要进行完全平等的分

① 《亚里士多德全集》第9卷,苗力田等译,中国人民大学出版社1994年版,第163页。

配，其实质还是包含了按基本贡献相同进行分配的内涵。① 这使得完全平等地分配基本权利从“无知之幕”下必须做到的，转化为以现实社会生活为基础的既必须又应该的合理定向。

基本权利的完全平等主要表现在机会平等上。机会平等表现为起点上的公正、形式上的公正,具体是指社会成员完全平等地享有社会所提供的发展自己潜能的受教育机会,作出贡献的机会,竞争权力和财富、职务和地位等非基本权利的机会。

具体地说机会平等主要体现在以下几方面:其一,生存与发展机会起点的平等。凡是具有同样潜能的社会成员应当拥有同样的起点,以便争取同样的前景。秦晖在《天平集》中阐明了起点平等的意义所在:起点平等既不是来自于人们对“一切人生而平等”的单纯自然状态的实际体验,更不是起源于“宙斯的裁决”,也不是基督教价值观的体现,而是作为规则平等的逻辑前提而取得其先验意义的。也就是说,没有起点平等就没有规则平等,从而也就不会有公正。想参加赛跑就得站在同一起跑线上,想参加球赛就得 0∶0 开场。“在社会的所有部分,对每个具有相似动机和禀赋的人来说,都应当有大致平等的教育和成就前景。那些具有同样能力和志向的人的期望,不应当受到他们的社会出身的影响。”②这是机会

① 王海明:《公正 平等 人道》,北京大学出版社 2000 年版,第 66—67 页。

② [美]约翰·罗尔斯:《正义论》,何怀宏等译,中国社会科学出版社 2001 年版,第 69 页。

平等最基本的要求。其二,机会实现过程本身的平等。起点的平等固然很重要,但如果仅限于此,则是远远不够的。机会的实现过程对于最终能否实现机会平等的原则也有着重要的意义。机会的实现过程必须排除一切非正常因素的干扰。这至少要做到:“一是阻碍某些人发展的任何人为障碍,都应当被清除;二是个人所拥有的任何特权,都应当被取消;三是国家为改进人们之状况而采取的措施,应当同样地适用于所有的人。”①只有起点和过程均是公正的,才有可能保证结果也是公正的。其三,承认并尊重社会成员在发展潜力方面的自然差异,以及由此所带来的机会拥有方面的某些不平等。人们在自然禀赋方面存在着许多先天性的差异,这具体表现在智力、体能、健康以及性格等诸方面的不同。这些自然差异对于人们的发展潜力以及把握不同层次机会的能力有着一定的影响,而且这种影响是正常和合理的。因此,对于由这些正常和合理的自然差异,造成的社会成员之间所拥有的有所差别的机会,理应予以承认和尊重。正如罗尔斯所指出的:“由于出身和天赋的不平等是不应得的,这些不平等就多少应给予某种补偿。这样,补偿原则就认为,为了平等地对待所有人,提供真正的同等的机会,社会必须更多地注意那些天赋较低和出生于较不利的社会地位的人们。这个观点就是要按平等的方向补偿由偶然因素造成的倾斜。遵循这一原则,较大的资源可能要花费在智力较差而非较高的人们身上,至少在某

① [英]哈耶克:《自由秩序原理》,邓正来译,三联书店1997年版,第111页。

一阶段,比方说早期学校教育期间是这样。"①

在正义的体系中,机会平等、基本权利的完全平等原则具有基础的意义。机会的具体状况直接影响着社会成员未来分配的具体状况,机会的不同将导致未来发展结果的不同,因而从分配的意义上讲,机会的状况是一种事前就对分配有所"预构"的原则。不应低估机会问题对于整个正义体系的重要意义,正如布坎南指出的:"促使经济—政治比赛公正进行的努力在事先比事后要重要得多。"②

(二)非基本权利的比例平等

非基本权利在社会生活中应该按比例平等,承认了每一个人的所得是可以也应该有区别对待的。在机会平等的前提下,对现有的社会利益如何分配,最直接地体现了社会平等的兑现程度。因此,分配平等无疑是社会平等的重要内容。平等初次分配规则亦即按照贡献进行分配,指社会成员通过自己的劳动付出或生产要素的投入对社会经济作出贡献之后而直接获得收益,也就是"比例平等"。比例平等首创于亚里士多德。对于这个概念,他曾解释说:"既然公正是平等,基于比例的平等就应是公正的。这种比例至少需要有四个因素,因为'正如A对B,所以C对D'。例如,拥有量多的付税多,拥有量少的付税少,这就是比例;再有,劳作多的所得多,劳作

---

① [美]约翰·罗尔斯:《正义论》,何怀宏等译,中国社会科学出版社2001年版,第96页。

② [美]布坎南:《自由、市场和国家》,吴良健等译,北京经济出版社1989年版,第141页。

少的所得少,这也是比例。"①由此可知,所谓比例平等,不过是说,谁的贡献较大,谁便应该享有较多的收益;谁的贡献较小,谁便应该享有较少的收益,每个人因其贡献不平等而应享有相应不平等的收益。这样,人们所享有的收益虽是不平等的,但每个人所享有的收益的多少之比例与每个人所作出的贡献的大小之比例却是完全平等的。正如马克思论及按劳分配原则时写道:"这里通行的是商品等价物的交换中也通行的同一原则,即一种形式的一定量的劳动可以和另一种形式的同量劳动相交换。"于是,"每一个生产者……以一种形式给予社会的劳动量,又以另一种形式领回来。"②

比例平等原则表明,社会应该"不平等"地按劳分配每个人的收益权利。然而,在经济领域和社会领域,存在着诸多不平等和不确定的因素,如经济资源分配结构不合理、市场经济的风险、个人天赋与能力的差别等等。如果整个社会完全按照按劳分配、按照市场经济规则来运作,那么市场经济所固有的这些不平等因素将对社会生活造成许多有害的负面影响,使社会出现许多重大的、难以避免的缺陷。"我们没有理由认为,在自由放任的条件下,货币选票能被公平地加以分配。结果将是,收入和财富上存在着巨大的不平等,而这种不平等会长期在几代人中存留下去。"③因此,要实现最终的社会平

① 《亚里士多德全集》第8卷,苗力田等译,中国人民大学出版社1992年版,第279页。

② 《马克思恩格斯选集》第3卷,人民出版社1995年版,第304页。

③ [美]保罗·萨缪尔森等:《经济学》(第12版)下,高鸿业等译,中国发展出版社1992年版,第1142页。

等须如罗尔斯的补偿原则所主张的那样,获利较多者还应给较少者以相应补偿:“社会和经济的不平等(例如财富和权力的不平等),只要其结果能给每个人,尤其是那些最少受惠的社会成员带来补偿利益,它们就是正义的。”①

于是,比例平等,也即“贡献大的人比贡献小的人理应多得。对于这样一条分配原则,必须加上两个条件:(1)必须以某种方式满足一切人的最低经济需求。在这个经济基础线上,必须人人平等。对这些财富,每个人都是生来有权得到的。(2)由于可分配的财物数量有限,所以谁也不能根据他的劳动贡献去赢得很多财富,以致在某些方面影响大家维持家庭在基础线上的经济需求。总之,即使根据按劳分配的原则,也不应由于分配不均而出现贫困。”② 因此,比例平等原则,也即按劳分配必会带来诸多收入等方面的分配差距问题,而此问题便留给社会调剂来予以解决。

无论从理论上还是实践上,区分完全平等和比例平等都是非常必要的,否则社会就会追求一种平均主义式的平等。“平等的真精神和极端平等的精神的距离,就像天和地一样。平等的真精神的含义并不是每个人都当指挥或是都不受指挥;而是我们服从或指挥同我们平等的人们。这种精神并不是打算不要有主人,而是仅仅要和人们平等的人去当主

① [美]约翰·罗尔斯:《正义论》,何怀宏等译,中国社会科学出版社2001年版,第12页。

② [美]艾德勒:《六大观念》,郗庆华译,三联书店1991年版,第185—186页。

人。"①因此,不应把平等绝对化,绝对平等观念由于脱离了社会生活的发展需要,没有意识到一切权利绝对平等是不可能的,必然会完全无视个体能力之差异,构成对那些为社会作出较大贡献者的掠夺,极端的表现就是借助政治力量把所有权利平均分配确立为一种具有法定效力的制度,在实践过程中的结果就是抑制个体人潜能的开发,滋养懒汉,进而削弱社会的活力。因此,在理解平等时,应当将之同平均主义的绝对均等区分开来。正如托克维尔所说:"平等在推动人前进,同时又控制他前进;平等在激励人奋起,同时又让他把脚踏在地上;平等在点燃人的欲望,同时又限制人的能力。"②作为正义首要内容的平等,应维护个体人的基本尊严并真正确保个体人基本权利在现实社会生活中的实现,而不是将正义的平等原则衍化为绝对的平均主义。真正的平等,必须通过对权利分配实行完全平等和按比例平等的统一才能得到科学的体现。

二、国家在社会调剂中的作用及其缺陷

有市场必定存在着竞争,"竞争制度是一架精巧的机构,通过一系列的价格和市场,发生无意识的协调作用。它也是

① [法]孟德斯鸠:《论法的精神》上册,张雁深译,商务印书馆 1961 年版,第 114 页。

② [法]托克维尔:《论美国的民主》下卷,董果良译,商务印书馆 1986 年版,第 15 页。

一具传达讯息的机器，把千百万不同个人的知识和行动汇合在一起。虽然不具有统一的智力，它却解决着一种可以想象到的牵涉数以千计未知数和关系的最复杂的问题。没有人去设计它，它自然而然地演化出来；像人类的本性一样，它总在变动。"[①]因此，如上所述，如果任由竞争中不平等和不确定性因素自由发展，必然会造成大量的不正义现象，其最为直接的危害便是造成过分悬殊的贫富差距。这种状况会挫伤为数众多的社会成员的劳动积极性，削弱其责任感。"不平等及其加剧的趋势成为对发展的限制与障碍的复合体。"[②]这将会降低社会的整合程度，使社会发展的社会层面动力有所减弱，降低社会发展的质量。然而，从另一方面看，一个社会如果在分配中一味地强调平等，难免走入平均主义的境地，使为数众多的社会成员失去劳动的积极性，并失去对于社会的责任心与信任感，这显然不符合正义的原则，也会降低社会的效率。因为没有贫富分化实际上就没有竞争，任何试图取消贫富分化也就意味着必须消除竞争。这是一个深刻的矛盾，也是不能回避的事实。那么，国家必须做的就是把贫富差距限制在一个能够承受的范围之内。这个范围存在着最低限度和最高限度两个关节点，而从社会发展需要永不衰竭的推动力这个角度看，显然不能给财富拥有的数量划定一个最高界限，这与市场经济的竞争机制是背道而驰的，其做法直接违背了市场经

① [美]保罗·萨缪尔森：《经济学》(上)，商务印书馆 1979 年版，第 61 页。

② [瑞典]冈纳·缪尔达尔：《世界贫困的挑战——世界反贫困大纲》，顾朝阳等译，北京经济学院出版社 1991 年版，第 44 页。

济的基本规律。既然如此,就只能从确立最低限度入手,通过制度安排保障这个最低限度不被突破,只有当基本权利得到了完全平等的对待时,任何个人作为社会的组成者所包含的贡献才能够得到公平的对待;同时,因为竞争而产生的消极后果也才有可能得到最大限度的抑制。因此,在对社会利益进行分配时,在依照"比例平等"原则的同时还必须对由于如经济资源分配结构不合理、市场经济的风险、个人天赋与能力的差别等造成的种种不平等结果进行一定的社会调剂,对社会弱势群体给予一定的补偿。通过社会调剂原则的实施,可以使社会平等原则在现有的社会历史条件下最大限度地得以实现。国家作为社会公共事务的管理者和公共利益的维护者,应把维护基本权利的完全平等作为保障社会正义的根本价值目标,只有确立了这样的价值目标,才能够使维护公平和推动发展有机地结合起来,实现社会秩序的正常延续,保障社会生活的和谐发展。

"所谓社会调剂,是指立足于社会的整体利益,对于初次分配之后的社会利益格局进行一些必要的调整,使广大社会成员普遍地不断得到由发展所带来的收益,进而使社会的质量不断地有所提升。"①要实现社会平等、确保社会正义和谐地发展,社会调剂是必不可少的一环。对于社会调剂来说,国家是其主体,国家进行社会调剂主要是通过充分就业、合理的税收、社会福利、普及教育等途径来实现。

① 吴忠民:《社会公正论》,山东人民出版社 2004 年版,第 161—162 页。

1. 充分就业。充分就业是指任何一位愿意参加工作、具有必要能力并且年龄合适的社会成员都应当获得一份有经济报酬的职位。实现充分就业,对于一个社会实现正义有着重要的意义。对于劳动者来说,获得一种职业就意味着拥有了相对稳定的经济收入的主要来源,意味着有可能在社会上取得某种地位和社会权力,进而能够进行一些必要的平等的社会活动。与之相应,充分就业对于一个社会来说,是消除贫困问题、缓解贫富差距的必要条件,也是最大限度地开发人力资源、增加社会总财富的必要前提。大量失业者的存在对社会是十分有害的。"对经济学家来说,失业表明一部分资源没有得到利用:愿意工作并且有能力的人没有被用于生产。对失业者及其家庭来说,失业意味着经济拮据以及生活方式的改变……失业不仅使失业者得不到收入,它也强烈地打击了他们的自尊心。"①严重的失业会引发大量的社会不正义现象,造成严重的贫困问题,加大贫富差距,妨碍社会的正常运转和健康发展。因此,社会应当将充分就业作为社会的优先目标,想方设法地为社会成员创造种种就业机会,这理应成为国家社会调剂的基础性内容。

2. 合理的税收。税收是一个国家财政收入的主要来源,也是社会调剂所需资金的主要来源和基础。就社会调剂而言,税收主要有两个方面的功能:一是政府通过税收可以获得必要的公益性的资金,用以维持生活处境不利的社会成员如

---

① [美]斯蒂格利茨:《经济学》下册,姚开建等译,中国人民大学出版社1997年版,第5页。

无收入者的基本生计，用以提升全体社会成员的生活质量和发展能力；二是通过所得税、遗产税等税种的征收，可以适当地减少高收入者过多的收入和财产，以有效地调整或是缓解社会过于悬殊的贫富差距，保证社会必要的整合性和稳定性。每个社会成员对于社会都有一定的责任和义务，而这种责任和义务具体应表现为对于社会所做的贡献。至于贡献的大小，国家则应同一个人的实际能力相联系。将一个人在社会财富方面的成就同社会公共利益的增进相联系，使个人在社会财富方面的获益与公共利益的增进同步化。将少数人的财富增进同处境不利的社会成员基本生活的改善两者纳入良性促进的轨道，是一种正义的做法。正如罗尔斯所说的："所有的社会基本善——自由和机会、收入和财富及自尊的基础——都应被平等地分配，除非对一些或所有社会基本善的一种不平等分配有利于最不利者。"①

3. 社会福利。社会福利的目标是，立足于社会公正和社会安全的角度，"使个人和家庭相信在可能的范围内，他们的生活水平不会因社会经济方面的不测事件而遭到严重破坏。这不仅包括满足不断产生的需求，而且包括预防首次出现的危险，还要帮助个人和家庭在面临无法预防的伤残和损失时，能作出最佳调整。"②社会福利政策的内容主要有：其一，对于社会成员基本生存底线的确保。一个社会不可避免地存在着

① ［美］约翰·罗尔斯：《正义论》，何怀宏等译，中国社会科学出版社2001年版，第292页。

② 国际劳工局：《展望二十一世纪：社会保障的发展》，劳动人事出版社1988年版，第18页。

不平等的因素，使社会成员在生存与发展的具体处境方面有着较大的差别，处境不利者有可能由于工作的丧失或是其他的原因而陷入生存的危机状态。对于这部分成员，社会有责任对其进行必要的社会救助。其二，促进社会成员基本生活质量和基本发展能力的普遍提升。社会福利不仅要解决社会成员的生存问题，还应关注社会成员的发展问题。社会应当为全体社会成员提供带有福利性质的社会帮助，用以不断地普遍改善社会成员的生活质量，提高社会成员自身的发展能力。其三，对于社会成员未来生存与发展状况的有效保证。社会福利作为社会调剂的一项重要内容，从某种意义上讲，是一种预先的制度准备与安排。它不仅可以有效地解决处境不利的社会成员当前问题，而且会增强社会成员解决未来困难的能力。

4. 普及教育。在现代社会，一个人如果没有接受必要的教育，就很难成为一名合格的社会劳动者。因此，教育是每位社会成员之必需。但是由于教育资源的有限，并非所有的人都能接受必要的教育。就一般而言，收入同能力相关，而能力又同教育相关。有所差别的教育在一定程度上加重了社会成员在收入方面的差距。所以国家有责任注重社会成员的教育，应将之视为在整个社会的范围之内消除至少是减缓不正义因素的必需。社会成员只有在接受教育的前提下，才可能在最为基本的意义上平等地进入社会。首先，要在全社会范围内普及义务教育。唯有如此，才能使社会的绝大多数成员具有最为基本的劳动技能和最基本的竞争能力，以保证在激烈的社会竞争中不至于出现一个较为广泛的弱势群体。“教育的效力能减少而不增加……出发地位的差距。从这个意义上讲，教育也起到与转让税相同的作用。"①通过大面积的教育，社会成员不但可以获得一种必不可少的共享机会，也可以获得在社会中生活的必要能力和平等起点。其次，应重视不断提高全社会教育的层次，扩大接受高等教育的面。虽然高等教育并非义务教育，但是政府完全可以增大对于高等教育的投入，引导社会各个群体的注意力，日益增大高等教育中的公益成分。最后还应当重视劳动者的职业教育，尤其是社会弱势群体的职业教育。

社会平等是人类社会的一种必然的趋势。为了实现这一宗旨，顺应社会发展的必然趋势，社会调剂是一种必需的途径和规则。但是，必须看到，在实施社会调剂规则时，如果社会调剂的内容在公正规则体系中所占比重偏大，即一个国家对于社会调剂投入的比重过大，使之同这个社会的机会平等规则及按贡献分配规则的实现程度相脱节的话，这个社会就很容易出现一种不正常的，甚至可以称做病态的高福利化现象。在一些发达国家，这种现象比较明显。自 20 世纪 40 年代以来，西方的许多国家极为注重社会福利制度的建设。"对平等的追求已经成为现有社会民主主义（包括英国工党）的主要关注点。更大程度的平等将通过各种拉平策略来实现。比如，通过福利国家来推进的累进税制度，就是一种取富济贫的制度安排。福利国家有两项目标：首先是创造一个更加平等

① [美]布坎南：《自由、市场和国家》，吴良健等译，北京经济学院出版社 1988 年版，第 136 页。

的社会,同时也要保护各个生活领域的个人。"①经过多年的实践,这些国家建成了项目十分齐全的、对于社会成员的整个生涯即"从摇篮到坟墓"均予以保障的社会福利制度。比如,"斯堪的纳维亚或北欧福利国家,以高额税收为基础,基本取向是使每一位公民都享受到福利,提供慷慨的福利金和资金充实的国家服务,包括医疗保健服务"②。20 世纪 80 年代,在当时的西德,社会转移支付率占平均税收率的 55%,瑞典和英国则高达到 78% 以上。应当承认,这种社会制度对于这些国家的广大民众的基本生活的保障和基本发展条件的保障起了不少积极的作用。但是,由于国家对社会福利的支出过重,便会步入深重的危机之中:

第一,社会保障支出日益膨胀,导致国家出现巨大的财政危机。例如,美国用于社会保障的支出由 1965 年的 190 亿美元,猛增到 1985 年的 3000 亿美元,超过联邦政府非国防支出的 50%;急剧增加的社会保障支出连同其他因素的影响,使得美国的财政赤字逐年大量上升,只好通过发行各种公债来弥补不足,却又造成国债债台高筑。西欧国家的社会保障费用从 20 世纪 60 年代以后持续增加,也造成其财政上的巨大压力。英国 1991 年政府社会保障开支为 720 亿英镑,1992 年增至 760 亿英镑,1996 年高达 800 亿英镑,为整个财政的 40% 左右。1994 年财政赤字为 500 亿英镑,很显然,其国家

① [英]安东尼·吉登斯:《第三条道路》,郑戈译,北京大学出版社 2000 年版,第 11 页。

② 同上书,第 7 页。

社会调剂、国家福利是以严重的财政赤字为代价的。[①] 法国1992年社会保障赤字为150亿法郎,到1995年已猛增至640多亿法郎,连同其他的财政漏洞,法国财政赤字累计总额高达4000亿法郎。[②] 瑞典1994年财政赤字为1900亿瑞典克朗,内债9950亿瑞典克朗,外债3850亿瑞典克朗,总计达12945亿瑞典克朗,相当于当年国民生产总值的92%,全国人均负债约14.7万瑞典克朗,而这些巨额债务大部分是用于国家福利开支的。[③] 这种高福利的社会调剂政策,要求在国家经济高速增长的基础上拥有雄厚的财力,庞大的社会福利支出造成政府财政的巨额赤字,出现了巨大的"财政黑洞"。

第二,过分强调国家社会调剂,会导致生产成本上升,失业率增高。沉重的社会保障支出使国家生产成本上升,竞争力下降,失业率居高不下,这一现象反过来又加重社会福利的负担。如欧洲,四十多年来不断增加福利待遇,这些增加的福利待遇大部分由雇主来支付,企业因此不堪重负。如在德国,企业每付给其员工100马克的工资,还必须同时支付大约80马克的各种补贴及保险费。这种做法在欧盟各国相当普遍,导致企业的生产成本提高并削弱了企业的竞争力。企业主为了获取更多的盈利,竞相把工厂迁往劳动力成本较低的地方,有的即使不迁出,也不敢随便多招雇工,所以造成欧洲一些国家失业率一直居高不下。巨大的失业人群又给社会造成沉重

① 李文政:《英国社会保障难题多》,载《人民日报》1995年2月8日。
② 潘革平:《法国危机和福利制度》,载《参考消息》1995年12月9日。
③ 丁刚:《瑞典向"福利病"开刀》,载《人民日报》1995年4月24日。

的福利负担，这些负担通过征税转嫁到在职人员和企业身上，又产生生产成本上升和竞争力下降的后果，从而造成更多企业的关闭或外移、更多人员的失业。

第三，对于效率会产生负面影响。对许多低收入者来说由于其基本生计享有国家较为充分的保障，因而其工作的进取精神甚至连其就业的热情都有所降低。对收入较高者来说，由于要缴纳过重的税，因而同样也会降低其工作的积极性。对企业来说，“紧随高税率而来的，是足智多谋的人们与之抗击的尝试”。“错误努力的形式之一，是企业把需纳税的开支作为在职人员的奢侈性经费。”①对全社会来说，由于在社会福利方面的支出过大，必定会降低在生产方面的投入。这一切必将造成整个社会生产效率的降低。

第四，过度强调国家的作用，将会侵犯公民的个人自由。社会调剂实际上是一种社会性的干预，因此应该有一个限度。密尔在谈论个人的自由界限时有一经典解释：“不论何种行动，若无可以释为正当的原由而贻害于他人，都可以借人们不谅的情操或者在必要时还可以借人们的积极干涉来予以控制，在一些比较重要的事情上更是绝对必须这样。个人的自由必须制约在这样一个界限上，就是必须不使自己成为他人的妨碍。……在并非主要涉及他人的事情上，个人应当维持自己的权利，这是可取的。”②每个人的基本权利，包括公平对

① [美]阿瑟·奥肯：《平等与效率》，王奔洲等译，华夏出版社 1999 年版，第 95 页。

② [英]约翰·密尔：《论自由》，程崇华译，商务印书馆 1959 年版，第 59—60 页。

待的权利不应被侵犯。毫无疑问，在社会成员基本权利得以维护的前提之下，每个社会成员对于社会都有一份责任和义务，正如应当按贡献进行分配一样，社会成员对于社会所尽的义务、所做的贡献也应当按照一个人的实际能力的大小而有所差别，至少在社会调剂的资源来源方面应当是这样。社会对于境况较好的社会成员和境况较差的社会成员之间在社会资源占有方面之所以有必要进行调剂，其主要依据就在这里。但是，必须注意的是，除此之外的社会调剂就有可能是过度的，社会成员平等、自由的基本权利就有可能受到伤害。

三、社会资本对于实现平等的不可或缺性

经济一体化及全球化的双重压力使“福利国家”在长期实践中积累起来的问题日益突出：沉重的社会福利负担降低了经济发展的效率、加大了经济政策实施的难度，同时失业问题长期得不到解决，并引发了许多社会问题，社会福利支出被大幅度地削减、税负加重、失业率居高不下。因此，国家已不能也无法承担全部的社会调剂，减少国家在社会调剂和社会福利方面的责任和负担，使社会调剂走向多元化已是不可逆转的趋势。

公民参与的水平式的社会关系网络是社会资本的主要形式之一，它是共同体成员在长期自由交往、相互作用中自觉形成的横向人际网络，即公民参与网络，如俱乐部、合作社、互助社、文化协会和其他志愿者协会及非营利性团体等。事实上，

公民参与网络正是在靠国家力量发展社会经济遭到失败的历史条件下形成与发展起来的。20 世纪 70 年代初以来，由于高福利国家面临着越来越多的困境，西方世界对国家干预的批评越来越多，各主要发达国家政府和各国际组织相继采取了抑制国家干预的政策。从 70 年代中期开始，在发展理论界出现了一些新提法，如自下而上的发展、基层的发展、以人为中心的发展等，对发展动力的寻求方向从国家逐渐转向民众。因为许多国家的经验表明，分配上的不平等与缺少民众的参与，是造成经济效率低的重要因素。随着民众的自我意识增强，人们在市场与国家之外，开始给予公民社会愈来愈多的注意，而公民社会也逐渐发展壮大。在第三章我们曾指出，社会资本中的公民参与网络是公民社会的社会关系基本模式，它反映和维护着特定社会群体的意愿和利益，开展活动靠的是网络成员之间的团结和自愿参与，所以社会资本中的公民参与网络成为了一种最适合促进自下而上的发展的组织形式。公民参与网络不仅可以发展民间交流和自主管理的方法和技能，促进社会经济的发展，更重要的是它还有助于培养成员之间的平等、互惠、互助的精神，促进社会整合，为弱势群体提供社会服务和社会保障，实现社会平等，增强社会凝聚力。因此，社会资本中的公民参与网络必然成为实施社会调剂、促进社会平等不可忽视的力量。

如前所述，在机会平等的前提下，对现有的社会利益如何分配，直接关系到社会平等的兑现程度。在市场竞争中，也即社会利益的初次分配中，社会成员根据市场的需要向社会提供一定数量与质量的生产要素，收入分配是按经济效益分配或按劳分配的，人们之间必定会存在收入差距，而且差距会越来越大。因此，仅仅依靠市场的自动调节，通过按劳分配，并不能实现社会利益的平等分配。至于政府主持下的对初次分配结果进行的社会调剂，虽然在一定程度上缓解了贫富差距过大的社会问题，但是正如前面所指出的，如果国家对社会收入分配过分干预，不但会侵犯到社会成员的自由，更会引发国家出现巨大的财政危机。据此，社会利益的分配、调剂理应走向多元化。社会资本中的公民参与网络可以把大范围的个人社会关系集合为一体的能力对于社会收入分配调剂和社会发展的实际作用是极其重要的，而公民参与网络也成为了社会成员收入分配与收入调剂的重要途径。

首先，公民参与网络有助于填补政府社会发展方面的资金不足，可从各种渠道筹措资金，动员各方面资源参与社会互助、促进社会平等。如鼓励创建各种民间团体，设立基金会，以及发展专门为弱势群体提供支持、保护和服务的慈善机构。竞争是配置社会资源的主要手段，而在竞争中，由于竞争者的素质、能力、运气以及外在条件的不同，总会有些人成为竞争中的强者，有些人成为弱者。强势群体与弱势群体在争取利益的能力上差异很大，而弱势群体的利益也因此常常受到侵害。一个正义的社会，应当是使竞争中的弱者得到有效保护的社会。弱者只有得到有效保护，才能享有与强者平等的基本权利。旧有的社会福利制度原本是忽视公民参与的，它强调国家和政府对民众基本生活需求的满足，民众是一个被动的团体，他们缺乏提升自己福利的机制和组织。但是，随着社会保障体制的不断发展，社会福利社会办已是不可挡的趋势，由国家、社会、个人共同承担。诺贝尔经济学奖获得者、美国经济学家米尔顿·弗里德曼认为,对于贫穷,“一个解决途径,而在许多方面还是最理想的途径便是私人慈善事业”①。这样,公民便具备了参与社会福利的机制和大的背景。但与此同时,公民参与社会福利,需要有一个组织将他们组织起来,共同参与社会事务的诉求。正如托克维尔在一个半世纪前指出的,民主国家中的市民是独立的,无力的,单靠自己几乎不能做任何事情,如果他们不能学会组织起来志愿性地相互帮助,他们将没有力量。而公民参与网络利用其根植于民间的特点,充当了公民参与社会福利的组织者。公民参与网络的运作依靠的是成员自觉自愿的参与,是非强制性和非功利性的,它不仅能更好地动员社会参与、动员政府无法动员的资源,通过社会捐助,动员社会各方面资源参与社会发展;更重要的是它可以通过这种方式把人道主义物资输入到资源配置和利益分配格局中,使社会中的弱势群体也能分享更多的社会利益。从20世纪60和70年代开始,传统的美国组织如教会世界署(Church World Service)和路德派世界救济会(Lutheran World Relief),和一些更新的组织如牛津饥荒救济委员会美国分会(Oxfam America)和开发协调社(Coordination in Development),以及一些大的基金会如洛克菲勒基金会、福特基金会和阿加·克汗基金会等日益组织大量的救济活动。到80年代中期为止,这些民间团体除了发放40亿—70亿美元

① [美]弗里德曼:《资本主义与自由》,张瑞玉译,商务印书馆1986年版,第153页。

的援助款项外,还向第三世界国家2万个当地的非营利性组织构成的严密网络提供了道义上的支持。“而20世纪90年代以来,发达国家有3000多个第三部门组织在从事对发展中国家的援助工作,它们每年所直接掌握的资金有100亿美元左右。”①我国解决贫困儿童失学的希望工程的非营利性组织——中国青少年发展基金会实施十年来募捐了10亿元人民币,建立希望小学8000多所,学校危房面积减少76.5%,获资助的小学生不少于41万人,使贫困地方的150万名失学或濒临失学的儿童进入学堂。希望工程已经成了中国保障贫困地区儿童得以继续学习的重要方式。

其次,公民参与网络能开拓大量的就业机会。公民参与网络中的非营利组织能直接担负起安排劳动就业的重任,成为成长最快的产业部门,蕴藏着巨大的就业潜力。以美国为例,非营利组织的雇员每年有1000多万人,是其解决就业问题不可缺少的领域。此外,积极参加第三部门工作的志愿人员达9000万人,形成了促进社会发展的庞大的人力资源,成为社会稳定的重要因素。正如享有“管理学革命之父”美誉的美国学者彼得·德鲁克指出:“美国从1972年到1982年的10年间,就业人员部门增长率为22%,其中营利企业增长率为21%,非营利部门的增长率约为营利企业的2倍,达到42%。”②他认为,20世纪80年代美国最大的成长产业是第三

① 王建芹:《第三种力量——中国后市场经济论》,中国政法大学出版社2003年版,第313页。

② 谢玲丽:《民间组织的培育、发展与管理》,载《上海改革》2001年第4期。

部门。今天，美国的医院、学校、慈善团体、文化团体等民间第三部门成了吸收劳动力最多的部门，美国成人每两个人中有一人、全国大约有9000万人在第三部门就业。① 再如，社会经济组织的发展为欧盟的经济发展发挥了重要作用。欧盟统计局1993年调查报告表明：当时欧盟12个国家的社会经济组织为269000个，就业人数为290万人，收入额为155000亿欧洲埃居（ECU）。1995年社会经济组织人数为1.824亿人，与欧盟15个国家总人中数3.7亿人相比，2个人中就有1个人在社会经济组织中就业。② 就我国而言，非营利组织的资本构成相对于企业较低，它能够消化吸收大量的从第一产业转移出来的农村剩余劳动力及第二产业结构调整而转移的劳动力，实现充分就业。中国作为一个发展中国家，积极发展非营利组织无疑是开拓就业机会、解决就业难题，促进社会平等的一个有效办法。

最后，社会资本中的公民参与网络以独特性质和特有优势，使其能够在市场与政府都无法顾及、或者力不从心、或者失败了的场合，积极地开展各种活动，有效地致力于解决一些特定的社会经济问题。③ 但是，我们不应该忽略的一个基本事实是，社会资本本身发挥的作用也不是万能的，必须避免对

① 胡雄飞：《关于经济类中间性体制组织的研究》，载《上海改革》2001年第4期。

② 余晖：《目前我国组建行业协会的四种模式》，载《上海改革》2001年第4期。

③ 赵黎青：《非政府组织：组织创新和制度创新》，载《江海学刊》1999年第6期；童星等：《社会转型期有关NGO若干问题的探讨》，载《湖南社会科学》2004年第3期。

它可能产生的误解。① 一是避免"德行完美的神话"。所谓"德行完美的神话",就是公民参与网络借助于宗教和道德教化而获得了一种神圣的自我影响和角色,假定其有能力改变民众的生活。这种观点忽略了一个基本事实,即公民参与网络仍然具有组织的一切特征,这就是随着规模和复杂性的增加,它们同样容易受到那些反应迟钝、行动缓慢、墨守成规的官僚机构的一切局限性的影响。也许公民参与网络受这些缺陷影响的程度可能会比政府机构要小,但是它们却难以完全不受影响。政府与社群组织事实上合作得如何,主要取决于政府,而不是取决于社群组织。二者之间的关系上极少发生社群组织"吃掉"政府的事,但相反的事则不乏其例,即社群组织被利用作为扩大政治领导人达到自己的某些政治目的的工具。为了防止发生这种事例,就要求政府的权力必须受到制约。二是避免"自愿主义的神话"。所谓"自愿主义的神话",就是认为真正的公民参与网络主要依赖于甚至排他性地依赖于对私人的行动和慈善资助的信念,国家与网络组织之间是一种对立排他关系。事实上,公民参与网络不可能、无能力也无动机来取代政府,因为公民参与网络的产生及其性质、活动范围,甚至活动经费都会受到政府的制约。因此,虽然社会资本中的公民参与网络在进行社会调剂、提供社会福利方面确实起到了不可忽视的作用,但是必须指出的是,它无

---

① [美]莱斯蒙·萨拉蒙:《非营利部门的兴起》,载何增科主编:《公民社会与第三部门》,社会科学文献出版社 2000 年版,第 252—254 页。

法取代国家在社会调剂中的社会功能。无论是现在还是将来,社会资本在社会平等得以实现的过程中只能起到补充作用,而难以取代国家的社会保障计划。

第六章　社会资本与自由

社会资本不仅能促进公共利益与个人平等的实现，而且对现代社会中的自由也有着深刻的影响。自由与平等一样，是良好秩序社会中最为基本的理念，也是现代正义、和谐社会的重要内容。在当代自由主义的理念中，自由的实现与保障主要依靠法律手段，社会资本理论的出现为自由问题的研究提供了新的思路。作为社会资本内在机制的道德自律与消极自由密切关联，或毋宁说自律就是自由；社会资本中的公民参与网络对推进民主政治、实现积极自由有着不可忽视的作用。

一、自由及其限制

自由是人类历史的共同主题，人类对自由的追求从未间断过。正如阿克顿所言："自由是古代历史和现代历史的一个共同主题：无论是哪一个民族、哪一个时代、哪一个宗教、哪一种哲学、哪一种科学，都离不开这个主题。”①然而，在政治哲学的所有概念中，自由却是最难以阐述，也最容易引起混乱的概念，因为“人们给自由所下的定义多种多样——这表明：在对自由的认识上，无论是热爱自由的人们当中，还是在厌恶自由的人们之中，持有相同理念的人微乎其微”②。

就日常用语来说，自由一词的意义并不复杂，通常是指不受限制或阻碍。也即，如果说一个人是自由的，就是指他的行动和选择不受他人行动的阻碍。这是“自由”的本义，任何其他的意义都由此延伸而出。如脱离这一本义来讨论自由概念，都会存在理论上的歪曲或困难。尽管大部分自由思想家都认为他人有意的行动才会限制个人的自由，但这一“有意的”限定语并不是自由的必要条件，而只是充分条件。③ 当然，理论家们感兴趣的不是这种偶然的行动限制，而是政治和其他权威限制个人行动自由的理由或限度，也就是制度层面上哪些限制个人自由的政策才是合法的、正当的。这种意义上不自由的例子很多，比如监禁、奴役、严重限制消费者的选择自由（如商品供应方的高度垄断）等等。任何社会都会存在各类限制，既有合法的，也有非法的，不同社会限制行动的类型、数目和程度存在着差别，但全无行动限制的社会是不存在的。但是由于任何社会都存在各类行动限制，便一概抹杀政治自由与专制的界限，同样是不可取的。因为除了一般合

① ［英］阿克顿：《自由与权力》，侯建、范亚峰译，商务印书馆 2001 年版，第 307 页。

② 同上。

③ 顾肃：《自由主义基本理念》，中央编译出版社 2003 年版，第 55 页。

法的限制之外，政治自由在任何社会都存在大致可衡量的标准。

自由是个人的行动自愿而无强制，这里自然涉及自由与责任的内在联系。古希腊的亚里士多德即已指出了这两者间的联系，他指出："道德依乎我们自己，作恶也是依乎我们自己。因为我们有权力去作的事，也有权力不去作。"这种"权力"就是"选择的权力"，而"选择可以说是一种具有欲望的理智，或者说是一种具有理智能力的欲望。作为行为的发动者的人，他使这两种要素结合在一起。"①说一个人的行动是选择的结果，就是说他在行动时能够做出不同于他实际做的事情。这也就意味着行动者具有理性和责任能力。有了选择的权力，人才能对自己行为的后果负道德的责任。据此，正如罗尔斯所言："自由总是可以参照三个方面的因素来解释：自由的行动者，自由行动者所摆脱的各种限制和束缚，自由行动者自由决定去做或不做的事情。对自由的完整解释提供了这三个方面的有关知识。于是，对自由的一般描述可以具有以下形式：这个或那个人（或一些人）自由地（或不自由地）免除这种或那种限制（或一组限制）而这样做（或不这样做）。各种社团和自然人可能是自由的或不自由的，限制的范围包括由法律所规定的各种义务和禁令以及来自舆论和社会压力的强制性影响。在这些情形中，自由是制度的某种结构，是规定种种权利和义务的某种公开的规范体系。我们把自由置于这种

① 亚里士多德：《尼各马可伦理学》，载周辅城：《西方伦理学名著选辑》上卷，商务印书馆1964年版，第306、312页。

背景中，它就常常具有上述三方面的形式。……当个人摆脱某些限制而做（或不做）某事，并同时受到保护而免受其他人的侵犯时，我们就可以说他们是自由地做或不做某事的。例如，如果我们设想良心自由是由法律规定的，当个人可以自由地追求道德、哲学、宗教方面的各种兴趣（利益），且法律并不要求他们从事或不从事任何特殊形式的宗教或其他活动，同时其他人也有不干涉他人的法律义务时，个人就具有这种良心自由。一系列相当微妙复杂的权利和义务表现了各种具体自由的特性。”①

在自由的范围与界限问题上，密尔在《论自由》中反复阐述“本文的目的是要力主一条极简单的原则，使凡属社会以强制和控制方法对付个人之事，不论所用手段是法律惩罚方式下的物质力量或者是公众意见下的道德压力，都要绝对以它为准绳。这条原则就是：人类之所以有理有权可以个别地或者集体地对其中任何分子的行动自由进行干涉，唯一的目的只是自我防卫。这就是说，对于文明群体中的任一成员，所以能够施用一种权力以反其意志而不失为正当，唯一的目的只是要防止对他人的危害，若说为了那人自己的好处，不论是物质上的或者是精神上的好处，那不成为充足的理由。”②这段话长期以来反复被人们所引用，用以捍卫个人自由。它强调的是赋予每个人可以按照自己意愿行动的不可侵犯的领

① [美]约翰·罗尔斯：《正义论》，何怀宏等译，中国社会科学出版社1988年版，第200页。

② [英]约翰·密尔：《论自由》，程崇华译，商务印书馆1959年版，第9—10页。

域,这一领域的界限只能是他人类似的领域。由此标准来衡量,那种为当事人的好处而进行家长制式的强制也是无法接受的。干涉一个人行动的唯一理由只能是有必要保护他人不受伤害。只影响当事人自身的那些行动不应当受到干涉。而有可能伤害他人的涉及他人的行动则需遵从出于公共安全的利益而规范的公平游戏规则。任何标准的困难几乎都是界限问题。这种不伤害他人的标准(包括可避免与否的标准)同样也难在界限的确定。因此,现代自由主义者仅仅只能要求界限的设定必须出于自由本身的价值。罗尔斯在《正义论》一书中就反复强调对某些局部自由的限制只能以保障更大的自由为理由才是正当的,而不能以利益的权衡和总体功利的计算为依据。为了强调个人自由的重要性,那些主张限制自由的人必须作出这样的证明,即至少必须表明:(1)所谓干涉他人的行动不能轻易地避免;(2)无法轻易地设定这样一种限制区域,在此区域内当事人的行为可以不受公众的见证(如果可以这样限定,则许多干涉行动都可以在私下里偷偷地进行);(3)此行为在社区总体上被看做是深度侵犯性的(因而是不能成立的);所指的侵犯行为不是这样一种意识形态或理想的表达,即它是应当在自由言论的标题下受到保护的。[①] 还应当记住,因为任何行为都可能涉及他人,故我们不可能在全然不牺牲自由的前提下禁止一切干涉他人的行动。这就是说,即使是在民主决定和正当程序法治确定自由的界

---

① [美]约翰·罗尔斯:《正义论》,何怀宏等译,中国社会科学出版社1988年版。

限时，也必须满足这些基本的界限标准，否则便应当以自由价值本身的名义通过类似宪法干涉或司法审查的方式制止以民主的名义对基本个人自由的侵害。

在理论家们看来，对自由的限制主要来源于法律。一方面，自由是出于自愿选择和不受限制的行动，法律又在某些方面保护公民的自由权，使得人们自由地行动；另一方面，法律又总是设置各种限制，以惩罚为后盾不允许人们做一些事情。这里似乎形成了一种悖论，但仔细辨别其内容便可理解，这种悖论并不存在。尽管个人可以选择违反法律而自由地行动，但这样的行动以侵犯他人的自由为代价，因而当事人受到制裁也是必然的。所以法律的最终目标是保护人们的普遍自由，而不是牺牲多数人的自由以排除对少数人的行动限制。就内容而言，各种法律体系所包含的自由成分是不一样的，有的法律体系带有专制色彩，属于严刑峻法，主要是为了限制普通民众的选择自由，以保护少数贵族和专制统治者侵犯民众自由的那些特权。而现代法治国家的法律尽管存在对个人随意侵权行动的限制，但还有许多法律规定并不限制人的行动自由。"法无明文不为罪"的基本法治原则便是一种保障自由的原则，同样是法治的一个重要组成部分。而且文明法律体制的惩罚与严刑峻法有着严格的区别，前者罪刑相当，后者使人动辄得咎，无所适从。生活在这两类不同法律体制下的民众的感受是不一样的。现代法治国家的法律尽量消除不合理的法律限制，以使人们有更多的选择自由。同时，还为公民以非暴力方式反抗他们认为不公正的法律留下了余地，为体制本身纠正不义之法开辟了道路。而专制法律体制则根本不具备这些可能性。因此,如前所述,不应该一般地说遵守法律就是自由,而必须看法律体系的具体内容和规定。但总的来说,排斥一切法律和权威的无政府主义式的自由也是自由主义者所不能接受的。然而,仍然有人会说,法律的存在本身就会冲淡自由。但自由并不意味着无法无天或为所欲为,因为任何人的行动都有一个域,这个域有可能直接侵犯到他人的自由,因而触犯了法律。在不触犯法律的范围内,他可以自由地选择,因而法律也并不冲淡他的自由。自然,自由主义者对于法律与自由的关系也不具有统一的定论。边沁即认为法律与自由是对立的反题,每项法律都是对自由的侵害,其解决方案是必要的社会功利,即以社会功利的最大化来决定法律与自由间的平衡。一种法律限制之所以必要,是在因为它可以增加社会功利。这种观点把法律与自由当做社会功利(在一定时期其总量一定)的一种函数。但自由主义者的另一种传统则不认为法律与自由是相互排斥的,洛克和哈耶克都倾向于认为,并不能说每项法律都是祸害,法律体系对于自由是必然的逻辑结果,因为自由的行动只有在已知规则的框架内才是可能的。

现代自由主义者大部分都采取了这后一种立场,即个人可以在良法的范围内取得行动的自由。这里有几层意思:一是说不带歧视、保护公民权益的法律本身即可从制度上保障公民自由,而保护特殊人群特权的、不公正的法律则会损害公民自由。二是在良法的范围内,即使法律带有限制公民某些行动的形式,但由于这种限制是为了保障普遍的公民自由,因而是对公民的小限制、大自由。此外,良法本身还为广泛的选择自由留有充分的余地。我们在此强调的是自由所涉及的社会体制上的基本界限问题,指出良好的社会体制通常均会给个人自由以充分合理的发展余地。反之,则以种种理由为个人的自由发展设置障碍。个人自由发展是社会和谐发展的先决条件,一个处处阻碍公民自由地表达言论和思想、从事创新和经贸活动的社会,是不可能实现真正的正义,不可能建立起良好的社会秩序的。

二、自律:社会资本的内在机制

如上一章所论述的,所谓社会资本是指以平等的社会关系为基础,以组织的共同收益为目的,通过组织成员自由地进行长期横向的交往合作,而形成的一系列互惠规范、公民参与网络和信任等非物质存在形态。而对于社会资本的所有形式,无论是公民参与网络、互惠规范还是信任,离开了道德自律都无法积累和正常运行。

所谓自律是针对道德的他律而言的,是作为人即道德主体的一种自愿活动,是反映人的自身本质的一种主体性活动。道德是社会关系特别是经济关系的产物,是人类脱离动物界并组成社会之后,基于维护社会利益,保证社会秩序,调整人类社会关系的需要而产生的。道德一经形成,必然带来某种超越于个体特殊性的社会普遍性,它反映的是社会共同的客观要求,内含着社会共同意志,是一种外在于人的客观必然性。它对人起着约束和导向作用,规范着人的行为,防止人的任性和妄为,以求社会处于和谐状态,有序地运转。这就是道德他律。道德他律在形式上表现为道德规范、道德义务等,其实质是客观的社会利益关系、社会客观要求对道德主体的约束和导向。但道德毕竟是人的一种活动,人是活动的主体,人在活动中充分发挥其主体性,用理性审视、过滤自己的动机、愿望、需要、意图,并通过对外在于自身之外的道德规范的确证与认同,将社会赋予自身的道德律令转化为自己内心的法则,并自觉按照这种法则约束自己,处理社会关系,从而把外在必然性转化为内在自觉性,把社会道德要求转化为内在道德需要,由被动地接受、遵循道德规范变为主动地接受和遵循,即形成道德自律。道德自律是由道德主体在社会实践中内化他律而来的,是主体的一种自我立法、自我约束。相对于社会的他律形式,道德自律的控制效果较为稳定和持久,且行为主体的行为方向和水平较少受外界条件的影响而发生变化,故属于高层次的社会控制。

自律作为社会资本内在机制首先是通过公民参与网络表现出来的。公民参与网络是一种社会成员在长期自由、平等的横向交往中所形成的社会成员自组织网络。它是处于国家和个人之间的大众非政府组织,它独立于国家,享有对于国家的自主性,它由众多旨在保护和促进自身利益或价值的社会成员自愿结合而成。公民参与网络有三个显著的特征:其一是非官方性,即公民参与网络是以民间的形式出现的。公民参与网络是社会成员在自由的状态下,经长期交往后,为了表达和实现某些共同的利益而自愿组织起来的,它并不是由政府或国家至上而下地强制组织而成,更不代表政府或国家的立场。其二是独立性,即公民参与网络拥有自己的行为规范、自己的组织机制和管理机制,有独立的经济来源,享有充分的自由与自治。无论是在政治上,还是管理上,都在相当程度上独立于政府。其三是自律性,参加公民参与网络的社会成员都不是被强迫的,网络成员是自由自治的个体,完全依靠自愿参与网络组织,并自律地维护网络的运行。据此,不难看出,公民参与网络得以产生,网络成员不仅必须享有充分自由,还必须能够行为自律,公民参与网络具有发达的公共理性,并在充分的自律与自治中运行与发展。公民参与网络之所以能够自律而不是强制地追求公共利益,其前提是个人的自由和自主性不能被危及甚至消解,效果是人与人之间的横向联系中互助性质在不断强化,罗伯特·D. 普特南把这种社团看做是“合作的社会结构”,因为“从内部效应上看,社团培养了其成员合作和团结的习惯,培养了公共精神”①。他的这种看法建立在托克维尔的如下理论基础之上:“人只有在相互作用之下,才能使自己的情感和思想焕然一新,才能开阔自己的胸怀,才能发挥自己的才智。”②使整个社会以自由、平等、博爱的融合为圭臬,实现整个社会生活的和谐共存。

自律是社会资本中的公民参与网络存在的根基,不仅如此,它的运行与发展也同样需要道德自律的支撑。公民参与网络中成员享有着充分的自由,但如前所述,自由并不意味着

① [美]罗伯特·D. 普特南:《使民主运转起来》,王列、赖海榕译,江西人民出版社 2001 年版,第 102 页。

② [法]托克维尔:《论美国的民主》下卷,董果良译,商务印书馆 1988 年版,第 638 页。

无限制，在一定规范下的自由才能得以实现，也只有所有成员共同遵循着社会规范，他们才能享受到真正的自由，自律即自由。事实上，人们在组织公民参与网络的过程中，也逐步形成了一系列互惠规范，而一旦规范形成后，组织成员便会自觉地遵循和维持。正如普特南在谈到互惠规范时所提及的："有这样一个例子可以使问题变得清晰。美国的11月风很大，我家的树叶可能会刮到别人家的院子里去。我的邻居们不太可能联合起来贿赂我，让我清除这些落叶。但是，邻里之间有这样一个强有力的规范制约，要求各家保持草坪整洁，这倒让我会想一想，星期六下午还要不要去看电视。实际上，这一规范并非来自当地的学校教育，新住户搬来时，邻居们会提醒他，秋天闲聊时也会不停地提及此事；此外，人人都格外卖力地把自己的院子打扫得一干二净。不清扫树叶的人，在邻里聚会时会受到冷落，很少有人会这么做。尽管这一规范并没有法律效力，尽管我更愿意站在窗前，欣赏七叶树鸡在树叶里叼来啄去，我通常还是会去遵守规范。"①普特南认为，互惠有两种："均衡的"和"普遍化的"。均衡的互惠指的是人们同时交换价值相等的东西，如办公室同事互换节日礼物，或者议员们互相捧场。普遍化的互惠是说，交换关系在持续进行，这种互惠在特定的时间里是无报酬的和不均衡的，但是，它使人们产生共同的期望，现在己予人，将来人予己。例如，友谊就几乎永远都包含着普遍的互惠。普遍的互惠是一种具有高度生产

---

① ［美］罗伯特·D.普特南：《使民主运转起来》，王列、赖海榕译，江西人民出版社2001年版，第201页。

性的社会资本。遵循了这一规范的共同体,可以更有效地约束投机,人人都在一个互惠的体系里行事,这通常被描述为所谓的短期利他与长期利己的结合。互惠是由一系列行为构成的,其中每一个行为都具有短期的利他性,但它们的集合一般会令所有参与者都受益。当受到互惠规范约束时,人的行为就具有了可预见性。如果一个人接受过别人的帮助却没有表示感激,或给予回报,人们就会把他看成一个忘恩负义的小人,并给予一定的惩罚。如果他作出恰当的报答,那么其他人所得到的社会报酬就会成为进一步扩大帮助的诱因, 这种自律、互惠行动形成的互换便逐步在网络成员间建立起了信任。

自我的自由与自治使信任成为可能而且必需,当人的行为开始发挥主要作用并作为影响互动的潜在因素出现时,信任也必须开始在界定人际关系上发挥作用。用卢曼的话讲,只有当有人贡献信任,有人接受信任,信任才是人们需要的。这样一来,信任就是存在于"被要求的"角色期望之外的东西了,像学生要求老师、乘客要求驾驶员、店主要求客户的某种或至少某些行为那样。信任不可能是要求的,而只能是贡献的,或者说是自律的。在按照亲缘关系组织的具有高度可预测性的传统社会中,人与人的信任大多是建立在熟悉和相互强化的亲缘义务基础上的,但是因此说传统社会是高度信任的社会显然是用词不当的。在这种社会中,成员在亲缘关系组织中行为的可预测度高,但却缺少变化和普遍的社会信任,因为在这样的社会信任系统中,系统外的任何东西完全是不可知、不可信的。在现代社会中,社会成员的亲缘关系网络逐渐被淡化,人的交往、生活空间不断扩大,人与人之间更多地是一种自主的、陌生的、不熟悉的关系。此时的相互交往如果离开了自律与自治,信任必定是冒险的,因为人们间的相互交往与建立在亲缘基础上的交往相比是如此的不稳定。然而,如果社会成员具有高度的自律与自治,信任便成为可能。只有在自由与自治中,社会才能积累起普遍的社会信任,社会成员才能实现长期的交往与互助,才能建成各种形式的人际关系网络,促进社会的良好发展。自由使信任成为可能,也成为必需。

由此可见,社会资本的各个主要组成部分的积累和运行都离不开社会个体的自律,社会成员在自律中组织起公民参与网络,在自律中建立并遵循着互惠规范,在自律中产生和积累信任。自律是社会资本的内在机制。

三、社会资本对自由的促进

社会资本是在处于平等与自由社会关系中的社会成员之间产生的,自由是社会资本存在与运行的重要条件,失去自由的社会不可能积累起丰富的社会资本。当然,社会资本的存在与丰富反过来又能促进自由的最终实现。就当代自由主义理论而言,较为普遍地把自由区分为积极自由和消极自由,因此,我们在讨论社会资本对于自由的作用时主要从积极自由和消极自由两个层面进行探讨。

（一）两种自由观

从理论上将自由分为积极自由和消极自由应是法国自由主义大师邦雅曼·贡斯当和英国当代政治哲学家伊赛亚·伯林的功劳。贡斯当从卢梭的学说与法国大革命的实践中发现一个十分有趣的悖论：卢梭与大革命企图摧毁所有旧观念、旧制度，建立一套全新的制度、法律、道德。然而，他们全部思想的基础却是对古代制度的模仿，尤其是他们关于自由的讨论打上了古代社会深深的印迹。这一论述促使贡斯当探讨卢梭以及法国大革命时期的理念与古代社会的关系，并提出关于古代自由与现代自由的著名理论。贡斯当将古代人的自由与现代人的自由进行比较，指出古代人的自由“表现为积极而持久地参与权力”①。它主要是一种公民资格，即参与公共事物辩论与决策的权力。古代的城邦国家是一些较小的共同体，由于领土狭小，贸易不发达，而奴隶制又为自由人提供了闲暇，因此古代人生活的主要内容是公共生活，共同体政治活动在他们的生活中具有很大的重要性。然而，与古代人有权直接参与社会团体事物并存的是，他们没有明确界定的私人领域，没有任何个人权利。“在古代人那里，个人在公共事物中永远是主权者，但在所有私人关系中却是奴隶。”②与古代人不同，现代人的自由则“必须是由和平的享受与私人的独

① ［法］邦雅曼·贡斯当：《古代人的自由与现代人的自由》，陶克文等译，商务印书馆1999年版，第32页。

② 同上书，第38页。

立构成的"①。"个人独立是现代人的第一需要:因此,任何人决不能要求现代人作出任何牺牲,以实现政治自由。"②所以,现代人的自由一方面表现为现代人享有一系列受法律保障的、不受政府干预的个人权利;另一方面又因为现代人愈来愈难以直接参与政治事务的讨论与决策,所以愈来愈把诉诸代议制作为既保障个人对政治的影响力,又维护个人其他方面生活的手段。在这里,古代人那种直接参与政治生活的情形将被减少到最低限度,现代人的自由意味着公民权的淡化,人民只能以代议制的方式行使自己的主权。据此,我们不难看出古代人的自由主要指公民的参与权;而现代人的自由则是一种在法律保障下的生存空间,是个人不受社会与政治控制的权利。

伯林继承了贡斯当的自由概念,并赋予其更深刻更广泛的含义。他将自由区分为"积极的自由"与"消极的自由"。伯林同意"对一个人施以强制,就是剥夺他的自由"这一最简明的论断;但紧接着说,问题在于"剥夺他的什么自由?"尽管几乎每一个道德家都颂扬自由,但自由这个名词的意义很模糊,所以几乎能够容纳绝大部分的解释。为了澄清这些疑问,伯林提出了两种自由观,即消极自由和积极自由。消极自由涉及对以下问题的解答:"在什么样的限度内,某一个主体(一个人或一群人),可以或应当被容许做他所能做的事,或

---

① [法]邦雅曼·贡斯当:《古代人的自由与现代人的自由》,陶克文等译,商务印书馆1999年版,第32页。

② 同上书,第41页。

成为他所能成为的角色而不受到别人的干涉?"①伯林认为:"正常的说法是,在没有其他人或群体干涉我的行为程度之内,我是自由的。在这个意义上,政治自由只是指一个人能够不受到别人阻挠而径自行动的范围。我本来是可以去做某些事情的,但是别人却阻挠我去做——这个限度以内,我是不自由的;这个范围如果被别人压缩到某一个最小的限度以内,那么,我就可以说是被强制,或被奴役了。"但强制一词并不是涵盖所有"不能"的形式,"强制意指:某些人故意在我本可以自由行动的范围内,对我横加干涉。唯有在某人使你无法达到某一个目的的情况下,你才可以说你缺乏政治自由。仅仅是没有能力达成某一目的,并不代表缺乏政治自由。"伯林强调,如果个人无法获得某些东西的原因,是由于别人刻意安排使之无法获得足够的钱去买这些东西,但是别人却可以弄到那些钱,只有在这种情况下这个人才能认为自己是被人强制、被人奴役的。因此,"我是否受到压迫,其判断的准则是:别人是否直接或间接、有意或无意地使我的希望不得实现。在此一意义下,若我是自由的,意思就是我不受别人干涉。不受别人干涉的范围愈大,我所享有的自由也愈广。"②

伯林曾指出,英国古典政治哲学家在使用"自由"这个词的时候,所指的就是这种消极自由的意思。自由的范围可能有多大,应该有多大,他们对此的意见并不一致。但是他们普

① I. Berlin, "Tow Concept of Liberty", in *Four Essays on Liberty*, New York: Oxford University Press, 1969, p. 121.

② I. Berlin, "Tow Concept of Liberty", in *Four Essays on Liberty*, New York: Oxford University Press, 1969, p. 122.

遍认为自由不能漫无限制，因为如果这样的话，人们就可以漫无界限地干涉彼此的行为；漫无限制的自由还会导致社会的混乱，导致弱者的自由被强者所剥夺。因此，应允许为了自由本身而限制自由，必须由法律来限制人类自由行动的范围。然而，对自由的限制必须限制在最小范围之内，正如哈耶克所说："真正的个人主义不否认强制力量的必要性，但是都希望限制它，即把它约束在某些范围内，在这些范围内必须有其他人来制止强权，以便将其总量减少至最低限度。"①伯林也指出："个人自由应该有一个无论如何都不可侵犯的最小范围，如果这些范围被逾越，个人将会发觉自己身处的范围狭窄到自己的天赋能力甚至无法作出最起码的发挥，而唯有这些天赋得到最起码的发挥，他才可能追求甚至才能'构想'人类认为是善的、对的、神圣的目的。根据此一推论，我们应该在个人的私生活与公众的权威之间划定一道界限。"②由此可见，在伯林看来，消极自由不是漫无限制的自由，然而对自由的限制只能是为了自由本身，同时这种限制必须是有限的，否则将会导致强权的发生。所以，消极自由的最高形式应该是自律，即人自己对自己的限制。伯林在梳理从康德到当代的自由思想时指出，康德等人并不完全把"自由"当做欲望之灭绝，而视自由为对欲望的抵抗与控制。在他们看来，人是自由的，因为人能够自律，而且只要维持自律，他就是自由的。自由就是

① [英]哈耶克：《个人主义与经济秩序》，何包钢等译，京华出版社2000年版，第192页。

② I. Berlin, "Tow Concept of Liberty", in *Four Essays on Liberty*, New York: Oxford University Press, 1969, p. 123.

服从，但却是“服从一种我们为自己而制订的法律”，于是，谁也不能奴役自己。而他律是对外界因素的依赖，在这种情况下，人很容易成为自己不能完全控制的外界的玩物，于是，在这一意义下，外在世界也就控制了人，奴役了人。因此，在一个国家里，公民的自律被增至最大可能之限度时，强制才会被减至最小可能之限度。

与消极自由有所不同，积极自由的主旨是“自主”，它和以下这个问题的答案有关：“什么东西或什么人，有权控制干涉，从而决定某人应该去做这件事、成为这种人，而不应该去做另一件事、成为另一种人？”①“自由”这个词的积极意义，是源自个人想要成为自己主人的期望。“我希望我的生活与选择能够由我本身来决定，而不取决于任何外界的力量；我希望成为我自己的意志，而不是别人意志的工具；我希望成为主体，而不是他人行为的对象；我希望我的行为出于我自己的理性、有意识之目的，而不是出于外来的原因；我希望能成为重要的角色，而不要做无名小卒；我希望成为一个‘行动者’——自己做决定，而不是由别人决定；我希望拥有自我导向，而不是受外在自然力影响，或者被人当做是一件物品、一个动物、一个无法扮演人性角色的奴隶；我希望我的人性角色，是自己设定自己的目标和决策，并且去实现它们。当我说我是理性的，当我说理智使我成为一个人，而有别于世界其他事物时，我所指的，至少有一部分就是上述的意思。而最重要

① I. Berlin, "Tow Concept of Liberty", in *Four Essays on Liberty*, New York: Oxford University Press, 1969, p. 122.

的是,我希望能够意识到自己是一个有思想、有意志而积极的人,是一个能够为我自己的选择负起责任,并且用我自己的思想和目的来解释我为什么做这些选择的人。只要我相信这一点是真理,我就觉得自己是自由的;而如果有人强迫我认为这一点不是真理,那么我就觉得在这种情形下,我已经受到奴役。"①这一段论述表达了伯林关于积极自由的观点,积极自由与消极自由的最大区别在于个人自己做自己的主人,而不着眼于别人或外力是否设置障碍。

然而,伯林在论及积极自由时,也指出了诉求于积极自由所可能导致的滥用与强制。他认为人类曾经有从精神的奴役中得到解放,或者从自然的奴役中得到解放的经验。在此解放过程中,人类曾经一面知觉到那个在主宰事物的"自我",另一面又知觉到在他们内心里有某些东西也被驯服了。随后,人类就把这个"自我"看成理智、看成是"最高层次的本性"的自我,看成"真实的"、"理想的"或"自主的"或"表现得最好的时候的"自我。接着,人们就把上面这种自我对比于非理性的冲动、不受控制的欲望、我之"较低层次的本性",以及"被他人或别种律则支配的"自我,从而认为:这个自我被欲望与激情所左右,如果要上升至"真实"本性的充分高度,就必须受到严格的纪律约束。正是这两重自我造成了人们对集合的自我(如部落、种族、国家以及由现在活着的人、加上已逝者和未入世者所构成的"伟大社会"等)的推崇和对小我

---

① I. Berlin, "Tow Concept of Liberty", in *Four Essays on Liberty*, New York: Oxford University Press, 1969, p. 131.

的贬抑。这个整体于是被看成“真正的”自我,它将集体的意志强加在顽抗的成员身上,从而获得它的“更高层次的”自由。单个的个人强制另一人容易遭致反抗,但以某种目标的名义,例如正义的名义来对人们施以强制则是可能的。这样一来,便可以用为了他们自己、为了他们的利益的理由而强制他们。于是,强制者便宣称自己比他们更明白他们真正需要的是什么。而人也就分为了至少两类:一类浑浑噩噩,不知道自己的真正利益;而另一类则不仅自己做主,也知道前一类人的真正利益所在,因而可充当其导师、启蒙者或强制者。而且这是以自由的名义来做的,是为了当事人选择真正的自由。因此,伯林强调:“将自我一分为二的后果如何,只要考虑要求自我导向的欲望,要求以一个人‘真正的’自我为导向的欲望,在历史上采取的两种形式就更加清楚了。这两种形式:其一,是为了获得独立而采取自制的态度;其二,是根据某一特定的原则或理想来‘实现自我’,或将自我完全认同于某一特定的原则或理想,以求取自我独立的目的。”①而这当中都包含着潜在的危险,即以这种真正的自我或实现自我的原则为导向,压制人们本来所具有的自由选择权,并且是冠冕堂皇地以自由的名义。因此,在伯林看来,与积极自由相比,消极自由是比较真确、比较合乎人性理想的主张,要比那些在大规模的、受控制的权威结构中寻求阶级、民族或全人类“积极”自我做主之理想的人士所持有的目标,更为真确,也更合乎

① I. Berlin,“Tow Concept of Liberty”, in *Four Essays on Liberty* , New York: Oxford University Press, 1969, p. 133.

人性。

综上所述，积极自由的本质就是建立在“去做……的自由”这一政治逻辑之上的。而消极自由却不在于指出自由应该是什么，而在于指出政府权力或其他政治强权不应该限制什么、损害什么、剥夺什么，它只意味着“免于……的限制”。积极自由是强势的肯定性的定义，消极自由则是弱势的否定性的定义。但事实上，完全独立于对方的积极自由或消极自由都是不存在的。积极自由的本意是自主，主体本身即存在是否被他人强制、有没有选择自由的问题。而消极自由的本意是不受限制，但不受限制的主体无论是思考还是行动都是做自己的主人。消极自由要靠积极自由去争取，积极自由又以消极自由为界限。可见这两者既相互区别，又密切联系。这两种自由，如同罗尔斯所仔细分析过的那样，并不存在着无法消解的冲突关系。相反，“古代自由与现代自由都是共源和具有平等价值的，两者之间没有什么值得自豪的优劣之分”①。贡斯当也曾再三说明：“政治自由是个人自由的保障，因而也是不可或缺的。”②“我们并不希望放弃政治自由，而是要求在得到其他形式的政治自由的同时得到公民自由。”③因此，一种好的制度应将这两种自由结合起来，一方面保障公民的个人权利，另一方面又能滋生他们影响公共事物的神圣

① [美]约翰·罗尔斯：《政治自由主义》，万俊人译，译林出版社2000年版，第436页。

② [法]邦雅曼·贡斯当：《古代人的自由与现代人的自由》，陶克文等译，商务印书馆1999年版，第42页。

③ 同上书，第44页。

权利。

无论是消极自由，还是积极自由都面临着一个重要问题，即如何实现自由以及如何确保对自由限制的正当性和适宜度。在现代社会中，人们交出一部分自由作为代价换取自己的安全和稳定，也即获得更高质量的、确获保障的现实自由。没有限制就不可能有真正能够实现的自由，没有限制就不可能有社会的有序状态，社会无序使得个体自由不可能得到保障。因此，自由必然同纪律、规范、责任相联系。对于自由主义者来说，自由的实现与保障主要是依靠法律，然而，法律对自由的作用毕竟是有限的，而且法律与主权对自由的过度干涉必将会导致强制的出现。因此，除了法律之外，还应该寻求更多的实现自由的路径，而社会资本以其独特的方式为保障自由提供了必要的补充。

(二)自律与消极自由

如前所述，自律是社会资本的运行机制，是影响着社会资本产生与积累的重要因素。而作为社会资本内在机制的道德自律与自由有着密切联系。

论及道德自律与自由的关系，必须提到的是康德。康德整个伦理学的核心部分就是自律。在康德看来，自由是理性对其自身自我意识及其实践能力的自我立法、自我约束亦即自律。康德把世界区分为两个平行的领域，与此相适应，他把规律分为两类：一类是自然的因果规律；另一类是意志或道德的规律。对人来说，自然规律是自然立法，是他律，而道德规律是法由己立，是自律。康德指出，人作为感性的存在者，受自然必然性的制约,没有自由可言,但人作为理性的存在者,则能摆脱自然必然性的制约,因而人在道德领域是绝对自由的。所以道德法则始终以人的自由意志为前提。在康德看来,凡是人都有意志自由,都知道什么是人的道德行为的最高法则,并按照它去行动。因此便愈自由便愈能遵循道德法则去行动,道德便愈加发展,他本身也就愈是自由。这种自由意志学说显然是从法国启蒙思想家的天赋权利论中吸取了灵感。但康德不像漫无边际的人那样大张旗鼓地鼓吹人的纯粹自由的政治权利,而是把自由与道德普遍法则和善良意志完全整合在一起,要人们通过获取纯粹善良意志来实现自身的自由。所以,在康德那里,道德自律是人完善自我、实现自由的重要手段和方式,人只有通过自律才能实现道德的最高价值目标——自由。

在康德的伦理学中,自由具有双重含义:一是指人的自由选择,即择别意志的自由;另一个则是指人的意志的自立法与自守法,即意志的自律。所谓择别意志的自由,指的是人和动物不同,他能在多种选择面前作出抉择,而不像动物那样为必然性所支配。这种对自由的理解正是对亚里士多德和伊壁鸠鲁思想的吸收。康德认为,正是这种自由使人具有了独立性。这种独立性使意志有可能摆脱感性欲望的束缚,具有选择的能力。他说:"准则源于择别意志,择别意志是人随意抉择的意志。……因此,只有择别意志方可称做是自由的。"①也就是说,对各种可能行为进行选择的能力是自由的一种表现。

---

① 《康德文集》,郑保华译,改革出版社 1997 年版,第 337 页。

康德把这种择别意志的自由称之为“自由的任意”。“任意”这个概念在康德这里是一个十分重要的概念。康德认为,有两种任意,一是动物的任意,一是人的任意。动物的任意在被病理学地(通过感性的动因)刺激起来的限度内,是感性的任意;而人的任意虽然也是一种感性的任意,但不是动物性的,而是自由的,感受性并不能使其行为成为必然的,这是因为人具有一种独立于感性冲动而自决的能力。这就是说,动物的任意不仅由感性的冲动所激起,而且由最强烈的冲动所决定;而人的任意虽然是被感性动因刺激起来的,但却并不是被它们所规定的,它具有自己规定自己的能力,因而它是自由的,它是一种自由的任意。

不过,在康德看来,上述这种自由还不是真正的自由,而是一种表层的自由。择别意志的自由只是作为一种否定性的特征存在于我们心中的,即它只具有一种不为感性动机所奴役的特征。康德说:“人作为感受性世界中的客观存在不仅有能力选择遵从法则,而且有能力选择违抗法则,然而人的自由作为理智世界中的存在却不能这么界定。”①也就是说,人的自由不能仅仅表现为某种独立不羁和不受感性动机奴役,更不能体现为对法则的违抗。人的自由应体现为对客观的道德法则的遵循,对绝对命令的服从。康德说:“自由,就它与内在的理性立法的关系而言,只可以恰当地称之为一种力量而已。上面提到的那种产生背离法则的可能性,正是一种没

① 《康德文集》,郑保华译,改革出版社 1997 年版,第 158 页。

有能力或者缺乏这种能力的表示。"①这就是说,真正的自由应表现为自觉遵循道德法则的能力。在康德看来,如果人们所遵循的法则是他们自己所立之法则,那就不能说意志是不自由的了。康德所说的真正意义上的自由,就正是这种纯粹的(因而是实践的)理性的自立法和自守法的能力,自由的真谛在于自立法与自守法。康德说:"有意选择行为的自由,在于它不受感官冲动或刺激的决定。这就形成自由意志的消极方面的概念。自由的积极方面的概念,则来自这样的事实:这种意志是纯粹理性实现自己的能力。但是,这只有当各种行为的准则服从一个能够付诸实现的普遍法则的条件下才有可能。"②显然,在康德看来,表层的自由是某种独立性,而真正的自由则是遵守自己所立的普遍法则的自由,即自律,意志的自律也就是真正的自由。意志的自律构成全部道德法则的唯一原理,也构成遵守这些法则的全部责任的唯一原理。康德指出,"意志的一切行动都是它自身规律的这一命题,所表示的也就是这样的原则:行动所依从的准则必定是以自身成为普遍规律为目标的准则。"③这就是说,自由和自律等同,从而自由意志和服从道德规律的意志是同一个意志。正是意志自律原则把道德和自由理念联系了起来。

在前面的论述中,我们知道,自由是指政府权力或其他政

---

① [德]康德:《法的形而上学原理》,沈叔平译,商务印书馆1991年版,第31页。

② 同上书,第13页。

③ [德]康德:《道德形而上学原理》,苗力田译,商务印书馆1986年版,第101页。

治强权不应该限制什么、损害什么、剥夺什么，但它并不意味着不接受合理而适当的限制。因为自由的状态，并不是没有规范的状态，而恰恰是人的自律性规范在愈来愈大的范围内起作用的状态。只有当自律性规范在社会中被增至最大可能之限度时，强制性规范才有可能被减至最小可能之限度。没有自律性的社会，不可能是一个自由的社会。由此可见，在一个共同体内，共同体成员愈自由，愈容易拥有丰富的社会资本，便意味着其成员的道德自律性愈强，而享有的自由度就愈大。因为在社会资本丰厚的社会，公民不准备也不能够为所欲为，因为他们明白他们的自由是他们参与共同决策和依照共同决策行事的结果。

（三）社会资本的公民参与网络对积极自由的促进

社会资本中的公民参与网络是促进积极自由的重要途径。普特南在对意大利社会资本进行研究时，阐述了公民参与网络的特征：其一，公民参与政治生活。公民对政治问题感兴趣，愿意投身于公共活动。公民不必是利他主义者，他们可以是自己利益的合理追求者，但他们的自我利益是同别人的利益以及公众的利益相协调的，是可以长期保持的。其二，政治平等。在公民参与网络中，每个人都有平等的权利，并且都对整个社会负有平等的责任。在此社会中，是互惠与合作的横向纽带将各个社会成员联系在一起，垂直的权威和依附关系被排斥在外。公民之间是平等的，他们之间的关系既不是保护人同被保护人的关系，也不是统治者与臣民的关系。公民之间的互惠关系、自我管理以及政治平等的发展程度愈高，公民参与网络的发展程度也就愈高。其三,公民之间团结、相互信任、相互容忍。在公民参与网络中,虽然公民之间也有不同的政治观点,也会出现利益上的冲突,但是他们彼此能够容忍不同意见,人与人之间是相互帮助、相互尊重的,也是相互信任的。社会成员之间的相互信任使他们能够克服损人利己的机会主义,使个人利益同集体利益协调起来。

充裕的社会资本储备往往会产生联系紧密的公民参与网络,而公民参与网络又是公民积极自由实现的必要条件。公民参与网络对积极自由的保障作用主要在于平衡国家的权力,参与国家的政治运作,同时保护个体免受国家权力的侵扰。首先,在公民化程度较高的地区,社会较为平等,公民积极,自由度高。因为,在那里,社会组织和政治活动多具有横向性,为公民参与公共政治事务提供了机会和手段。“公民性程度较高的地区的政治领导人比公民性程度较低的地区的领导人更愿意妥协。……公民性程度较高的地区更少发生冲突和争端,但是那里的领导人更愿意解决他们的冲突。公民性程度较高地区的特征是有一个开放的伙伴关系,而不是没有伙伴关系。”①然而,在公民化程度较低的地区,政治和社会活动是垂直组织的。公民同政治领导人之间的关系,是垂直的依附关系。公民拥有极少的积极自由,而人们参与政治主要是出于依附性关系,或者是为自己谋私利,并不是出于对国家、对社会公益的考虑。正是由于公民政治参与的缺乏,在公

---

① [美]罗伯特·D.普特南:《使民主运转起来》,王列、赖海榕译,江西人民出版社2001年版,第121页。

民化程度低的地区，更容易产生政治腐败与政治争斗。其次，在公民化程度较高的地区，由于横向组织的社会和政治的关系网络较为发达，人们互相尊重，平等对待，相互信任，并自觉自愿地遵守法律规章和社会道德准则。人们知道，他们参与制定和实施这些共同的决策，是对他们本身、其他社会成员以至整个社会都是有益的。当他们在遵守法律和道德的时候，其他人也这样做是在预料之中的，由此形成了社会互信。政府官员同民众之间较为投合，互信互助，搭便车的机会主义行为被人们看做是不道德的。然而，在公民化程度低的地区，法律、社会规范的拟定不用公民的参与，往往是国家或上层少数人由上至下制定的，同时又因为公民缺乏社会公德意识，公民们经常不遵守甚至会去违反法律规章。由于几乎每一个人都认为其他人会违反法律和道德，所以搭便车行为普遍发生，社会道德水平与自由度较为低下。

综上所述，社会资本与自由之间存在着互动而紧密的联系，自律是社会资本的内在机制，并影响着社会资本中公民参与网络、互惠规范以及信任的产生与运行。可以说，在一个公民失去了自由的社会中，社会资本永远不可能产生。而社会资本一旦产生，必定会反过来作用于社会公民的自由，丰富的社会资本必然会提高公民的自由度，推动社会的和谐发展进程。

第七章　构建社会资本，通往和谐社会

进入 21 世纪以来，中国的社会主义现代化建设进入了一个全新时期，一方面，经济发展和社会进步沿着既定的方向持续稳定地前进，另一方面，发展中存在的固有矛盾和冲突也日益凸显出来，贫富差距的加大以及由此引起的利益分化，在一定程度上对社会稳定和社会管理的有效性提出挑战。因此，如何建设社会主义和谐社会正是在这个背景下成为了时代的主题。

一、中国对和谐社会的诉求

任何理论研究兴趣的激发都取决于现实社会生活的需要，社会资本理论也不例外。如何建立正义而和谐的社会，不仅是一个社会经济的问题，更是一个众多学科共同关心的基本命题。

(一)关于和谐社会的传统思路

早在人类处于轴心时代,伟大的思想家们就开始意识到追求社会和谐的重要性了,都自觉地从所处的社会历史背景出发,设想他们心目中的和谐社会模式。比如,中国伟大的思想家孔子关于大同社会的理想就可以视为这方面具有典型性的东方代表。在《礼记》中有如下记载:“大道之行也,天下为公,选贤与能,讲信修睦。故人不独亲其亲,不独子其子,使老有所终,壮有所用,幼有所长,矜寡孤独废疾者皆有所养,男有分,女有归,货恶其弃于地也,不必藏于己;力恶其不出于身也,不必为己。是故谋闭而不兴,盗窃乱贼而不作,故外户而不闭。是谓大同。”“今大道既隐,天下为家。各亲其亲,各子其子,货力为己;大人世及以为礼,城郭沟池以为固,礼仪以为纪,以正君臣,以笃父子,以睦兄弟,以和夫妇,以设制度,以立田里,以贤勇知,以功为己。故谋用是作,而兵由此起。禹汤文武成王周公,由此其选也,此六君子者,未有不谨于礼者也。以著其义,以考其信,著有过,刑仁讲让,示民有常。如有不由此者,在执者去,众以为殃。是谓小康。”

在道家代表人物老子那里,他设想的和谐社会又是另外一番景象:“小国寡民,使有什伯之器而不用,使民重死而不远徙。虽有舟舆,无所乘之。虽有甲兵,无所陈之。使民复结绳而用之。”(《老子》八十章)在这里,老子认为社会和谐的前提是消灭一切技术,消解一切文明对人性的侵害,将文化所造就的社会人还原为没有任何印记的自然人。“民至老死不相往来”,就是切断那些引起纷乱的社会交往关系,让人们像植物一样固守在自己的园地里。这种淳朴的“甘其食,美其服,安其居，乐其俗”的画卷，固然是和谐社会的一类，但它更像是没有人活动的自然界。在庄子所构想的和谐社会里，有“至德之世”、“建德之国”、“至治之世”、“无何有之乡”等等。在这类理想的和谐社会之中，人的文化本性同样被充分地解构，剩下的只有人的自然本性。人生以回归自然为主要目的，“民如野鹿”，人摆脱了一切文化的羁绊，与自然和谐相处，与万物融为一体。庄子将人融化在自然中，人的一切活动表现为典型的自然过程，并随着自然界的盲目发展而不留下任何印记，“行而无迹，事而无传”(《庄子·天地》)。在他看来，和谐的自然界，容许有万窍怒号的大风与和风，它们自吹自停、旋怒旋已，也会有气之聚散与物之生灭的自然代谢过程，但却没有君子、小人的分别，更不会有“尚贤”、“使能”的主体意识。在这种和谐之中，我们能够找到的只有“物”的和谐，而人不过是“大块载我以形，劳我以生，佚我以老，息我以死”(《庄子·大宗师》)的造化之物，人与万物之间并无特异之处。

古希腊时期著名思想家柏拉图，同样通过描述他所谓的“理想国”来表达了对和谐社会的追求，“理想国”之所以理想是因为这个社会本身是和谐的。他认为人们的需要是多方面的，为了满足这些需要，人们必须分工合作互相交换，城邦就是一个分工合作，通功易事，以满足人们多方面需要的团体。“由于需要许多东西，我们邀集许多人住在一起，作为伙伴和助手，这个公共住宅区，我们叫它做城邦。”①人类虽然是共同

① ［古希腊］柏拉图：《理想国》，郭斌和、张竹明译，商务印书馆1986年版，第213页。

生于大地，彼此之间应该是兄弟，但是由于大地在铸造他们的时候，分别加入了金、银、铜使人们被区分为成为统治者、保卫者和农民及手工业者。为了使社会生活能够和谐而有序地进行，他认为每个人都要处于他们应该所在的位置，否则就会出现国破家亡的悲剧性结局。这在柏拉图那里有两个方面的含义：一是处于统治地位的那部分人，如果注意到自己的后代的灵魂中混入了铜铁，就不能姑息，而应该把他们放到恰如其分的位置上去，安排在农民和手工业者之间；如果后者的孩子中发现了天赋中有金银者，也应该把他们提升到统治者或保卫者的位置上来。二是这些人身上分别存在着三种美德：指挥、勇敢和节制，只有每个人都根据上天赋予自己的品质，做好自己的分内工作，才能够构成一个真正正义和谐的城邦。"当城邦里的三种自然的人各做各的事时，城邦被认为是正义的，而且城邦也是由于这三种人的其他某些情感和性格而被认为是有节制的、勇敢的和智慧的。"在这种城邦里，木匠做木匠的事，鞋匠做鞋匠的事，军人做军人的事，政治家做政治家的事，"其他的人也都这样，各起各的天然作用，不起别人的作用，这种正确的分工乃是正义的影子"①。

纵观人类历史进程，追求社会和谐可以说是一个共同的目标，虽然在究竟什么样的状态才算和谐问题上存在着分歧，有时候甚至严重对立，却并不妨碍整个人类对社会和谐的普遍认同。因为从根本上讲，和谐与秩序具有精神深处的内在

---

① ［古希腊］柏拉图：《理想国》，郭斌和、张竹明译，商务印书馆 1986 年版，第 157、172 页。

一致性，一般社会政治理论都肯定，秩序是社会能够正常存在和运行的前提，但是如果不能在社会内部的人与人之间实现各个层次上的和谐，秩序的维系就是不能长久的，最终必然会在冲突中陷入孔子所说的“礼崩乐坏”，在无谓的冲突中把整个社会消灭。尽管历史上对未来美好社会的设计冲动，不断失败却从未终结，以至于所有的思想家在关于社会理论的思考视野中，都不能不考虑实现一个他心目中的和谐社会以及如何实现的问题。这实际上是通过他们的活动表达了人类内心深处对社会和谐的渴望。

（二）现代中国需求和谐发展

党的十七大指出，十六大以来的五年是不平凡的五年。面对复杂多变的国际环境和艰巨繁重的改革发展任务，党带领全国各族人民，高举邓小平理论和“三个代表”重要思想伟大旗帜，深入贯彻落实科学发展观，战胜各种困难和风险，开创了中国特色社会主义事业新局面。

从经济上看，经济实力大幅提升。经济保持平稳快速发展，国内生产总值年均增长10%以上，经济效益明显提高，财政收入连年显著增加，物价基本稳定。社会主义新农村建设扎实推进，区域发展协调性增强。创新型国家建设进展良好，自主创新能力较大提高。能源、交通、通信等基础设施和重点工程建设成效显著。载人航天飞行成功实现。能源资源节约和生态环境保护取得新进展。改革开放也取得重大突破。农村综合改革逐步深化，农业税、牧业税、特产税全部取消，支农惠农政策不断加强。国有资产管理体制、国有企业和金融、财税、投资、价格、科技等领域改革取得重大进展。非公有制经济进一步发展。市场体系不断健全，宏观调控继续改善，政府职能加快转变。进出口总额大幅增加，实施“走出去”战略迈出坚实步伐，开放型经济进入新阶段。人民生活得以显著改善。城乡居民收入较大增加，家庭财产普遍增多。城乡居民最低生活保障制度初步建立，贫困人口基本生活得到保障。居民消费结构优化，衣食住行水平不断提高，享有的公共服务明显增强。

从政治上看，民主法制建设取得了新进步。政治体制改革稳步推进，人民代表大会制度、中国共产党领导的多党合作和政治协商制度、民族区域自治制度不断完善，基层民主活力增强。中国特色社会主义法律体系基本形成，依法治国基本方略得到切实贯彻。行政管理体制、司法体制改革不断深化。同时，党的执政能力建设和先进性建设深入进行。理论创新和理论武装卓有成效，党风廉政建设和反腐败斗争成效明显。

从文化和社会上看，文化建设开创了新局面。社会主义核心价值体系建设扎实推进，马克思主义理论研究和建设工程成效明显。思想道德建设广泛开展，全社会文明程度进一步提高。各级各类教育迅速发展，农村免费义务教育全面实现。就业规模日益扩大。社会保障体系建设进一步加强。社会管理逐步完善，社会大局稳定。

当然，在看到成绩的同时，也要清醒地认识到，中国特色社会主义进程中还面临不少困难和问题，突出的是：经济增长的资源环境代价过大；城乡、区域、经济社会发展仍然不平衡；农业稳定发展和农民持续增收难度加大；劳动就业、社会保障、收入分配、教育卫生、居民住房、安全生产、司法和社会治安等方面关系群众切身利益的问题仍然较多,部分低收入群众生活比较困难;思想道德建设有待加强;党的执政能力同新形势新任务不完全适应,对改革发展稳定一些重大实际问题的调查研究不够深入;一些基层党组织软弱涣散;少数党员干部作风不正,形式主义、官僚主义问题比较突出,奢侈浪费、消极腐败现象仍然比较严重。而这些问题的存在无疑影响着我国全面、持续、协调地发展。社会的科学发展需要全社会的共同努力,影响社会和谐发展的因素存在于社会的各个层面、各个领域。从前面几章的论述中,我们不难看出社会资本也深深地作用于整个社会的运行与发展,因此,构建中国现代社会资本去替代中国传统社会资本,也成为了构建中国和谐社会、推进中国科学发展的重要组成部分。

二、中国社会资本储存的传统与现状

如果说其他形态的资本与特定社会历史背景之间存在着一定的距离的话,那么社会资本则与一个国家或民族之间的历史传统存在着紧密联系。虽然福山认为在社会资本理论上的文化决定论是不足取的,但也不能以此断然否认或者无视从历史文化传统的角度对我国社会资本进行研究的必要性。

(一)中国传统社会资本

中国传统社会是指"从秦汉到清末这一段两千多年的中

国而言"，"属于工业革命之前的，传统性的农耕社会"①。而正是这几千年绵延不断的历史和悠久的文化传统孕育了独特的中国社会资本。按照儒家哲学的逻辑，个人从来都不是孤立的、独立的实体，人总是被界定为社会的或互动的存在。正如梁漱溟先生所言：比之于西方社会，中国社会既不是个人本位，也不是社会本位，而是一个关系本位的社会。"历史地看，我国文化中重视关系的取向不仅体现在观念上，而且体现在社会结构之中，并为社会结构所强化"②。中国传统社会结构的根本特性是"家国一体"，而"家国一体"的社会结构的基本原理与内在逻辑是家族本位："国"是"家"的延伸与放大，"家"是"国"的范型与模本；"国"具有"家"的神圣性，"家"具有"国"的政治性。家国一体的社会结构的基本特性，就是超越了"家"、"国"之间的中介——社会，两极直接相通，合于一体。③ 因此，中国传统社会的人际交往基本局限于由血缘或地缘的延伸和扩展所形成的社会关系网络。人们在达成、维持和运用这种社会关系网络的过程中，面子和人情发挥着重要的作用，二者共同构成了社会资本建构的重要基石。在中国传统社会，面子往往被作为重要的社会事实，面子的大小与一个人的身份地位的高低、社会声望的好坏、拥有社会资源的多少具有很大关系，面子显然成为了一种社会资本利用的独

① 金耀基：《从传统到现代》，人民大学出版社 1999 年版，第 7 页。

② 张其仔：《社会资本论：社会资本与经济增长》，社会科学文献出版社 1997 年版，第 59 页。

③ 樊浩：《中国伦理精神的现代建构》，江苏人民出版社 1997 年版，第 25 页。

特方式。同样,人情作为人们社会交往生活中的“润滑剂”也扮演着重要的角色,“人情法则”是进行人际交往和社会资源交换的重要指导原则。可见,重视非正式的社会关系和制度安排、忽视理性化的正式制度和规范的建立,的确是中国传统文化的重要特征。而从中国传统文化和传统社会关系结构中所衍生并达成的传统社会资本,也独具特点。①

血缘,简言之是人们因婚姻、生育、繁衍等生命活动而构成的血亲关系。广义上说,它由家庭、宗族、近亲等关系构成。血缘关系是社会关系的自然方面,这种属于人的关系深深地影响和制约其他社会关系,正如费孝通先生所说:“血缘关系的意思是人和人的权利和义务根据亲属关系来确定。”②血缘人际关系是以家庭为中心,由若干个家庭构成的人际关系网络,具有血缘关系的每个人都是这个关系网络上的一个连接点。地缘是由人们共同居住的生活空间而形成的人际关系网络。一般来说,某一特定地域的人们由于有着共同或相近生活习惯或习俗,他们在感情和心理上具有相同的地域观念、地方历史和文化发展的结果。地缘人际关系网络,从构成基础来看是地域共同体,是各个独立的家庭之间因为居住空间接近而产生的一种平等的人际关系;从性质上看,地缘人际关系带有浓厚的感情色彩。由于具有共同的文化背景、相同的语言和生活习惯,网络内的成员很容易对共同居住的地区及邻

① 江作军、刘坤:《论当代中国社会资本的转型》,载《江海学刊》2005年第5期。

② 费孝通:《乡土中国》,三联书店1985年版,第71页。

里和老乡产生归属感和认同感。

在中国传统社会,几乎没有割裂了血缘和家庭纽带而能真正独来独往的个人,即便有,也被视为特例甚至被人另眼相看。一切人几乎都与自己的家族脐带相连,以家庭或家族为中心,个人没有独立的权利和地位,不具有独立的性格。正如马克思所说:"我们越往前追溯历史,个人,从而也是进行生产的个人,就越表现为不独立,从属于一个较大的整体……"①与西方社会团体格局(独立的个体之间的交往)的社会结构和人际关系相区别,费孝通先生提出"差序格局"概念,形象地概括了中国传统社会的社会结构和人际关系特点:"我们的格局不是一捆一捆扎清楚的柴,而是好像把一块石头丢在水面上所发生的一圈圈推出去的波纹,每个人都是他社会影响所推出去的圈子中心,被圈子的波纹所推及的就发生联系,每个人在某一时间某一地点所动用的圈子是不一定相同的。""差序格局"这个概念蕴涵了中国社会的人际关系的亲疏远近。而能够造成和推动这种波纹的"石头"便是以家庭为核心的血缘关系,血缘关系的投影又形成地缘关系,血缘关系与地缘关系是不可分离的。具体说来,中国传统社会资本主要有以下几种:其一,家族性社会资本。在中国历史上,这是最常见的社会资本形式。这种社会资本对历史上中国个人发展起着不可替代的作用。当前,在国家福利政策和社会保障政策不完善的条件下,家族型社会资本在养老事业中的作用愈显重要。但是,家族型社会资本在地方纠纷中的负面作

① 《马克思恩格斯全集》第46卷(上),人民出版社1979年版,第21页。

用也日渐明显。在农村常见的是家族与家族之间为着住宅地盘、田间用水等而争斗，这是社会资本的封闭性因内部公共性增强而加大的表现。其二，宗族型社会资本。我国行政村界的划分，基本上就是沿袭传统性的宗族血缘关系、长期共同生活以及村民的意愿，并同时参考地缘因素和现代的业缘关系。资料调查和实地调查表明，可以将行政村按宗族性质划分为：主姓村（即以一个宗姓为主兼有其他）、单姓村、杂姓村、两姓村。杂姓村和单姓村很难在村内形成具有对抗性的宗族力量和社会资本，原因在于：前者虽有地缘关系但无较近的血缘关系；后者地缘、血缘关系皆具备，但如果没有强大的对抗性宗族存在，也很难生成严格意义上的宗族型社会资本。两姓村最容易形成宗族对抗力量，如果人数相当，其对抗性愈加强烈；主姓村，一般情况下不容易形成对抗性力量，但如果牵涉到重大利益，非主要宗姓会出于宗族利益单独结成宗族型社会资本以维护共同体的利益和稳定，而与村内主要宗姓或另一宗族形成对抗，这种情况一般在汉民族地区中夹杂少数民族的村落或者少数民族地区中易于产生。① 所以，在那些具有两个以上主姓宗族的村落中最容易对抗出宗族型社会资本，其基本形式就是内求互信、一致对外，或者虽内斗但外联。当前农村社会普遍的修订宗族家谱的活动又进一步强化了宗族、家族的荣耀，从而使宗族型、家族型社会资本叠加生成具备了“文本”基础和依据。宗族力量和宗族型社会资本一般

① 陆学艺：《内发的村庄》，社会科学文献出版社2001年版，第27—28页。

是基于维护某种共同利益而形成的。其三，亲友型社会资本。所谓亲族，一般包括内亲外戚，即血缘关系和姻亲关系。这样说家族又包含在亲族之内，亲族的外延显然广阔，包括“堂”、“表”两面。同时再把朋友这一层关系的社会资本也加进来。亲友型社会资本在农民发家致富的过程中十分重要，差不多居第一位因素。其四，乡土型社会资本。乡土型社会资本始终依托着地缘和血缘两种关系的叠加。如果说，乡土型社会资本在本地并不突出的话，而一旦越出本土地界则成了人们事业发展的珍贵资源。因为在外地生存中没有过多的血缘亲缘关系，只有地缘乡土关系才是“关系”，尤其在大中城市中的现代务工者群体中，有时因与血缘亲缘关系胶合在一起而更具特色。如深圳的“平江村”①、“湖南人”，北京有名的“浙江村”以及法国巴黎的“温州人”组织②，等等。在生存与事业发展中，因为在外地的老乡更值得信任，在言语上便于交流，由此形成了不仅仅是一个经济关系网络，更是一个以亲缘、地缘纺织的社会关系网络，为外出打工提供了机会和安全保护，并且在生活上互帮互助、融资上互援互供。

总之，中国传统社会的社会资本是以血缘关系和地缘关系为基础构筑人际关系网络的，这也决定了中国传统社会资本的特性：

第一，中国传统社会资本具有相对稳定性和封闭性。中

---

① 刘林平：《关系、社会资本与社会转型——深圳平江村研究》，中国社会科学文献出版社 2002 年版。

② 张洁慧：《信任：“温州人在巴黎”的社会网络机制》，载《社会》2001 年第 5 期。

国传统社会资本主要镶嵌在以家庭或家族为单位的小规模、高同质的网络结构内部,这在很大程度上决定了其内部成员对公共精神关注的狭隘视野。最直接的体现就是对以家庭或家族为边界的共同体利益的忠诚和维护,在为关系网络内成员带来强大利益的同时,也限制了网络外成员进入此关系网络进而获得相应社会资本的机会。从而,使中国传统社会资本难以形成强烈的吸纳能力和开放心态,并不断趋向和保持封闭与稳定。在经济活动中,传统社会资本的这一特性往往体现为容易形成某些小圈子、家族主义、地方保护主义等现象,使得经济组织往往倾向于朝着家族化或地域化的方向发展。人们习惯于用家族管理的方式来管理企业,这势必导致企业规模难以扩大,进而形成所谓的“裙带资本主义”现象,最终阻碍现代企业制度的确立。而在政治活动中,这一特性往往体现为民主缺乏和透明度较差,容易导致人治而不是法治。具体地说,“家国同构”的社会结构特点导致权力很自然地介入到社会资本的积累过程中,权力拥有者往往通过权力的滥用把社会资本快速地集中到他们的周围,政治权力和人际关系蜕变为社会资源配置的主要手段,最终导致人们对社会资本的追求直接表现为对权力的追求甚至是对权力拥有者的盲目崇拜和屈从。可见,中国传统社会“官本位”意识和“臣民”意识的根深蒂固与其社会资本的特点有着千丝万缕的联系。

第二,中国传统社会资本的获得、维持和运用过程更多地体现出一种非理性的特征。也就是说,中国传统社会资本的获得是一个无意识的过程,即是在人际交往中自然获得的,而不是一个理性化或制度化的建构过程。虽然人们在交往中有时会通过某些具体的手段或者形式,去刻意地表现自己在网络中与他人的交往关系,但是这种表现往往出于习惯的力量,或通过感性的表达,而不是理性的计算。因为理性的计算通常被认为是“见外”的和“不够朋友”的,可能会最终破坏人际关系网络的和谐,进而导致社会资本的丧失。传统社会资本的这种非理性特征,往往导致特殊主义凌驾于普遍主义原则之上。如果不通过社会关系网络,个人很难做成任何事情,甚至一些法律明文规定的事情,也要借助社会关系网络才有可能得到更好的施行。于是社会便会产生一种恶性循环:在社会生活中,人人痛恨社会关系网络在社会中的权威作用,但是人人为了在社会中取得便利或获取更大的利益,又必须用心经营自己的社会关系网络。事实上,此时的社会资本已经逐渐蜕变成为个人牟取私利的一种工具,它显然与现代市场经济社会所需要的普遍主义原则以及制度化、理性化的要求格格不入。

第三,中国传统社会资本的分布具有不均衡性和不协调性。中国传统社会一端是强大的国家或政府,另一端是原子化的个人和家庭,缺乏社会中间组织作为调节政府与民众之间矛盾和冲突的信息交换器和平衡器,缺乏现代公共治理理念所倡导的那种对话平台与沟通渠道以及促进市民社会健康发育的土壤。传统社会资本分布的不均衡、不协调以及社会中间组织发育的不充分,直接影响到个人的参与和合作意识乃至整个社会公民观念和公共精神的形成,也成为中国传统社会政府腐败、集权失灵、民主缺位以及行政效能低下等弊端产生的重要根源之一。由于“国家机构承担太多的责任，事无巨细，直接管到每一个人，个人没有责任却觉得受到束缚，得不到作为社会人的全面而自由的发展环境。整个社会的人力资本往往不能形成正和博弈，反而是零和博弈，甚至是负和博弈”①。事实上，“国家结构以及它介入公民社会和公共生活的本质与程度和社会组织构成了决定一个国家发展成败的关键因素”②。很显然，传统中国这种社会与国家长期处于同构、胶合的状态并不是一种和谐的社会结构体系，“其关注的核心是权力和秩序，没有‘社会’观念而只有‘国家’观念，权利和自由淹没于权力秩序之中，是一种自上而下的权力单行线设计”③。

家作为人生的起点，始终成为个人先赋性社会资本的成本因素。在中国，家除了智力教育这一功能之外，更重要的是在孩子以后的就业、职位升迁和发展方面的“社会支撑”功能。由“家”而衍生出来的亲族、宗族、地缘乡土“家文化”等传统性社会关系资本，其作用是十分强大的。然而，中国传统社会资本把家庭、单位、学校、家乡等作为主要载体，虽然体现了密切的人际关系，但相对封闭，延伸的半径小，多为纵向，难以形成相互之间的最大认同和接纳，难以整合为整体社会资本。同时对人际关系的过度强调和个人在建构社会资本时权

① 方竹兰:《从人力资本到社会资本》，载《学术月刊》2003 年第 2 期。

② 殷德生:《社会资本与经济发展:一个理论综述》，载《南京社会科学》2001 年第 7 期。

③ 马长山:《国家、市民社会与法治》，商务印书馆 2002 年版，第 43 页。

力广泛介入，在一定程度上造成了制度的软化，阻碍了社会的发展。正是由于传统社会资本的局部过密，以及与政治权力的过度联系，导致许多现实社会问题，诸如经济组织形式的家族化，既损害了现代信用机制的建立，又不利于企业规模的扩大；农村中家族势力的复苏；对地域利益的过度强调；人际关系和政治权力的密切结合，损害了政治廉洁的基础；等等。

（二）中国社会资本的流变

自1949年新中国成立以来，中国社会一直在发生着变革。对于镶嵌在社会结构或社会关系网络的中国社会资本而言，社会的变革理所当然地将引发其变迁。以时间为界线进行分析，新中国成立以来中国社会资本主要经历了两次变迁：第一次变迁是1949—1978年，由建立在血缘、亲缘、地缘等关系基础上的传统型社会资本向现代型的"单位社会资本"转化；第二次变迁是从1978年至今，社会资本变迁的内容较前者更为复杂，其中包括从传统型社会资本向市场化的现代型社会资本转化，以及以往被国家权力所遮蔽的传统型社会资本的复苏等。

新中国成立以来中国社会资本的第一次变迁主要发生在1949年到1978年间，变迁的内容表现为由建立在血缘、亲缘和地缘等基础上的传统型社会资本向"单位社会资本"的转化。何谓"单位社会资本"？在分析"单位社会资本"之前，首先应了解单位的概念及功能。从目前学术界对单位的研究成果来看，对其概念的界定主要包括以下几种。第一种认为：单位是再分配体制中的制度化组织①;第二种认为:单位是中国社会组织和调控的一种特殊的组织形式,在社会长期发展的过程中,单位构成基本的调控单位和资源分配单位②;第三种观点认为:单位是一种一元化的集体组织形态,是隶属于国家的职能部门。国家是一个耸立在单位之上的大单位,它是由千百万块"单位基石"逐级垒造而成的金字塔。农村政社合一和城市中所有的集体组织均被视为单位③。从这些定义中,我们不难看出单位是一种有助于人们调控和获取社会资源的制度化组织形式。因此,所谓的"单位社会资本",就是指人们在单位关系网络中所能动员社会资源的一种机制。这种社会资本具有特殊性,它镶嵌于一定的关系网络之中(单位关系网),可为处于其中的成员提供获取社会资源的渠道,但是它又是国家制度安排的产物,不是自发形成的。

不同于传统型社会资本以特殊主义为原则,重视血缘和地缘等已有的关系,单位社会资本则是在单位组织内部推行同志式的普遍信任关系。这种普遍同志式的普遍主义的人际关系超越了在传统的血缘和地缘等关系基础上形成的特殊主义的伦理道德规范,并以共同的意识形态为基础,从而使这种单位社会资本具有普遍性。这种社会资本虽存在于人际关系

---

① 李猛等:《单位:制度化组织的内部机制》,载《中国社会科学辑刊》1996 年秋季卷,第 16 期。

② 王沪宁:《从单位到社会:社会调控体系的再造》,载《公共行政与人力资源》1995 年创刊号第 1 期。

③ 曹锦清、陈中亚:《走出"理想"城堡——中国"单位"现象研究》,海天出版社 1997 年版,第 64—116 页。

互动所形成的社会关系网络之中，但它的形成不可能摆脱一定政治关系的影响。单位社会资本具有强烈的政治色彩，正是中国特定历史时期（1949—1978）所表现出来的时代特征。此社会资本在人际互动上强调划清敌我界限，弄清家庭出身、政治面貌以及阶级立场，并根据个人在单位组织中所处的政治地位来获取各种资源。国家通过单位组织把整个社会协调为一个整体，每个人都是这一整体中的一部分。单位成为人们获取各种所需社会稀缺资源最主要的方式和渠道。个人必须依赖于单位才能有所作为，倘若游离于整体基层组织——单位之外，将会发生生存困难，遇事寸步难行。单位社会资本具有一定的平等性。这种平等性主要体现在单位组织中人们没有最根本的利益冲突，因此形成了均衡、和谐、合作的人际关系。然而此种平等是一种过度的平等，人们赞赏均衡，抵制冒尖；承认级别划分但又抵制把这种区别距离拉大。在单位组织中，人们满足于低水平生活水准的"均利益"，没有"大款"、"小款"之分，没有贵贱等级之别。即使有人想超出、冒尖也是不可能的。这是因为如果个人真想这样做，就会被冠以"投机倒把"、"资本主义尾巴"等"大帽子"压回原有位置。

之所以会发生传统型社会资本向单位社会资本的变迁，主要在于国家的强制性推动。首先，国家合法性的要求。一个新政权建立后，它必须进行社会与文化的重建，一方面它要建设一种和以前不同的社会与文化来证明自己的合法性和正当性，另一方面又要构造一个和新社会相比无比落后的旧社会的形象。因此，传统习惯中的生活方式、社会形态和文化被当成落后、腐朽的东西而遭到批判与抛弃，而建立在血缘、亲缘、地缘等传统性因素基础上的传统型社会资本当然也处于被改造之列。其次,现代化的驱动。传统型社会资本对资源的配置具有规模范围小、封闭性等特征,不利于实现在短期内迅速扩充社会资源总量来推动社会现代化的纵深发展。而"单位社会资本"作为一种新型的资源配置方式,有利于中国在社会资源总量历史积累严重不足的背景下,有效地实现资源的配置和重点投放,从而构建国家现代化完整的经济体系和调控体系,有助于推进中国的现代化建设。1949 年新中国成立后,政府通过一系列政策、措施,甚至通过开展人民运动的形式来推动传统型社会资本向现代型的单位社会资本转化。在农村,国家通过土地改革、农村集体合作、人民公社化等社会改造运动,打破传统的家庭、宗族等社会关系网络,重新建立起以生产队、生产大队、人民公社为基本单位的组织形式,来控制和配置社会资源;在城市,国家也通过对资本主义工商业的改造和公有制的确立,建立了各种单位组织以实现国家控制职能。

虽然,国家采取强制性的措施来推动社会资本的变迁,但是由于中国特殊的国情,传统型社会资本并没有被完全破坏殆尽,而是以各种方式保存下来,仍然在一定范围的时空中发挥影响。这是因为血缘、亲缘以及地缘等因素是客观存在的,它们不会因国家的强制性干预而消失。每个人一生下来,总是处在各种血缘、地缘等关系之中。在国家控制了大部分社会资源配置之后,这些社会关系作为以往人们获得自己所需资源的作用已大大降低,但仍在一定范围内发挥着影响。特别是在农村中,由于中国幅员辽阔,农民人数众多,很难通过各种正式单位组织来满足他们的所有需求。农民即使是在国家严格控制社会资源的时期,仍然或明或暗地利用自己的血缘、亲缘等关系来获取少量的而又必不可少的资源,以求得生存与发展。

新中国成立以来中国社会资本第二次变迁是从1978年(以党的十一届三中全会的召开为标志)开始,直至现在。社会资本变迁的内容主要表现在由传统型社会资本向市场化的现代型社会资本转化以及各种过去被国家强制权力所遮蔽的传统型社会资本的复苏。其中,市场化的现代型社会资本与单位社会资本一样,都是基于法律等自制性因素所形成的现代型社会资本的重要表现形式。普遍性与平等性都是以上两种社会资本的主要共同特征。然而,与单位社会资本具有浓烈的政治色彩和依赖性不同的是,这种市场化的社会资本更突出经济性和自主性。经济性是指在市场化的过程中,人们获取自己所需的社会资源已不再是凭借自己所处的阶级或政治地位,而是通过市场交换关系来配置资源,即按经济效率原则运作。自主性是相对于以往单位社会资本的依赖性而言,即在市场化冲击下,我国过去那种由国家高度集中配置资源的方式发生了重大变化,国家利用单位组织进行分配和控制资源的能力削弱了,单位体制之外的社会资源分配方式在增加,并呈现出多元化的趋势。因此,人们不再强烈地依赖于单位组织来获取所需的社会资源,而是可以通过多元化渠道来实现,从而获得前所未有的自由空间。

第二次社会资本发生变迁的原因主要包括:(1)市场化因素的渗透。自十一届三中全会以来,中国的社会主义市场经济体制逐步得以建立和发展，使各种市场化因素得到合理的增长。在市场经济浪潮的推动下，社会流动增强，个人对原有单位的依附性逐渐弱化，个人可选择的机会增多，社会异质性提高，人们的求富意识、竞争意识也得到增强。这些市场化因素的出现，使社会资本由过去重人情伦理、封闭性、范围狭小的传统型逐渐向重契约法律、开放性与更大规模的现代型过渡。例如，在沿海一些开放的农村地区，由于市场的作用，这些地区出现了在熟人间农具使用、畜力租用、私人借贷上也开始适当地收取一定的损耗费用、计工计酬与租借利息的现象。(2)公民参与的增长。随着市场化发育的深入和人们经济利益的日趋满足，公众在政治上的民主意识、权利要求以及参与活动也开始增长。在农村中，所体现的是村落社区内村民自治的出现与发展；在城市中，则体现为单位社区与居民社区等社团的发展。有关数据显示，1998 年，我国全国性社团已增至 1800 个，地方性社团则高达 200000 个①。公民参与的日益增长使得现代型社会资本有了长足快速的发展。据普特南的研究，“公民参与网络培养了生机勃勃的普遍化互惠惯例，也有利于协调和沟通，并且放大了其他个人值得信任的信息”②，从而促成以合作与信任为主要特征的现代型社会资本的产生。(3)计划体制的打破和国家权力的收缩。计划体制的打破及国家权力的收缩是传统型社会资本复苏的体制前

---

① 陈健民、丘海雄：《社团、社会资本与政经发展》，载《社会学研究》1999 年第 4 期。

② [美]罗伯特 · D. 普特南：《社会资本繁荣的社群——社会资本和公共生活》，载《马克思主义与现实》1999 年第 3 期。

提。在计划体制下,国家通过强制性权力自上而下摧毁了(实际上并没有完全破坏)中国深厚而强大的传统型社会资本,如基于血缘、地缘的家族型或宗族型关系,使人际关系一切服从于国家行政组织权力的运行。然而,自 1978 年以来,随着改革开放政策的推行和社会主义市场经济体制的逐步建立,计划体制逐步被打破,过去被国家权力所遮蔽的传统型社会资本再度复兴增长。这在农村中表现得尤为突出,20 世纪 80 年代初人民公社制度开始解体,家庭联产承包责任制在农村得到推广,引发了农村经济秩序的变化,"也相应地导致了集体共同体社会的解体,农户再一次成为散落的马铃薯","乡村社会的结构单元又重新地复原为一个个原子式的个体"①。在村民原子化的背景下,能够为他们现实生活提供资源,而且又可以信手拈来的就是这些没有被国家权力所摧毁的传统型社会资本。(4)其他因素的影响。现代科学技术的日益发达,也推动社会资本的变迁。信息化社会的到来和互联网的出现,使整个世界连接成为一个紧密互动的地球村。承载着社会资本的社会关系网络在发生着变化,其建构的方式一直在更新,密度在叠加,层面在拓宽,情况变得愈加复杂化。在旧的关系网络消亡的同时,新的关系网络不断涌现出来。同时,席卷世界、风靡一时的全球化浪潮也正在深刻地改变着人们的交往方式、互动关系。中国也处在这股浪潮的冲击下,因此,社会资本的变迁是不可避免的。

① 吴毅:《村治变迁中的权威与秩序》,中国社会科学出版社 2002 年版,第 286 页。

（三）当代中国社会资本之现状与机遇

1978年改革开放以后，中国社会的结构发生了变迁，进入了急剧的转型时期，所谓社会转型被描述为“一种整体性的发展”和“特殊的结构性变动”。从社会转型的基础性结构上看，当代中国正处在从农业社会转向工业社会阶段；从社会的前导性结构来看，当代中国正处在从工业社会转向信息社会阶段；从社会的生活方式结构上看，当代中国正处在从匮乏型社会转向发展型社会阶段；从社会的经济类型结构上看，当代中国正处在从计划经济社会转向市场经济社会阶段。这种多重跨越，构成了当代中国社会转型的突出特点。中国社会的转型为中国社会资本的发展产生巨大的良性推动。

首先，市场化因素的渗透使得传统性社会资本逐步转向现代性法理契约型社会资本。社会主义市场经济的逐步推进，使得市场化因素合理地增长。如就业领域，在过去计划体制条件下，曾经存在计划分配就业模式，但在今天市场经济体制下，多采取供需双方见面的“双向”选择模式，信息的来源很大程度上取决于公开媒体和市场化中介组织等“弱关系”。沿海开放地区各类公司量才录用、公开招考急需高新素质人才的举措，一方面说明这些地方倡导社会公正、开掘现代法理型社会资本，另一方面也表明在这些地区传统性社会资本本身不很雄厚。“强弱关系在人与人、组织与组织、个体与社会系统之间发挥着根本不同的作用。强关系维持着群体、组织内部的关系，弱关系在群体、组织之间建立了纽带联系。"① 市场化因素所建构的社会资本的主要特点是按照法理契约平等交易、公平交往。目前在一些开放的农村地区,虽然传统型社会资本较为雄厚,但也开始注入市场因子,如在熟人间农具使用、畜力租用、私人借贷等方面也适当地收取一定的损耗费用、计工计酬、租借利息。当下中国农民走农业产业化之路,大力推广"公司加农户"的产业化模式,实际上是种植业、养殖业农民与附近乡镇企业或加工业农民工兄弟之间的协议和订单契约联合。这种联合就包含着现代性社会资本的"威力",实际上这是中国农民的又一伟大创造。现在农民的确需要按照自愿组成一些合作组织,利用其中蕴涵的丰富社会资本去闯大市场,以避免单个力量的单薄无力和不堪一击。县乡政府应该履行牵头组织引导的职能和提供有力的法律保护,促成这类合理性社会资本的建构。

其次,公民民主意识逐步增长使得现代性法理契约型社会资本有了长足快速的发展。随着市场化发育的深入和人们经济利益的日趋满足,公众在政治上的民主意识和民主权利要求也开始增长。最明显的例证是单位社区、居民社区等共同体内部民主决策参与气氛的浓郁。这主要表现在现代化的大中城市。在一些较为发达的农村地区所体现的是村落社区内村民自治意识的提升。转型时期在城市,社会中介组织如雨后春笋般地发展,这必然会减少国家和政府管理社会的成本,提高政府执政效率,促进整个社会的政治经济发展,这正是社会资本的正功能所在。这类社会资本的最大优势是改过

① 徐琦:《"社会网"理论述评》,载《社会》2000 年第 8 期。

去的“垂直型管治”为现在的“横向型管治”，通过自我管理、自我调节、自负盈亏、自我发展，达到既满足组织内成员利益和身心健康，又促进本组织持续发展的目的，使整个社会向良性运行变迁。普特南在研究西方现代城市社区的发育和培养问题时认为，发展社区之间长期的不断交往及其平等交换的规范有助于人与人之间的互信，有助于建立一种市民参与的公共网络，特别是由市民自主组成的经济（如合作社）和社会团体（如福利互助组织与兴趣团体），将能促进市民之间的合作。① 实际上这样的市民社区就是一种现代性社会资本。目前国际上掀起的非政府组织（Non - Government Organization）热在转型期的中国也较为流行，也就是现代性社会资本的崛起。有资料表明：中国 NGO 数量正在急剧上升，社会团体由 1978 年前的6000 多个猛增到2001 年年底的13 万个，民办非企业单位从零发展到70 万个。其中那些自下而上的 NGO 往往被称为“草根组织”，它们崛起于民间，服务于社区，其草根特性不是来源于政府或传统意义上的单位的特殊照顾，相应地也多少不受控制和支配，而是来源于社会渠道、社会成员，它们以提供社会服务、扶助弱势群体为已任②。转型前的“单位制”实际上是一种“垂直型控制”的社会制度；转型后应该转向横向型管理的“社区制”，它要求成员平等参与、协商议事，不是按照单位制中的地位、等级、身份而是法理契约，以平

---

① 陈健民、丘海雄：《社团、社会资本与政经发展》，载《社会学研究》1999 年第4 期。

② 陈凯祥：《中国 NGO 在成长》，载《华声视点》2002 年第3 期。

等身份分担权利和义务。契约本身分为“法理契约”和“伦理契约”，本节所谈的“契约”主要是指前者。家族、宗族、亲友和乡土、宗教型社会资本所体现的都是传统性血缘、地缘和亲缘特征的社会资本，带有“伦理契约”色彩。这些传统性社会资本一般缺乏现代市场化和法理契约因素，由于中国农民倾向于易分而难以合①，所以这种传统型社会资本总是经不起时间的考验。按照梁漱溟的分析，中国是“伦理本位社会”，即“缺乏集团生活”，“在中国因缺乏集团生活，亦就无从映现个人问题”②。中国人与善于集团生活方式的西方人不同，中国人擅长于分家而居住，这种分又分得不彻底，只分到家这一层面，而不像西方社会分到个人。③ 个人之合容易在法理契约基础上合作为一个集团，也需要借助集团的力量维护和帮助个人对付外部集团。而家庭之合则难以合到集团里，因为家本身就包含了小集团利益，这种小集团虽不强大，但有一定的维系作用，中国的小农意识就体现在这个小集团利益里。这正是社会资本“闭合性”弊端限制性的表现。也许这种分散经营、易分不易合在农村表现得要强于城市。现代社团的兴起表明市场因子与民主因子正在深入渗透古老而传统的中国大地。

最后，现代科技的日益发达也使得社会资本生成的广度

---

① 曹锦清：《黄河边的中国——一个学者对乡村社会的观察与思考》，上海文艺出版社 2000 年版，第 764—765 页。

② 梁漱溟：《中国文化要义》，学林出版社 1987 年版，第 69 页。

③ 李惠斌、杨雪冬：《社会资本与社会发展》，社会科学文献出版社 2000 年版，第 187 页。

拓宽、密度增加、方式更新。信息化社会的到来，互联网的出现都使整个世界连接成一个紧密互动的“地球村”，承载着传统性或现代性社会资本的“关系网”从而与“信息网”联结，其建构方式更新，密度叠加，层面加宽，情况愈加复杂化。改革开放政策的推行导致外来文化迅猛传入，人们怀着极大的好奇心在忐忑不安中慢慢接受和理解了一些外来生活文化模式，并且不断地进行中国式的模仿和改造，其中有积极效应也有消极效应。转型期的中国正日益步入多样化社会。① 现代化的发展变迁实际上就是社会不断分化进而不断整合的过程。“社会分化程度越高，对于社会整合的要求也就越高，……社会合作的理念便成为广大社会成员的共识，成为全社会非常现实的基本价值观念与行为准则。”②社会多元多样的分化态势使得人们愈来愈依赖社会资本尤其是具有普遍主义色彩的现代性社会资本的建构和威力。

然而，中国社会的转型也给社会资本发展带来了许多负面影响。其一，计划体制的打破和国家政权的收缩是传统型社会资本复兴的体制性前提。传统型社会资本的复苏在农村要强于城市。随着改革开放政策的推行和20世纪80年代初期人民公社制度的解体，国家公共权力退出农村，家庭联产承包经营责任制得到逐步推行，乡镇企业异军突起，传统型社会资本再度复兴增长。家族化农业、家族化企业经营模式风行

① 颜烨：《我国社会转型时期的“多元化”问题分析》，载《长白学刊》2002年第1期。

② 吴忠民：《公正新论》，载《中国社会科学》2000年第4期。

全国,这其中所蕴涵的家族型社会资本对于本经济实体和本地区来说肯定起着积极作用,但它不利于企业规模扩大和现代信用制度的发展;在一些宗族力量过于庞大、凸显的地方,宗族型社会资本作为内生性权力开始涉入乡村政权结构,有利也有弊,宗族之间利益冲突、流血械斗事件也常有发生。其二,市场体制条件下公共权力成为社会资本建构的中轴和交易筹码。权力的公共性始终表现在为人民谋福利,因为它来源于人民;然而权力又始终具体掌握在某一人或某一集团手中,这就难以避免权力在使用过程中的偏私性和扩张性。而对权力的监督又始终不外乎两种类型:一是内在监督即权力掌握者依靠自身人格修养和自身道德自律;二是外在监督即法律监督、舆论监督、群众监督等。在市场经济条件下权力就有可能变成可以进行市场交易的资源和要素参与交换,而这种交换在转型时期国家政治体制尚不完善的状态中会经常发生。在以公共权力为中轴的社会领域里,人际关系网中的权权、权钱、权色交易现象在权力监督失控的"体制漏洞"条件下,"权力寻租"、"权力寻情"、有组织性(集团性)腐败(即"窝案")等时有出现,人际关系依附公共权力俨然成了资源配置的主要动力。不单单是监督执行乏力,其中很多现象是各类办事制度的"游戏规则"本身制定得不合理、不科学,留下许多让人可钻的漏洞。公共权力一旦从许多领域愈加收缩,就愈加显示其稀有的珍贵性,也就使得这类交易型社会资本的建构愈加迫切并以超常速度和形式扩展。非正式群体在与正式组织目标方面存在一定冲突,但并不能就此否定非正式群体的正功能,它始终无形存在着社会资本的积极性和消极性两种功能，关键是要把握好其中正负的“功能边界”，因势利导，努力化消极因素为积极因素。① 其三，政权组织在公共领域的消隐退出使得纯粹消极意义的社会资本乘隙成倍增长、死灰复燃。当刚性的公共权力从社会中消隐退出之后而又没有相应措施填补的时候，一些过去曾经存在或与之类似的黑恶势力、邪教组织等在建构其组织内部信任和互助的基础上也开始“乘隙”成倍增长、死灰复燃。这类组织既向国家公权示威，又不断地向社会发泄不满。像曾一度兴起的传销组织、“法轮功”邪教组织、地方黑恶势力等消极性社会网络就是典型。学者萧功秦在分析近代中国市民社会发展过程特点时认为：“在社会生活中契约关系还不够强劲有力的条件下，传统的宗法关系及其变态形式的‘磁场’仍然会填补国家控制力所退出的空间，这种由私性很强的社会纽带力量结合起来的游离的社会个体，与西方市民社会中的个体有着很大的区别，由这种个体组成的社会组织更容易适应某些消极性的社会需求，从而产生畸形的社会势力与黑社会现象。”②美国政治社会学家亨廷顿在论述发展中国家现代化进程中深刻阐述了“新权威”的观点，就是要用世俗、理性、单一的中央集权这样的国家威权统治去整合地方的、贵族的、教会的或宗族的旧权威③，就是中国学者所称的“新权威主义”统治。转型

① 颜烨：《关注转型期“非正式群体”》，载《思想政治工作研究》2001年第3期。

② 萧功秦：《萧功秦集》，黑龙江教育出版社1995年版，第308页。

③ [美]P. 亨廷顿：《变化社会中的政治秩序》，王冠华、刘为等译，三联书店1989年版，第42页。

时期出现的“官黑”结合等现象，反映了市场体制下公权失去监督而产生交易型社会资本的情况。

三、如何构建当代中国社会资本

从根本上讲，中国社会并不缺乏社会资本，相反，中国社会资本的存量很大，但多为传统意义上的社会资本，如何将传统社会资本转换成现代公民意义上的社会资本，是摆在中国学者面前的一个重大课题。

社会资本结构的研究，对于中国经济与社会的长远发展至关重要。长期实行的高度集权的计划经济体制，导致在国家机构与社会个人之间缺乏“中间地带”，由于“中间地带”的缺乏，国家机构承担太多的责任，也行使太多的权力，而个人却又觉得受到束缚。通过社会资本的积累，形成一个有利于个体自主合作的社会关系网络，既有利于国家机构的改革，也有利于社会的和谐发展。

根据中国处于转型时期的特点，中国现代社会资本的构建首先关注的理应是自组织系统。我们所说的社会资本，是由一定的社会网络作为载体的。在一盘散沙一样的社会结构中，个人的力量往往被散沙形的社会结构所消耗。在集权体制下，个人则被禁锢在等级制度的框架中，有着较多的上下级纵向关系，缺少互相合作的横向关系。在这两种极端的情况下都谈不上有社会资本的存在。社会资本必须在民众的横向交往的关系中产生，民众作为社会中的一分子，本身就处在社会的各种关系中，允许民众利用自己的各种社会关系在守法的前提下创业，在创业的横向交往过程中，就必然产生民众的社会自组织，民众自组织是社会资本的物质载体。

一般来说，民众的社会关系包括：亲缘——由人的生产和再生产而形成的亲情关系、地缘——邻里乡亲关系、业缘——同事的工作关系、物缘——商品的交换关系、神缘——精神的信念关系，这些关系的存在是客观的，但是这些社会关系的潜在生产性价值是需要挖掘的。如果民众能够在这些社会关系的运作中进行自由组合，比如利用亲缘和地缘关系建立中小企业、社区组织，利用业缘和物缘关系建立行业协会、商会，利用神缘关系建立文化社团等，通过自由组合将自己个体的人力资本转化为群体人力资本，创造出超过个体潜能的经济价值和社会价值，这些社会关系就转化成社会资本的丰富内容。因此，所谓社会资本的物质内容，就是民众在自主参与社会经济、政治、文化生活的过程中形成的社会自组织系统。社会自组织系统之所以必要，是因为民众个体人力资本的实现，民众个体经济与社会利益的实现，只能依靠自身的艰苦奋斗，在民众个体的奋斗中，有民众自身的自组织系统保障民众权利的行使，比国家直接关注每一个个体更具生产性。由于信息的非对称性，国家直接保障每一个体的结果是既不能有效地保障个体权利，又忽视了自身的职责，因此是负生产性的。长久以来传统体制的低效率反映的正是这一状况。中国高度集中的经济、政治、文化体制使中国民众的纵向联系、等级服从、行政指令多，横向联系、横向交流、横向合作甚少，凡事依赖国家、听命于国家成为民众的思维惯性和行为惯性。国家也习惯于替代民众行事，把权力集中到自己手里，没有提供充分的制度环境让民众自力更生，更谈不上在横向交流中建立社会自组织。

经过30年的改革开放，这种状况有了根本的转变。民众的自主创业热情空前高涨，开办中小企业，建立行业协会，成立基层自治机构，组织各种文化社团等建构自组织行为蓬勃发展。但是体制转轨的艰难，使民众在自主创业中的体制障碍还很多，很多民众可以自组织解决的问题，国家机构还是介入太多。比如：中小企业的金融支持始终不到位，又没有积极支持中小合作银行的开办；农民的产品销售有困难，但对于建立竞争型的粮食棉花市场却顾虑重重；目前农民的权利保障不到位，但是村委会行使民主权利还不充分；农民急需向现代居民转化，但城乡之间的社会转移受到户籍限制；企业事业单位发展与改革的任务千头万绪，但职工参与决策和管理监督的保障机制还不健全；等等。因此，应开宗明义地支持和鼓励民众在坚持社会主义制度原则的前提下自组织起来，通过自组织解决自己生产、生活中的各种困难，实现自己合理的个人利益，比如民众自办的合作银行，农民自办生产、交换、分配、消费的合作社，社区自办的各种社团等等；在经济自组织的基础上，支持和鼓励民众政治文化上的民主决策、民主管理、民主监督，在国家权力之外，构建一个全方位的民众自组织网络，这应该是目前新一轮体制改革以至新一轮思想解放的核心内容。

建立民众自组织网络的效用，不仅在于建立民众自组织，而且对于自组织之外的关系网络建设也很有益处。如果社会关系结构始终处在民众横向联系、动态发展的过程中，就会促使民众在竞争中寻找最佳的人力资本组合，使社会在民众的横向联系中形成合作态势，比等级制度的纵向关系更能构成一个国家或一个民族的凝聚力。平行联系或横向联系的广度和深度可以反映一国民众作为经济主体权利的拥有度，决定民众人力资本知识能力的发挥程度，决定民众个体人力资本能否形成社会群体人力资本即社会资本。社会资本的其他资本内容大多是从平行性的民众自组织中生长的。

其次，构建现代社会资本还必须使民众在自组织过程中逐步建立民众自治规则系统——社会规范。规范包括各种层次：法律规范、道德规范以及行为习惯等。规范是由民众在自组织过程中为了个人利益的有效实现而必然要求制定的。这种社会规范不同于由国家机构自上而下指令性发布的法律规则，是民众在多次重复自由组合过程中，逐步发展出来的为保障个人利益而存在着的最优纳什均衡。这种最优纳什均衡可以在信息逐步相对完善的长期博弈中产生，使个人理性最大化与社会理性最大化取得相一致的求解。允许民众自组织系统的形成，为民众个体之间的平行联系架起桥梁，而组织内外平行联系的多次重复性，则为民众之间从非合作博弈到合作博弈提供了前提。社会规范就会在社会自组织的运作中形成。

几十年的计划经济体制，带给人们的行为惯性是长于等级服从，短于谈判协商。当一开始建立自组织系统时，民众不一定能够自觉地按照合作的规则行事，自组织的水平低，机会主义产生，互相背叛现象的存在，都是可能的。自组织的初期,无规范也许会使民众个体获得很多的短期利益,但由于无规范的混乱导致的个人长期利益的损失要远远大于个人短期利益的获得,因此,从长期利益考虑,民众自然会商讨契约的制定、规则的完善、合约的有效,这种由民众自身利益出发对规范的要求,比单纯由国家机构制定行政性指令更有效。因此,自组织初期的无规范现象,不是自组织本身的过错,而是自组织不够成熟,处在发展过程中的表现。随着自组织的生存时期的延长,自组织联系的增多,自组织的管理水平会提高,自组织本身的无规范现象将大为减少。历史的教训告诉我们,没有任何一个先知先觉者能够事先制定出完美无缺的规范,用以指导人们的行动。规范只能是在人们的自组织过程中试错形成的。而且,在人们的自组织过程中形成的规范起源于人们自身利益的保护要求,是人们在接受非合作博弈教训后的合作博弈解,更能为人们自觉接受。在横向交流中形成社会规范,与纵向交流中形成的社会规范是不一样的。在纵向交流中形成的社会规范,是自上而下灌输的,虽然决策可以采取民主形式,但民众毕竟是被管理者。而横向交流中形成的社会规范,是民众在自组织机构内平行交流的民主合作的氛围中形成,规范的自我约束力大大增强。平行联系保障每一人力资本个体的独立交易地位和平等谈判权利,较少产生等级压抑和被剥夺感。参与能够增强规范的科学性,继而产生权威性,也必然增加执行规范的自觉性。在执行规范的过程中,又会促进民众自组织的成熟和完善,比如行业自治协会、同业公会、民主自治组织、文化团体等深层次社会组织的产生,凡是涉及民众创业过程中的规则,除了必须要由国家亲力亲为的规则决定外，民众的自我决定是必要的。规范的形成从民众创业过程中的自发要求出发，自己来治理自己。

最后，培育民众之间的互相信任关系，是构建中国现代社会资本不可缺少的环节。社会规范的建立和执行，为社会信任关系的形成奠定了制度基础。比如全国企业和个人信用体系的建立，对违反金融信用的现象是有效的约束。长此以往，为了企业和个人的生产生活便利，讲信用就会成为普遍的社会风气，当大多数人都自觉地讲信用时，人们之间的互相信任的心理认同就构建起来了。互惠互信的心理认同关系也可以看成是人们社会交往关系中自觉自愿签订的隐性契约。它是伴随显性契约的逐步发展完善而产生的，是民众在长期重复性横向交往中，克服信息的非对称性，由自愿相互提供信息而产生的信任关系，这种关系是社会资本的重要组成部分。信任关系的建立可以节省大量的信息收集时间，可以降低合作成本，提高合作效率。横向接触、横向交流、横向联合是平等互利关系的经常化，而经常化的交往关系容易构成互相信任的心理关系，因此横向关系比起纵向关系来，容易建立互信关系。只有横向交流的广泛化，才能产生合作民主宽容的民族性格，而合作民主宽容的民族性格本身就是最重要的社会资本，直接产生经济社会效益。

很显然，在中国体制转轨的过程中，社会资本的积累不可能在完全自发的条件下进行，国家机构的作用是十分重要的。第一，国家为民众创造横向交流的环境。只有国家允许横向联合，并大力提倡横向联合，民众创办横向交流组织的行为才能得以实施。国家为民众创造横向交流环境的具体内容有：

允许民众自主创办各种民营性公有制企业，允许民众创办各种非公有制的中小企业，允许民众创办合作制中小银行，允许民众建立非国有的风险投资公司，允许民众建立各种社会中介机构，允许民众组成各种行业协会、商会。第二，国家为民众提供改革的环境，在民众自发性横向交流中所涉及的外部环境是需要国家制度保障的。提出转轨时期进行社会资本的积累，并不是说中国民众从来就没有积累过社会资本，而是说中国民众的社会资本积累必须在一个适宜的改革环境中才能真正持久地进行。在高度集权的传统体制下，虽然民众也能通过承包经营责任制等制度的自发性创造，极其顽强地体现他们具有的建立社会资本的潜能，但只有在中央提出“解放思想，实事求是”的思想路线，进行全面的体制改革时，才能使民众中拥有的建立社会资本的能力逐步释放出来。从这个意义上说，改革就是为民众进行社会资本积累提供制度保障。第三，对民众进行社会资本积累加以引导。无政府状态下不可能进行真正的社会资本积累，社会资本的积累与国家的宏观调节是相辅相成的合作关系，不是此消彼长的对立关系。国家关于市场经济运行的法律法规的不断完善、关于建立基层民主制度的长期实践、关于信用制度的推进、关于政府职能的改革、关于公民道德建设的部署、关于反腐倡廉的举措，无不有益于中国社会资本的积累。而民众的自组织网络的创立、民主自治规范的建设、社会信任心理和合作竞争心理的形成，又会为国家宏观调控提供坚实的社会基础。因此，中国社会资本的积累只会增进而不是削弱国家机构的权威性。

结束语　和谐社会的社会资本理论描述

和谐社会，从学理上说，应是在社会正义价值和规则的引导下，公民个人及群体的正当权利和利益能够得到充分表达和维护，国家权力机构能够对社会利益冲突进行有效协调和整合，各个社会利益主体能够自由、平等和谐共处的社会。因此，和谐社会必然是一个公民参与网络得到良好发展的社会。在和谐社会中，每一个人的权利和自由都得到确切保障，并且彼此尊重和宽容。个人可以自由地创造财富，有同等的机会参与公平竞争，个人的才能得到最大限度的发挥并得到应有的社会回报。社会各阶层之间相互开放、自由流动、平等进入。任何一个社会成员都有机会按照其贡献得到相应的社会位置，社会流动为较低社会阶层的成员改善境遇提供了平等的机会，为优秀人才脱颖而出提供了有效途径。个人的平等权利确立了公民道德和行为的底线标准，成为公民普遍认同的社会正义观念的基础，凡是正当权利和利益都得到同等保护，凡是不正当的权利和利益都得到矫正和遏止，社会公正与正义得到最大程度的实现。据此而建立的人际关系和社会秩序是和谐稳定而无法动摇的。个人权利和自由的确立为公民参与网络的形成与发展奠定了坚实的基础,使横向人际网络成为社会成员交往网络的主要形式。社会公民在交往和社会合作的过程中,结成了广泛公民参与网络组织,培养起宽容、合作和团结的精神,形成了自我管理、自我发展的习惯和能力。更为自由的公民建立起了广泛平等互助的人际网络,促使社会成员以和平、理性的方式解决冲突,防止了社会矛盾的积聚和升级。同时,在公民参与网络中,连接人们之间的核心纽带是公共利益,对公共利益的追求并不是借助于强制力量,而是以立足于个人发自内心的自愿。社会成员通过公民参与网络参与公共利益的维护和积累,在主观心理上完全是自由自愿的,他们获得的是一种更高境界上的自我实现。在和谐社会里,公民参与网络拥有相对于国家的独立地位;同时,也制约、规范、促进政治体制的发展,为政治体制的存在和发展提供持续的合法性基础。在和谐社会,公民常常是积极而主动地进入公共领域,参与各种公共组织,尤其是横向的人际关系网络,积极同他人进行交往与合作,对涉及公共利益的问题进行自由的、理性的对话和讨论。公众广泛参与、自由讨论所形成的公共意见能够对国家事务进行批评、影响和监督。国家权力运用和行使的合法性必须诉诸公共理性所认可的法律。公共领域的讨论不仅促进了社会整合和群体的认同,而且使公民在参与政治讨论的过程中认可了政治秩序的价值,政治体制从而也能获得牢固的合法性基础。公民参与网络与政治国家关系的和谐是和谐社会的结构性特征,个人的权利和自由也成为公民参与网络和政治国家的边界,成为国家权力行为的根本的道德和法律约束。公民参与网络与政治国家既相互制衡,又相互促进,形成良性互动、协调发展的和谐关系。

广泛的公民参与网络为和谐培养了生机勃勃的普遍化互信互惠的社会规范。一个和谐的社会不仅需要由国家机构自上而下指令性发布的合理的法律规则、法律制度,更需要社会成员在长期交往合作,多次重复自由组合过程中自制并用以自治的包括自由、平等、诚实、遵守诺言、履行义务及互惠等社会规范。这些互惠的社会规范关注的主要是一系列非制度化的、非强制性规范的集合,它主要在于人们的自觉控制。与法律相比,互惠规范更依赖于社会舆论和自身信念来发挥它的调节作用,而非依靠国家的外部的强制力。它的功能发挥程度如何,往往取决于社会成员对其认知、接受以及转化成相应的道德实践的能力,即自律。作为基本而重要的社会功能,互惠规范的调节功能是运用行为规范去调整人们之间以及个人与社会之间的关系,其目标就是使个人与个人、个人与社会之间的关系完善和谐。在拥有普遍互惠规范的和谐社会里,就算是社会交往在密集的社会网络中进行时,社会成员也能维持良好状态的社会秩序。

信任是构建和谐社会的基石,而和谐的社会必然是充满了信任的社会。正如胡锦涛总书记明确指出的:我们所要构建的社会主义和谐社会,是一个民主法治、公平正义、诚信友爱、充满活力、安定有序、人与自然和谐相处的社会。而这一切的形成都要以诚信为基石:民主必须在聚集于民的基础上才能得到充分发扬,法治的过程应该是诚信锻造的过程;只有尊重和遵守诚信规则,人们的创造活动得到维护,创造才能得到充分发挥,社会才能充满活力;没有诚信与法制作保护,社会秩序出现混乱,人的权益无法得到保障,公平公正就难以实现。信任是和谐社会内部最重要的综合力量之一。一个和谐的社会,仅仅依靠法律和制度规范是远远不够的,还必须借助道德的力量。而在人类的道德规范体系中,信任对社会的和谐发展最有价值。因为信任可以最大限度地减少社会生活中的各种内摩擦,减少社会生活的风险和代价,使社会的运行成本大大降低。人与人之间的互信互爱可以构筑良好的人际关系,人们只有彼此信任,相互帮助,才能够平等相处,合作共事,从而保全个体利益与公共利益的最大化。信任不仅给和谐社会可带来功利化的物质成果,而且也有极高的精神价值,有利于增加社会的价值认同和凝聚力,使人们在彼此信任和相互关爱中,感受做人的价值和尊严,体验生活的美好和人生的幸福,甚至激发生命的创造力。如果说和谐社会是一个按照一定文化模式和制度规范构建起来的组织严密、公平正义、良好运行的系统,那么信任就是这个系统内部各个构件之间的纽带或润滑剂,它使社会充满色彩和生命力。

总之,和谐的社会是有着丰富的社会资本、并且社会资本得以良好运行的社会。社会资本有助于社会正义的实现,推进和谐社会的发展,而和谐社会又给予社会资本存在与发展的充裕空间。

参考文献

一、著作类:

1. 《马克思恩格斯全集》第1、6、13、23、40、42、46(上)卷,人民出版社1956—1979年版。

2. 《马克思恩格斯选集》第1—4卷,人民出版社1995年版。

3. 马克思:《资本论》第1、3卷,人民出版社2004年版。

4. 《列宁选集》第3卷,人民出版社1995年版。

5. [古希腊]柏拉图:《理想国》,郭斌和、张竹明译,商务印书馆1986年版。

6. [古希腊]亚里士多德:《政治学》,吴寿彭译,商务印书馆1965年版。

7. 《亚里士多德全集》第8、9卷,苗力田等译,中国人民大学出版社1994年版。

8. [德]康德:《历史理性批判文集》,何兆武译,商务印书馆1990年版。

9. [德]康德:《法的形而上学原理》,沈叔平译,商务印书馆1991年版。

10. [德]康德:《道德形而上学原理》,苗力田译,商务印书馆 1986 年版。

11.《康德文集》,郑保华译,改革出版社 1997 年版。

12. [德]黑格尔:《法哲学原理》,范扬、张企泰译,商务印书馆 1997 年版。

13. [英]亚当·斯密:《道德情操论》,余涌译,中国社会科学出版社 2003 年版。

14. [英]亚当·斯密:《国民财富的性质和原因的研究》,郭大力、王亚南译,商务印书馆 1972 年版。

15. [英]洛克:《政府论》,叶启芳、瞿菊农译,商务印书馆 1963 年版。

16. [法]孟德斯鸠:《论法的精神》上册,张雁深译,商务印书馆 2004 年版。

17. [英]哈耶克:《自由秩序原理》,邓正来译,三联书店 1997 年版。

18. [英]哈耶克:《通往奴役之路》,王明毅、冯兴元等译,中国社会科学出版社 1997 年版。

19. [法]卢梭:《社会契约论》,何兆武译,商务印书馆 1982 年版。

20. [德]哈贝马斯:《重建历史唯物主义》,郭官义译,社会科学文献出版社 2000 年版。

21. [德]哈贝马斯:《公共领域的结构转型》,曹卫东等译,学林出版社 1999 年版。

22. [德]马克斯·韦伯:《经济与社会》,林荣远译,商务印书馆 1997 年版。

23. [德]马克斯·韦伯:《新教伦理与资本主义精神》,

于晓等译，三联书店 1987 年版。

24. [美]约翰·罗尔斯：《正义论》，何怀宏等译，中国社会科学出版社 1988 年版。

25. [美]约翰·罗尔斯：《政治自由主义》，万俊人译，译林出版社 2000 年版。

26. [法]布迪厄等：《实践与反思》，李猛、李康译，中央编译出版社 1998 年版。

27. 《文化资本与社会炼金术——布迪厄访谈录》，包亚明译，上海人民出版社 1997 年版。

28. [美]詹姆斯·S. 科尔曼：《社会理论的基础》，邓方译，社会科学文献出版社 1999 年版。

29. [美]罗伯特·D. 普特南：《使民主运转起来》，王列、赖海榕译，江西人民出版社 2001 年版。

30. [美]弗朗西斯·福山：《信任——社会道德与繁荣的创造》，李婉容译，远方出版社 1998 年版。

31. [美]詹姆斯·M. 布坎南、戈登·塔洛克：《同意的计算——立宪民主的逻辑基础》，陈光金译，中国社会科学出版社 2000 年版。

32. [美]埃莉诺·奥斯特罗姆：《公共事物的治理之道》，余逊达、陈旭东译，上海三联书店 2000 年版。

33. [丹]C. 格鲁特尔特等编：《社会资本在发展中的作用》，黄载曦等译，西南财经大学出版社 2004 年版。

34. [美]曼瑟尔·奥尔森：《集体行动的逻辑》，陈郁等译，上海三联书店、上海人民出版社 1995 年版。

35. [法]涂尔干：《社会分工论》，渠东译，三联书店 2000

年版。

36. ［英］安东尼·吉登斯:《社会的构成——结构化理论大纲》,李康、李猛译,三联书店1998年版。

37. ［英］安东尼·吉登斯:《现代性与自我认同》,赵旭东、方文译,三联书店1998年版。

38. ［英］安东尼·吉登斯:《第三条道路》,郑戈译,北京大学出版社、三联书店2000年版。

40. ［英］安东尼·吉登斯:《现代性的后果》,田禾译,译林出版社2000年版。

41. ［德］斐迪南·滕尼斯:《共同体与社会》,林荣远译,商务印书馆1999年版。

42. ［法］费尔南·布罗代尔:《15—18世纪的物质文明、经济和资本主义》,顾良、施康强译,三联书店1992年版。

43. ［美］P.亨廷顿:《变化社会中的政治秩序》,王冠华、刘为等译,三联书店1989年版。

44. ［英］阿克顿:《自由与权力》,侯健、范亚峰译,商务印书馆2001年版。

45. ［德］约翰·肯尼思·加尔布雷思:《权力的分析》,河北人民出版社1988年版。

46. ［美］保罗·萨缪尔森等:《经济学》(第12版),高鸿业等译,中国发展出版社1992年版。

47. ［美］罗斯:《社会控制》,秦志勇、毛永政译,华夏出版社1989年版。

48. ［法］托克维尔:《旧制度与大革命》,冯棠译,商务印书馆1992年版。

49. [美]伯尔曼:《法律与宗教》,梁治平译,三联书店1991年版。

50. [美]布坎南:《自由、市场和国家》,吴良健等译,北京经济学院出版社1988年版。

51. [英]罗素:《权力论》,靳建国译,东方出版社1988年版。

52. [法]马利旦:《人和国家》,霍宗彦译,商务印书馆1964年版。

53. [法]达尔:《民主理论的前言》,顾昕、朱丹译,三联书店1999年版。

54. [奥]庞巴维克:《资本实证论》,陈端译,商务印书馆1991年版。

55. [英]约翰·穆勒:《政治经济学原理》上卷,赵荣潜等译,商务印书馆1991年版。

56. [英]西尼尔:《政治经济学大纲》,蔡受百译,商务印书馆1977年版。

57. [法]埃德加·莫兰:《复杂思想:自觉的科学》,陈一壮译,北京大学出版社2001年版。

58. [法]弗朗索瓦·佩鲁:《新发展观》,张宁、丰子义译,华夏出版社1987年版。

59. [英]海韦尔·G. 琼斯:《现代经济增长理论导引》,郭家麟等译,商务印书馆1994年版。

60. [德]彼德·科斯洛夫斯基:《伦理经济学原理》,孙瑜译,中国社会科学出版社1997年版。

61. [法]莫里斯·梅洛-庞蒂:《哲学赞词》,杨大春译,商务印书馆 2000 年版。

62.《增长的极限——罗马俱乐部关于人类困境的研究报告》,四川人民出版社 1984 年版。

63. [瑞士]西斯蒙第:《政治经济学新原理》,何钦译,商务印书馆 1977 年版。

64. [美]威廉·布雷特、罗杰·L. 兰塞姆:《经济学家的学术思想》,孙琳等译,中国人民大学出版社、北京大学出版社 2004 年版。

65. [美]米尔顿·弗里德曼、罗斯·弗里德曼:《自由选择》,胡骑等译,商务印书馆 1982 年版。

66. [美]弗里德曼:《资本主义与自由》,张瑞玉译,商务印书馆 1986 年版。

67. [美]潘恩:《潘恩选集》,马清槐等译,商务印书馆 1981 年版。

68. [法]傅立叶:《傅立叶选集》,董果良译,商务印书馆 1982 年版。

69. [美]查尔斯·沃尔夫:《市场或政府》,谢旭译,中国发展出版社 1994 年版。

70. [法]邦雅曼·贡斯当:《古代人的自由和现代人的自由》,阎克文、刘满贵译,商务印书馆 1999 年版。

71. [美]科恩:《论民主》,聂崇信等译,商务印书馆 1994 年版。

72. [英]约翰·密尔:《论自由》,程崇华译,商务印书馆 1959 年版。

73. [美]丹尼尔·贝尔:《资本主义文化矛盾》,赵一凡等译,三联书店 1989 年版。

74. [瑞士]雅各布·布克哈特:《意大利文艺复兴时期的文化》,何新译,商务印书馆 1979 年版。

75. [奥地利]路德维希·冯·米瑟斯:《自由和繁荣的国度》,韩光明等译,中国社会科学出版社 1995 年版。

76. [德]汉娜·阿伦特:《人的条件》,竺乾威等译,上海人民出版社 1999 年版。

77. [法]托克维尔:《论美国的民主》,董果良译,商务印书馆 1988 年版。

78. [美]萨托利:《民主新论》,冯克利、阎克文译,东方出版社 1993 年版。

79. [美]艾德勒:《六大观念》,郗庆华译,三联书店 1998 年版。

80. 冯林主编:《中国公民人权读本》,经济日报出版社 1998 年版。

81. [瑞典]冈纳·缪尔达尔:《世界贫困的挑战——世界反贫困大纲》,顾朝阳等译,北京经济学院出版社 1991 年版。

82. [美]斯蒂格利茨:《经济学》下册,姚开建等译,中国人民大学出版社 1997 年版。

83. 国际劳工局:《展望二十一世纪:社会保障的发展》,劳动人事出版社 1988 年版。

84. [英]戴维·赫尔德:《民主的模式》,燕继荣等译,中央编译出版社 1998 年版。

85. [美]爱因·兰德:《新个体主义伦理观》,秦裕译,三联书店 1996 年版。

86. [美]戴维·波普诺:《社会学》,李强等译,中国人民大学出版社 1999 年版。

87. [美]阿瑟·奥肯:《平等与效率》,王奔洲等译,华夏出版社 1999 年版。

88. 李惠斌、杨雪冬:《社会资本和社会发展》,社会科学文献出版社 2000 年版。

89. 张其仔:《社会资本论——社会资本与经济增长》,社会科学文献出版社 2002 年版。

90. 曹湘荣:《走出囚徒困境——社会资本与制度分析》,上海三联书店 2003 年版。

91. 卜长莉:《社会资本与社会和谐》,社会科学文献出版社 2005 年版。

92. 郑也夫、彭泗清编:《中国社会的信任》,中国城市出版社 2003 年版。

93. 何增科主编:《公民社会与第三部门》,社会科学文献出版社 2000 年版。

94. 王新生:《市民社会论》,广西人民出版社 2003 年版。

95. 北京大学哲学系:《西方哲学原著选读》上卷,商务印书馆 1981 年版。

96. 顾肃:《自由主义基本理念》,中央编译出版社 2003 年版。

97. 郑也夫:《信任:合作关系的建立与破坏》,中国城市出版社 2003 年版。

98. 周辅城:《西方伦理学名著选读》上卷,商务印书馆

1964 年版。

99. 杨春学:《经济人与社会秩序分析》,上海三联书店、上海人民出版社 1998 年版。

100. 刘力臻:《市场经济“现代体制”与东亚模式》,商务印书馆 2000 年版。

101. 李培林:《另一只看不见的手——社会结构转型》,社会科学文献出版社 2005 年版。

102. 朱学勤:《道德理想国的覆灭》,上海三联书店 1994 年版。

103. [英]鲍桑葵:《关于国家的哲学理论》,汪淑钧译,商务印书馆 1995 年版。

104. 邓正来:《国家与社会:中国市民社会研究》,四川人民出版社 1997 年版。

105. 邓正来、亚历山大:《国家与市民社会》,中央编译出版社 2002 年版。

106. 王建芹:《第三种力量——中国后市场经济论》;中国政法大学出版社 2003 年版。

107. 邓国胜:《非营利组织评估》,社会科学文献出版社 2001 年版。

108. 刘军宁主编:《公共论丛 · 市场逻辑与国家观念》,三联书店 1995 年版。

109. 俞可平主编:《治理与善治》,社会科学文献出版社 2000 年版。

110. 王海明:《公正 平等 人道》,北京大学出版社 2000 年版。

111. 《世界通史参考资料选辑》(中古部分),商务印书馆1964年版。

112. 夏勇:《宪政建设——政权与人民》,社会科学文献出版社2004年版。

113. 宪法比较研究课题组:《宪法比较研究论文集》(2),中国民主法制出版社1993年版。

114. 刘军宁:《共和·民主·宪政》,上海三联书店1998年版。

115. 肖泽晟:《宪法学》,科学出版社2003年版。

116. 张千帆:《宪法学导论》,法律出版社2004年版。

117. 龚祥瑞:《比较宪法与行政法》,法律出版社1985年版。

118. 苏长和:《全球公共问题与国际合作:一种制度的分析》,上海人民出版社2000年版。

119. 茅于轼:《中国人的道德前景》,暨南大学出版社1997年版。

120. 唐士其:《西方政治思想史》,北京大学出版社2002年版。

121. 杨宇立、薛冰:《市场公共权力与行政管理》,陕西人民出版社1998年版。

122. 爱歇尔·安格拉:《合作:社会活动的基石》,台湾巨流图书公司1996年版。

123. 汪行福:《走出时代的困境——哈贝马斯对现代性的反思》,上海社会科学院出版社2000年版。

124. 贾春增:《外国社会学史》,中国人民大学出版社

2000 年版。

125. 汪和建:《迈向中国的新经济社会学——交易秩序的结构研究》,中央编译出版社 1999 年版。

126. 张玉堂:《利益论——关于利益冲突与协调问题的研究》,武汉大学出版社 2001 年版。

127. 陈刚:《西方精神史》上卷,江苏人民出版社 2000 年版。

128. 杨春学、李实主编:《近现代经济学之演进》,经济科学出版社 2002 年版。

129. 桑玉成等:《政府角色》,上海社会科学院出版社 2000 年版。

130. 金耀基:《从传统到现代》,中国人民大学出版社 1999 年版。

131. 刘祖云:《从传统到现代——当代中国社会转型研究》,湖北人民出版社 2000 年版。

132. 费孝通:《乡土中国》,三联书店 1985 年版。

133. 陆学艺:《内发的村庄》,社会科学文献出版社 2001 年版。

134. 刘林平:《关系、社会资本与社会转型——深圳平江村研究》,社会科学文献出版社 2002 年版。

135. 曹锦清、陈中亚:《走出"理想"城堡——中国"单位"现象研究》,海天出版社 1997 年版。

136. 吴毅:《村治变迁中的权威与秩序》,中国社会科学出版社 2002 年版。

137. 曹锦清:《黄河边的中国——一个学者对乡村社会

的观察与思考》,上海文艺出版社 2000 年版。

138. 梁漱溟:《中国文化要义》,学林出版社 1987 年版。

139. 萧功秦:《萧功秦集》,黑龙江教育出版社 1995 年版。

140. 樊浩:《中国伦理精神的现代建构》,江苏人民出版社 1997 年版。

141. 马长山:《国家、市民社会与法治》,商务印书馆 2002 年版。

142. Eric L. Lesser: *Knowledge and Social Capital: Foundations and Application* ,2000.

143. Lin, Nan: *Social Capital: A Theory of Social Structure and Action*, London,New York : Cambridge University Press, 2001.

144. I. Berlin, "Tow Concept of Liberty", in *Four Essays on Liberty* , New York: Oxford University Press,1969.

二、论文类

1. [美]罗伯特 · D. 普特南:《社会资本繁荣的社群——社会资本和公共生活》,载《马克思主义与现实》1999 年第 3 期。

2. [英]D. 露易斯:《非政府组织的缘起和概念》,载《国外社会社会科学》2005 年第 1 期。

3. [美]沃尔泽:《社群主义者对自由主义的批判》,载《政治学理论》1990 年第 1 期。

4. 俞可平:《当代西方社群主义及其公益政治学评析》,

载《中国社会科学》1998 年第 3 期。

5. 陈健民、丘海雄:《社团、社会资本与政经发展》,载《社会学研究》1999 年第 4 期。

6. 彭泗清、杨中芳:《中国人人际信任的初步探讨》(会议论文)。

7. 殷德生:《社会资本与经济发展:一个理论综述》,载《南京社会科学》2001 年第 7 期。

8. 江作军、刘坤:《论当代中国社会资本的转型》,载《江海学刊》2005 年第 5 期。

9. 方竹兰:《从人力资本到社会资本》,载《学术月刊》2003 年第 2 期。

10. 郑也夫:《信任:溯源与定义》,载《北京社会科学》1999 年第 4 期。

11. 韦森:《货币、货币哲学和货币数量论》,载《中国社会科学》2004 年第 4 期。

12. 鲁品越:《货币化与社会结构的变迁》,载《哲学动态》2003 年第 8 期。

13. 汪闻生:《权力的界限》,载《学术月刊》1997 年第 8 期。

14. 程竹汝:《论工具性的权力》,载《政治学》1996 年第 3 期。

15. 陶传进:《市场经济与公民社会的关系:一种批判的视角》,载《社会学研究》2003 年第 1 期。

16. 赵黎青:《非政府组织:组织创新和制度创新》,载《江海学刊》1999 年第 6 期。

17. 童星等:《社会转型期有关 NGO 若干问题的探讨》,载《湖南社会科学》2004 年第 3 期。

18. 李龙、周叶中:《宪法学基本范畴简论》,载《中国法学》1996 年第 6 期。

19. 金太军:《公共行政的民主和责任取向析论》,载《天津社会科学》2000 年第 5 期。

20. 胡仙芝:《从善政向善治的转变》,载《中国行政管理》2001 年第 9 期。

21. 张洁慧:《信任:"温州人在巴黎"的社会网络机制》,载《社会》2001 年第 5 期。

22. 李猛等:《单位:制度化组织的内部机制》,载《中国社会科学辑刊》1996 年秋季卷第 16 期。

23. 王沪宁:《从单位到社会:社会调控体系的再造》,载《公共行政与人力资源》1995 年创刊号第 1 期。

24. 徐琦:《"社会网"理论述评》,载《社会》2000 年第 8 期。

25. 陈凯祥:《中国 NGO 在成长》,载《华声视点》2002 年第 3 期。

26. 颜烨:《我国社会转型时期的"多元化"问题分析》,载《长白学刊》2002 年第 1 期。

27. 吴忠民:《公正新论》,载《中国社会科学》2000 年第 4 期。

28. 颜烨:《关注转型期"非正式群体"》,载《思想政治工作研究》2001 年第 3 期。

29. 李文政:《英国社会保障难题多》,载《人民日报》

1995 年 2 月 8 日。

30. 潘革平:《法国危机和福利制度》,载《参考消息》1995 年 12 月 9 日。

31. 丁刚:《瑞典向"福利病"开刀》,载《人民日报》1995 年 4 月 24 日。

32. 谢玲丽:《民间组织的培育、发展与管理》,载《上海改革》2001 年第 4 期。

33. 胡雄飞:《关于经济类中间性体制组织的研究》,载《上海改革》2001 年第 4 期。

34. 余晖:《目前我国组建行业协会的四种模式》,载《上海改革》2001 年第 4 期。

后 记

恩斯特·卡西尔说过:"一种人的哲学,一定是这样一种哲学,它能使我们洞见这些人类活动各自的基本结构,同时又能使我们把这些活动理解为一个有机整体。"基于如此思考,尽管"社会资本"这个概念对于绝大多数学科来说尚属陌生,尤其在哲学领域还少有提及,三年的博士生学习岁月,让我得以以一个青年学人不惮天高地厚的洒脱,从政治哲学的视角去试图解读社会资本理论,并倾注着自己的研究精力。而研究的历程,让我如此深刻地体会到理论探索的艰辛、学术追求的执著以及自我价值实现的激越。

从政治哲学的视野对社会资本进行研究,我深知自己仅仅是初步探索者,并为此而有着诸多的学术缺憾。然而,社会发展的新趋势需要新的理论解释,我有着如此一种期待:自己稚嫩的付出,可以为社会资本最终成为政治哲学研究的新兴领域而贡献一份力量。若如此,我想自己的使命可能变得厚重,自己的研究可能变得更富有意义,并由此而使自己少一分惶恐,多一分欣慰。

此书的完成,得益于我的导师、朋友和工作单位的关心、支持和帮助，为此——

衷心感谢我的博士生导师南开大学阎孟伟教授，本书从选题到构思及写作的每一步都得益于导师的悉心指导，自己学识成长的每一步都倾注了导师的心血。特别要感谢师母杨谦教授，她的热心和慈爱让我这西部学子在南开三年治学写作的日子里拥有了一分沉甸甸的别样的温馨和暖意。同时，衷心感谢南开园的陈晏清教授、王南湜教授、李淑梅教授、杨桂华教授、李奕教授、王新生教授，北京大学的丰子义教授，以及广东肇庆学院的黎玉琴教授，诸位老师的关心与帮助，令我终生难忘。

衷心感谢各位好友和家人，正因有了师兄阳小华、康文龙，好友谢永康、岳蓉、傅丽萍以及我的家人的帮助和支持，使我为博士研究生学业和本书写作的顺利完成找到了不懈努力的理由。

衷心感谢我的工作单位贵州师范大学及历史与政治学院，校院的及时资助，使得本书得以顺利出版。

衷心感谢人民出版社及田园编辑，本书能与大家见面，凝聚了人民出版社特别是田园编辑的心血。

作　者

2008 年初春 · 照壁山麓

责任编辑:田　园
装帧设计:周文辉
版式设计:陈　岩

图书在版编目(CIP)数据

正义与和谐——政治哲学视野中的社会资本/黎珍　著. -北京:人民出版社,2008.7
ISBN 978-7-01-007030-8

Ⅰ.正…　Ⅱ.黎…　Ⅲ.社会资本-研究　Ⅳ.F014.39

中国版本图书馆 CIP 数据核字(2008)第 056270 号

正义与和谐
——政治哲学视野中的社会资本
ZHENGYI YU HEXIE

黎　珍　著

人民出版社 出版发行
(100706　北京朝阳门内大街 166 号)

北京瑞古冠中印刷厂印刷　新华书店经销

2008 年 7 月第 1 版　2008 年 7 月北京第 1 次印刷
开本:880 毫米×1230 毫米 1/32　印张:11.625
字数:250 千字　印数:0,001-3,000 册

ISBN 978-7-01-007030-8　　定价:25.00 元

邮购地址 100706　北京朝阳门内大街 166 号
人民东方图书销售中心　电话 (010)65250042　65289539